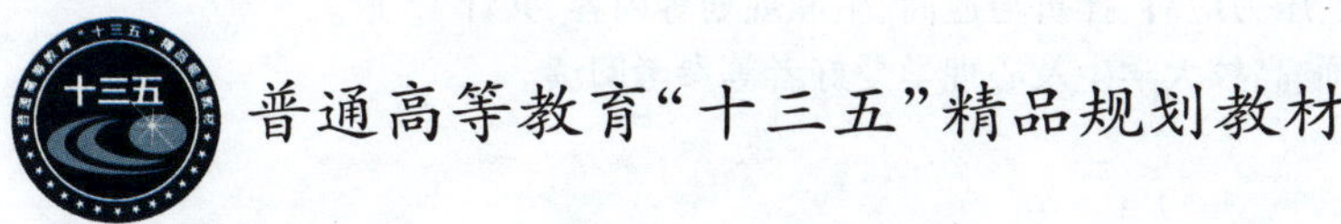

大学生心理健康教育

主　编　王云龙　赵建芳

副主编　孙广耀　李慧媛　伊焕峰　杨庆坤

内 容 提 要

《大学生心理健康教育》分为大学生适应、心理与心理健康、时间管理、自我意识、情绪与情绪健康、人格健康、人际交往、校园爱情、性心理健康、压力应对、挫折与逆商、生涯规划等内容,共计12章。

本书可供大学生心理健康教育教师、高校大学生及心理学爱好者等参考阅读。

图书在版编目(CIP)数据

大学生心理健康教育 / 王云龙,赵建芳主编. —北京:人民交通出版社股份有限公司,2018.8

ISBN 978-7-114-14874-3

Ⅰ. ①大… Ⅱ. ①王… ②赵… Ⅲ. ①大学生—心理健康—健康教育 Ⅳ. ①G444

中国版本图书馆CIP数据核字(2018)第158675号

书　　名:**大学生心理健康教育**
著 作 者:王云龙　赵建芳
责任编辑:郭红蕊　郭晓旭
责任校对:刘　芹
责任印制:张　凯
出版发行:人民交通出版社股份有限公司
地　　址:(100011)北京市朝阳区安定门外外馆斜街3号
网　　址:http://www.ccpress.com.cn
销售电话:(010)59757973
总 经 销:人民交通出版社股份有限公司发行部
经　　销:各地新华书店
印　　刷:中国电影出版社印刷厂
开　　本:787×1092　1/16
印　　张:13.25
字　　数:316千
版　　次:2018年8月　第1版
印　　次:2019年12月　第2次印刷
书　　号:ISBN 978-7-114-14874-3
定　　价:36.00元

前言

Foreword

新的时代,我们的生活充满了机遇,更充满了竞争。

在我们面前,梦想与磨砺并存,挑战与机遇同在,希望与失望相伴,快乐与痛苦更生,幸福与苦难并行。新的时代,心理素质的竞争比任何时候都显得更为重要。

时代呼唤心理健康,人才需要心理健康,健康心理将成为21世纪对人才的无声选择。良好的心理素质是人的全面素质中的重要组成部分,是未来人才素质中十分重要的内容。随着生活和工作节奏的加快、应激状态的持续等,大学生在学习、生活和工作等方面都可能遇到心理失衡的现象,因此加强对大学生心理健康的教育越发迫切。

大学生心理健康教育作为高校通识课程之一,旨在使大学生明确心理健康的标准及意义,增强自我心理保健意识和心理危机预防意识,掌握并应用心理健康知识,培养自我认知能力、人际沟通能力、自我调节能力,切实提高心理素质,实现角色转换,明确适应自身特点的发展方向,满足社会对高素质劳动者和技能型人才的要求。

本书紧密结合大学生活实际,既注重心理健康基本知识的普及,也增设了心理健康活动的内容,既有理论性,又有操作性。针对大学生从入学到毕业期间可能遇到的各种心灵成长问题,以贴近学生的理念和深入浅出的语言对大学生经常出现的问题进行了探讨,并提供了操作性强的自我提升方法,帮助学生维护心理健康、尽快适应自我发展、培养自我认知与自信心、学会时间管理与目标确定、学会学习、建立和谐的人际关系、提升爱的能力、正确认识性心理与发展、应对挫折与管理情绪、培养健全人格以及生涯发展与职业规划等;同时每章附有相应的心理自测量表、活动设计、推荐图书、影视资料和网站等内容,供同学们自我了解和进一步学习。在内容分配上,王云龙负责编写第三章和第四章,赵建芳负责编写第五章和第六章,孙广耀负责编写第七章和第八章,李慧媛编写第一章和第二章,伊焕峰负责编写第九章和第十章,杨庆坤负责编写第十一章和第十二章。全书由佳木斯大学学生工作部(处)处长王云龙、赵建芳统稿。

为实现和推进大学生心理健康教育工作,促进高校心理健康教育科学化、具体化，实现“教学推动科研、科研促进教学”的目标，本书依托黑龙江省哲学社会科学青年项目（17SHC132）、2017年度黑龙江省省属高等学校基本科研业务费科研项目（2017－KYYWF－0551）、黑龙江省教育科学研究规划重大课题（GJ20170103）、黑龙江省教育科学规划办“十三五”规划2018年度重点课题（GBB1318122）等研究平台，对大学生心理健康教育科研工作进行了认真的梳理，提取有益成果；同时参考国内外名家著作与思想，借鉴国内心理健康教育教材的先进理念，编制了此书，在此对原作者表示真诚的感谢。

“没有全民健康，就没有全面小康。”当代大学生在不断求索求知的道路上也许会碰到重重困难，遇到挫折与迷惘，有时伴随着恼怒和忧伤，怎样适应校园环境与社会环境？怎样调节人与自然、人与社会、人与人之间的关系？怎样学习效率才会最高？怎样做自己情绪的主人而不是情绪的奴隶？当遇到挫折、面对压力时，有没有足够的勇气去面对挫折，有没有最佳策略去消除或者缓解压力呢？这一切也许都能从本书中找到答案。

本书编写过程中疏漏之处在所难免，欢迎专家、同行批评指导，以期在未来的心理健康教育教材建设中逐渐完善。

本书编委会

2018.6

目录

Contents

第一章 大学生适应

【心灵启航】

1. 你适应大学的生活吗?

2. 你遇到过哪些适应的问题?

3. 你能合理安排自己的大学生活吗?

又到了新的开学季,大学是一片崭新的天空,这里的生活有着与高中时代截然不同的自由自在、多姿多彩,但这并不是事情的全部。这里是知识的圣殿,却非梦想的乐园;这里机会与挑战并存,这里希望与困难同在。摆在大学新生面前的,是一个新生活的适应期。正式离开了父母近距离的庇护,未来的校园生活也许会变得磕磕碰碰,而所有的不顺都得靠自己克服,作为大学新生的你,准备好了吗?

在大学时期,心理适应能力是影响青年综合发展的一个重要因素。美国心理学家从大量的实验中得出结论:适应是青年发展的中心问题。每个人心理适应能力的发展水平既直接影响其当前的身心发展,也对于其成年期的发展具有深远的影响,同时还对社会的未来发展具有潜在的重要价值。

第一节 适　　应

一、适应

适应是一个心理学名词,通常有两方面的含义:一是指感觉上的适应,二是环境上的适应,即调节自身与环境的关系,使之趋于协调。大学生在入学几周后,最初的新奇与激情逐渐消退,就要面临一段艰难的心理适应期。

二、心理适应

心理适应主要指各种个性特征互相配合,适应周围环境的能力。一个人能否尽快地适应新环境,能否处理好复杂、重大或危急的特殊情况,与他(她)的心理适应性高低有很直接的关系。

一般意义上的心理适应能力是指一个人在心理上适应周围环境的能力。通常情况下,我们认为心理适应能力强的人在遇到各种复杂、紧张、危险的情况时,依然能泰然处之,发挥自己的水平甚至会超常发挥自己的水平。相反,心理适应能力较差的人,一般遇到特殊情况就会显得非常紧张,感觉到不知所措,以致经常出现表现失常的现象。

进入大学之后,你觉得哪些地方发生了变化呢?

____

____

你感觉哪些地方对于你来说是困扰呢?

____

____

从中学时代走来,每一个大学生面临的都是全新的世界,对新生活感到不适应的大有人在,这不是你一个人的困扰,所以你不必紧张!

第二节　大学生活不适应的主要方面

一、气候的不适应

一方水土养育一方人,不论是严寒还是酷暑,不论是多雨还是干旱,不论是嘈杂还是宁静,不论是乡间还是城市,每个人都适应了自己成长多年的环境。但是为什么我们不愿意在一个地方终老一生呢?因为我们要追求更好的生活!所以,背井离乡,远赴他乡。比如在我们身边有很多南方的同学,初到北方,不适应北方的干燥和寒冷。

二、语言的不适应

高校的大学生都来自天南海北,每个地方的同学说话时都会带有自己的方言特点,或者有的喜欢用网络上的语言,称呼为“亲”等,会导致大家的交流出现尴尬和不被理解,因此有的同学变得不爱说话,懒于开口。

三、生活习惯的不适应

进入大学后,换了一个新环境,有的新大学生对饮食习惯和生活方式都会感到有些不适应。在中学,一些生活琐事主要依靠父母的帮助。到了大学的集体生活,父母除了给生活费,其他就帮不上忙了,衣食住行都得由自己处理,这对于一个没有过独立生活经历的学生来讲,会感到无所适从。因为他们缺乏生活实践磨炼,生活自理能力较弱,自我服务意识淡薄,对他人的依赖过大,习惯接受他人服务。有相当多的学生无法完全依靠自己的力量来处理好一系列复杂的实际问题。另外,在集体宿舍里,同学之间的生活习惯、作息时间都有所不同,会让你难以接受,由此导致与同学间矛盾的产生。

四、学习习惯的不适应

学习适应不良主要发生在三种大学生身上:一是缺乏明确学习目标和自我控制能力的大学生;二是对专业不满意的大学生;三是丧失优越感的大学生。现行的中学教学方法通常是以

老师为主导，而在大学的教学中，通常课程进度较快，一个学期就要把一门课程学完，而一门课程在一个学期内也只有几十个学时。老师讲授方式也不尽相同，有的老师可能会在黑板上写一些讲课内容；有的老师只讲不写；有的老师只是启发式的讲解，即少讲不写。这就要求我们学生思想高度集中，认真听课。加之，有的老师每次上完课就离开了，很少给学生布置作业或对学生进行课后辅导。这对于习惯了高中教学模式的学生来讲，无疑是一件令人头疼的事，从而导致新大学生入学后很长一段时间不能适应大学的教学，有的新大学生上课不知怎样记笔记，不知如何处理课堂内外的关系，不知如何利用图书资料，不知如何选择参考书和辅导书进行自学等，从而延误了学习。

五、管理模式不适应

基于高考升学的压力，各中学都把中学生的学习时间安排得满满的，除了保证学生的睡眠时间外，通常不会让学生有自己支配的时间，从早自习到晚自习，再到回宿舍睡觉，几乎已经不用学生再给自己安排作息时间了，因为除了读书，就是吃饭和睡觉，容不得学生再去想其他事情，慢慢地学生就习惯了这种“定势”的管理模式。到了大学完全相反，教室不是固定的，时间很充裕，老师除了上课，其他时候不会围着你转，也不会等着你问问题，而大学的辅导员，也不会像高中的班主任那样天天出现在学生面前，这时有的学生会有一种“无人管反而不习惯”的感觉。

六、人际交往不适应

中学阶段，学生们都在为考上理想的大学而努力，因此学习生活比较紧张，人际交往的圈子相对比较单一，同学之间的沟通也比较少，而且中学的同学一般都来自同一个地方，在交往中充满了乡音乡情。进入大学后，同学来自五湖四海，有着不同的风俗习惯和语言习惯，人际关系难以很快建立。有的新大学生因不善于交际，表达能力差，致使自己在这个过程中感到压力很大，从而产生孤独、压抑、自卑的心理；另一方面，由于人际交往圈子宽了，也就不可避免地会产生摩擦、冲突，甚至是感情伤害。一旦出现这些情况，本来远离父母的他们，孤独感会进一步加剧。

【互动训练】走近我的大学

你了解现在所处的位置吗？学校坐落在＿＿＿＿＿＿＿＿

你了解自己的学校吗？校训是＿＿＿＿＿＿＿＿

你了解身边的美食吗？＿＿＿＿＿＿＿＿

你能叫出室友的名字吗？＿＿＿＿＿＿＿＿

我的学院＿＿＿＿＿＿＿＿专业＿＿＿＿＿＿＿＿

我最喜欢校园的＿＿＿＿＿＿＿＿

第三节　大学生活的变化

与中学生时代相比，你觉得生活哪些地方发生了变化呢？请你试着填写下表：

内　容	高　中	大　学
生活		
时间		
学习		
交往		
消费		
其他		

与中学时代相比,我们的大学生活发生了很大的变化,主要体现在:

一、日常生活的变化

高中生活是以家庭生活为主,大学生活是以集体生活为主。上高中的时候大部分同学住在家里,即使是住校的同学,每个月也能回家,这样会从父母那里得到更多的关爱,生活上的事不用太操心,与人的沟通能力并不重要。上大学就不行了,同学们远离父母,过着集体生活,一切问题都要自行处理。与同学关系处理的好坏,直接影响到同学们的日常生活情绪,有时还可能导致同学出现严重问题。所以,与人沟通能力的锻炼就显得尤为重要。

二、学习的变化

1. 高中解决的问题比较单一,大学解决的问题则具有多样性

高中解决的主要问题,就是要考上大学。在高中阶段只要学习成绩好,就算是好学生,考上大学就算完成任务。而大学教育要解决的问题具有多样性。

上大学首先面临的问题就是要适应大学生活,学会与同学和老师相处;接下来要面对的问题就是对本专业是否有兴趣,同学们如果对本专业没有兴趣,就要寻找新的专业,重新规划自己。大学还涉及:怎样认识自己,自己的特点是什么,自己今后干什么,找一个什么样的伴侣等等,所以大学需要解决的问题与高中比起来更为多样。如果有的问题解决不好,会影响到自己今后的发展。

2. 高中的学习内容是应试的,大学的学习内容是开放的

高中的学习内容是比较单调的,主要为了应付高考,一个高中生用 2 ~ 3 年时间就能把高中的内容学完。而大学的学习内容是无限的,要求同学们不但要有扎实的理论基础,还要有丰富的知识面和较强的动手能力。

大学任何一个专业要求除学好本专业的知识外,还要大量地掌握相关专业的知识。比如:学习经济学的同学,如果仅仅是对经济学有所了解,那是远远不够的,还要了解文史知识,并掌握各种研究方法。一是从课程来讲,大学一般科目多,每学期的科目可多达 7 门到 10 门,经常涉及边缘学科和高新技术;二是内容多,概括性强,如高中物理力学讲直线运动,需半个学期以上,而大学只用两课时,因此,知识的量比高中要多得多;三是知识内容深,理解较为困难,高中多是描述性的知识,而大学主要是半定量甚至是定量的公式(理科)或是诸多问题的内在联系(文科),揭示问题更本质,甚至还有不少是尚无明确结论的东西,要求从不同角度去分析;

四是大学都设有多门选修和第二学位课，学生可以根据自己的兴趣和学习能力做出选择。这四点决定了大学学习的困难程度要比高中高得多。

3. 高中学习是被动的，大学的学习是主动的

高中学习总体上来说是被动的，学生基本上是围绕老师的安排、在老师的教育下一步步地学习。而大学则要求同学们主动地进行学习，要“读万卷书，行万里路”，把理论与实践相结合，不断地提高自己分析问题和解决问题的能力。没有主动地学习精神，要想在学业上、今后的工作中取得成就是不可能的。中学每节课和自习都是单班上课，而大学则可能是大班上课。中学较少要求同学看参考书，即使学生手头有几本，也主要是对教材的剖析或给学生提供练习题；而在大学由于涉及的知识广且深，教师往往在课本之外介绍一些参考书甚至期刊，购买这些参考书或期刊是不现实的，主要是到学校图书馆借阅，当然也可向家长甚至老师借阅，因此，大学学习还应包括到图书馆去查阅资料。中学生的课后学习，是统一上自习；而大学生是个人选择自己认为合适的地点，或是图书馆，或是教室，还可以是宿舍。至于课后的学习时间和具体安排，大学生也有充分的自由支配权。

4. 教学模式的不同

中学教学讲究 45 分钟堂堂清，小班上课当面提问，或许还有板书，每章有小结课，期中有复习，期末还有总复习，一步一步都有老师领着走，几乎是天天见老师，有了问题找老师很方便，甚至还有老师找学生问问题检查学习，晚自习有老师巡视或在办公室答疑，这些由中学生的年龄特征和学科知识水平所决定。

然而进入大学课堂，多是老师滔滔不绝，两节课讲下来，可以有数十页的教案，中间没有提问，没有答疑，学生既要听讲，还要抽空做笔记，上课时的紧张程度与中学不可同日而语。同时还不存在什么晚自习老师巡视或办公室答疑，这是因为大学老师除教学外，还有科研任务，而大学的学习更多要求学生自己去探究。这样一来，老师仅在每周确定有一次答疑，而其他时间是难找老师的。至于每章的复习，也主要是靠学生自己来完成。

5. 考试方式和要求的不同

中学由于有平时练习、单元检测，所以期末考试学生较易适应，其次是期末考试成绩不及格仍可继续跟班学，可以在学习新课的同时补上所落下的旧课。

大学则不同，平时练习作业是否自己独立完成全靠自觉，老师很难干预；不存在单元检测和章节复习。考前的复习主要由学生自己完成，而且考试不及格必须进行重修或补考（现在多数高校已取消补考）；不但要额外交费，而且耗时。而且不及格科目达到一定数量后，则在毕业时就会失去学位。因此，大学的学期考试比中学的要严峻得多。

三、个人身份的变化

在高中，同学们是未成年人；在大学，同学们是成年人。在高中，同学们作为未成年人，是民法上限制行为能力人，涉及法律上的事情，有的可以不负责任。但是上大学以后，同学们的年龄一般都在 18 岁以上，从民法上讲已是完全民事行为能力人，要对自己的行为负全责了。同学们要认识到这一点，尽快提高自己的素质，为自己的行为负责。

四、竞争的变化

在高中,同学们在竞争中处于绝对优势;在大学,同学们在竞争中处于相对优势。在高中,如果某同学学习成绩优秀,他便是其他同学学习的榜样。

可是到了大学,特别是在重点大学,人才济济,高中的学习优势没有了,同学们又在一个新的起跑线上竞争。同学们不只在学习成绩上优秀就算是别人的榜样了,可以在社会工作上特别优秀、可以在文体方面特别优秀、也可以在动手能力上比较突出……在激烈的竞争中,同学们原有的优势被弱化了,具有的只能是相对优势。面临这种现状,及时调整心态就显得特别重要了。

五、大学生人际关系的变化

老师和学生是大学校园里的两大基本群体。师生关系、同学关系是大学生人际关系的重要内容。老师是学生人际交往的重要对象,师生关系直接影响学生在学校健康的学习成长。老师是知识的传授者,是大学生人格模仿的对象。与老师交往也是大学生知识需求的一个重要途径,老师与学生的平等交往是师生共同成长的前提;同时师生关系也是一种业缘关系,师生之间心理距离小,心理相容度高,教师对学生充满爱护与关爱,学生对老师充满尊敬与敬仰,师生关系是一种纯洁而无私的人际关系。

同学关系是大学生交往的基本关系,而同学是大学生人际交往的主要对象。大学校园里的同学关系总的说是和谐、友好的。大学生之间的交往是最普遍,也是最微妙和复杂的。一方面,大学生年龄相仿经历相同,兴趣爱好相近,共同生活在一个集体,学习相同的专业,沟通与交往容易;另一方面,大学生来自不同的地域、不同家庭背景,生活习惯、个性存在气质差异,再加上大学生空间距离小,交往密度高而且自我空间狭小,而对人际交往的期望较高,一旦得不到满足,容易采取消极退避的态度。同学之间、师生之间、老乡之间、室友之间、个人与班级以及和学校之间等错综复杂的社会交往,构成了大学生人际交往的网络系统。大学生处于一种渴求交往、渴求理解的心理发展时期,良好的人际关系,是心理正常发展、个性保持健康和具有安全感、归属感、幸福感的必然要求。

进入大学生活的第一天,就像人生转变到一个新起点,因此大学生要积极适应新的学习和生活。

第四节　影响适应的因素

一、气质、性格差异

气质与性格作为心理结构的重要特征,是影响新生适应性的重要因素。一般来说,胆汁质的大学生热情奔放、豪爽直率;多血质的大学生开朗活泼,适应性较强,二者都属于外向型性格,不过,前者较后者更外向,他们适应大学生活比较快。黏液质、抑郁质的大学生更含蓄、沉静、不善于与人交往,属于内向型性格,抑郁质较黏液质更内敛,他们适应大学生活相对慢一些。

二、社会支持来源及程度的变化

社会支持是影响新生适应的重要因素。大学以前,学生的主要支持者是父母、老师。进入大学后,父母、老师的支持度明显降低。有关调查发现:大学新生入学前后,来自父母的支持平均分由4.47下降到3.86,来自同伴的支持由2.81上升到2.87,来自教师的支持由3.73下降到3.43。这种状况使新生在最需要社会支持的时候得不到相应的支持和帮助,导致产生孤独、无助、恐惧、焦虑等消极情绪,难以适应学校生活。

三、认知不当

一是理想自我与现实自我产生落差。每个人都有理想自我和现实自我。现实自我是个体对当前自我状况的认识和评价,理想自我是个体期望达到的自我状况。到大学后,理想自我与现实自我更容易产生落差。两者之间的差距既可能是一个人前进努力的动力,也可能成为一个人产生自卑和自责等情绪烦恼的根源。二是对大学的期望值与现实的满意度产生落差。进入大学后,理想与现实之间产生了较大差距,激化了一些新生的心理矛盾。

四、家庭环境及教育导致的适应问题

生活习惯不适应。另外,部分来自贫困家庭的大学生,常因为学费、生活费问题而苦恼,甚至产生自卑、嫉妒等心理。

五、心理准备不足

部分学生没有事先充分估计上大学的各种变化和可能,没有为此做好恰当的应对措施,用旧的眼光来衡量和评判新环境中的人和事。比如:认为过去的同学亲切,对现在的同学形同路人;过去的老师喜欢自己,现在的老师不在乎自己等等。为此,出现了想家、想以前的朋友情况,感到特别孤独。

总之,适应是大学新生入学的第一课。要尽快适应,才会让自己的大学更精彩。

第五节　大学生如何尽快地适应环境

一、思想上要独立

1. 摆脱依赖

摆脱依赖不是摆脱与人交往。要有自己的规划与想法,在对自己充分了解的基础上做出规划和想法,对自己的不足要正视并克服,对自己的优势要学会让它更明显。一旦你要依赖别人,你便成了一个脆弱的人,一个现代版的奴隶。

2. 接纳自己,认识自己

能做的、不能做的有哪些?不能做的要多问,克服胆怯心理。比如,每件事都想问问别人;每件事都随着自己的性子,而不理性思考;对自己的缺点视而不见,任其发展,或者自己发现了坏影

响就是摆脱不了，重蹈覆辙；再比如手机依赖。哪怕只有一条，说明你已经产生依赖心理了。

3. 相信自己

只要你坚信能行，一股新的思想动力就像源泉一样充实头脑。

4. 不自责

习惯依赖的人，总是爱自责，希望自己坚强些，但过度的自我控制有时会适得其反，甚至越陷越深。摆脱依赖是一个逐渐的过程。

5. 寻找他人帮助

单靠自己是不行的，个人过度努力想彻底从外界依赖解脱出来反而会产生新的压力。不妨尝试主动找个志同道合的朋友和你一起。

6. 培养自己忍受孤独的能力绝不等于封闭自己

一定要认识到自己待着，并不等于被人孤立。学会享受一个人的时光，不依赖别人，也不依赖某种东西或行为。独处的时间能够帮你正确认识自己，这也是形成独立个性所必需的。积蓄力量，蓄势而发。

7. 培养独立的人格

重大的事情可以征求他人意见，但仅仅是参考。一件重要的事情，必须由你经过理性地分析，把可能出现的结果都想到，最后自己做出判断，并对自己的行为负责。一旦你体会到独立了，自己才会踏实，感觉到了自信。

二、确立目标，加强素质，提升能力

确定自己的方向和目标，对于走好大学四年之路至关重要。大学生要全面审视自己、评价自己，知道自己的兴趣、能力、性格及价值观，理性分析自己的优势和劣势。在大学期间挖掘出自己真正感兴趣的领域，从而确定自己的职业方向。有些学生把大学作为自己的最终目标，上大学后就开始沉溺于网络游戏或谈恋爱，期末考试一路红灯甚至影响了毕业，到最后悔恨不已时才明白大学应该怎样过。

三、塑造全新的自我

天生万物，各有长短，不能强求。每个人都有自己独特的优势和价值，不用羡慕别人的优点，把自己的优势充分发挥出来，不能发挥或者没有强项就要学会积攒优势，或许有一天你也是最出众和优秀的。

四、了解多熟悉学校以及社会环境，多参加活动

参与了解得越多，思维越开阔。一是多参加校园文化活动，抱着重在参与、不计较结果的心态，这是一个最佳放松方式。还有一个最重要的方式就是让自己忙起来。“让自己忙着”曾用来治疗精神衰弱症，除睡觉时间以外，每分钟都让那些在精神上受打击的人安排了活动，比如跳舞、钓鱼等。近代心理医生常用“职业性的治疗”，也就是拿工作当成治病的处方。忙，是这个世界上治疗忧虑的最好良药。

【心理测评】你能很好地适应大学生活吗？——适应力测试(CAS)

此问卷包括了108个题项。请仔细阅读每一个表述并判断其是否准确地表达了您的实际情况,并在答题纸上圈出最准确地表达了您的观点的数字。如果这个表述是“错误”的或“完全不正确”,请在“1”上画圈。如果这个表述是“有点正确”,请在“2”上画圈。如果这个表述是“基本正确”,请在“3”上画圈。如果这个表述是“完全正确”,请在“4”上画圈。

1. 我缺乏学习技巧。 1-2-3-4
2. 我很多时候都感到紧张。 1-2-3-4
3. 很多人将我惹恼。 1-2-3-4
4. 近来我不太想吃东西。 1-2-3-4
5. 我需要更多关于职业选择方面的信息。 1-2-3-4
6. 我没有生活目标。 1-2-3-4
7. 我参加太多的朋友聚会。 1-2-3-4
8. 我自我感觉良好。 1-2-3-4
9. 我避免同我父母交谈。 1-2-3-4
10. 学习时我很难集中注意力。 1-2-3-4
11. 当我心烦意乱时,会感到呼吸不畅或胸闷。 1-2-3-4
12. 周围的人和我所关心的事有很大不同。 1-2-3-4
13. 哪怕是最简单的任务可能都会让我十分疲劳。 1-2-3-4
14. 我找不到一个适合我的专业。 1-2-3-4
15. 如果我死了,没有人会想念我。 1-2-3-4
16. 我把过多的钱花在抽烟或喝酒上。 1-2-3-4
17. 我觉得我的生活过得跟大多数同龄人一样好。 1-2-3-4
18. 我的家人不理解我。 1-2-3-4
19. 我从来都找不到时间学习。 1-2-3-4
20. 我会为了某事而持续地烦恼。 1-2-3-4
21. 我总能和他人亲密相处,关系融洽。 1-2-3-4
22. 最近,我大多数时候都感到悲伤或忧郁。 1-2-3-4
23. 为了选择职业,我必须更好地了解我自己。 1-2-3-4
24. 我考虑过怎样结束自己的生命。 1-2-3-4
25. 由于前一晚的朋友聚会,我耽误了上课。 1-2-3-4
26. 我相信我的判断。 1-2-3-4
27. 我的家庭生活充满了变数。 1-2-3-4
28. 我很少觉得自己对于考试准备得很充分。 1-2-3-4
29. 我全身有很多病痛。 1-2-3-4
30. 更多的时候我不赞成别人的观点。 1-2-3-4
31. 我对以前一直很喜欢的事情失去了兴趣。 1-2-3-4
32. 我很烦恼,因为我找不到一个感兴趣的职业。 1-2-3-4

33. 我觉得如果我死了,一切会更好。 1-2-3-4
34. 我喝了酒时,做过那些我现在想起来还觉得羞耻或尴尬的事。 1-2-3-4
35. 我相信在我人生的舞台上,我是个成功的人。 1-2-3-4
36. 我的家人老想干涉我的生活。 1-2-3-4
37. 我不善于组织我的时间。 1-2-3-4
38. 最近我不能很好地集中注意力。 1-2-3-4
39. 一旦我和别人的关系亲密,我就会受到伤害。 1-2-3-4
40. 大多数早晨我醒来时都是心情平静而放松的。 1-2-3-4
41. 我不满意我对自己的将来缺乏计划。 1-2-3-4
42. 我的脑子里充满自杀的念头。 1-2-3-4
43. 喝酒给我带来了麻烦。 1-2-3-4
44. 我不敢去索求我需要的东西。 1-2-3-4
45. 我为我的家人不够亲密而烦恼。 1-2-3-4
46. 我对我的学业成绩很满意。 1-2-3-4
47. 最近我很容易心烦。 1-2-3-4
48. 我周围的人不了解我究竟是怎样的一个人。 1-2-3-4
49. 事情越来越糟糕。 1-2-3-4
50. 我为决定专业而烦恼。 1-2-3-4
51. 我设想好了怎样结束自己的生命。 1-2-3-4
52. 我把抽烟或喝酒作为应付我的难题的一种方式。 1-2-3-4
53. 我觉得自己很有魅力。 1-2-3-4
54. 我父母不想让我长大。 1-2-3-4
55. 我尽最大的努力了,可我的学业总是落后。 1-2-3-4
56. 我经常紧张得能感觉到自己的心在"怦怦"地跳。 1-2-3-4
57. 我的脾气经常会让我同别人争论起来。 1-2-3-4
58. 每天都是这样地过日子让我觉得乏味厌倦。 1-2-3-4
59. 我不知道怎样着手选择一个职业。 1-2-3-4
60. 我已经应付不了我的生活了。 1-2-3-4
61. 抽烟或喝酒使我成绩下降。 1-2-3-4
62. 我没有任何特殊的力量或才能。 1-2-3-4
63. 我在父母的宠爱中几乎无法透气了。 1-2-3-4
64. 我想逃一些课。 1-2-3-4
65. 大多数人并不觉得烦恼的事,我会觉得烦恼。 1-2-3-4
66. 我需要别人,而别人似乎不太需要我。 1-2-3-4
67. 一些悲伤的念头会让我失眠。 1-2-3-4
68. 虽然我知道到了该做决定的时候,但我仍然还没有做好选择某个专业或职业的准备。 1-2-3-4
69. 我觉得结束自己的生命比继续活下去要好。 1-2-3-4

70. 别人认为我有抽烟或喝酒方面的问题。 1-2-3-4
71. 我觉得我不像大多数人那样有能力。 1-2-3-4
72. 我的家庭生活是愉悦的、令人满意的。 1-2-3-4
73. 别的学生看上去学习比我用功。 1-2-3-4
74. 我觉得我看上去压力重重。 1-2-3-4
75. 我与权威人士相处不融洽。 1-2-3-4
76. 过去能从我的一些行为中得到的那些乐趣,我现在得不到了。 1-2-3-4
77. 我觉得我别无选择地在从事一个我并不想要的职业(或专业)。 1-2-3-4
78. 我确切地知道我将怎样结束我的生命。 1-2-3-4
79. 曾经我喝醉时,别人乘机利用了我。 1-2-3-4
80. 我对别人的批评太敏感了。 1-2-3-4
81. 我放不下我的家庭。 1-2-3-4
82. 考试的时候,我可能会忘记我所知道的内容。 1-2-3-4
83. 最近,烦恼的事让我很难入睡。 1-2-3-4
84. 周围的人对我并不友好。 1-2-3-4
85. 我认为无论我做什么,事情都不会改善。 1-2-3-4
86. 我很焦虑,为了选择一个职业我用尽了时间。 1-2-3-4
87. 我厌倦了活着。 1-2-3-4
88. 我为自己喝酒或抽烟而感到内疚。 1-2-3-4
89. 我对自己有一个非常肯定的评价。 1-2-3-4
90. 我不喜欢待在家里,因为我们总是在争论。 1-2-3-4
91. 我在学业上总是跟不上。 1-2-3-4
92. 我经常感到害怕,但不知道为什么。 1-2-3-4
93. 在交友方面我犯过错误。 1-2-3-4
94. 我无法摆脱悲伤的情绪。 1-2-3-4
95. 关于自身的前途,我的朋友们比我有更好的打算。 1-2-3-4
96. 我以前曾试图自杀。 1-2-3-4
97. 关于我的喝酒或抽烟,我曾同我的朋友争论过。 1-2-3-4
98. 别人说我缺乏自信。 1-2-3-4
99. 我甚至在工作或上学时都在考虑家里的那些问题。 1-2-3-4
100. 无论我多用功,我都不能取得好成绩。 1-2-3-4
101. 我被那些似乎无法摆脱的想法所困扰。 1-2-3-4
102. 我不信任我周围的大多数人。 1-2-3-4
103. 最近,我觉得异性对我来说不太有吸引力了。 1-2-3-4
104. 我不知道该怎样打理我的生活。 1-2-3-4
105. 关于死亡我想得很多。 1-2-3-4
106. 由于喝酒或抽烟,我处于相当危险的状况。 1-2-3-4
107. 我对自己是这种类型的人常感到不满意。 1-2-3-4

108. 我害怕我父母。 1-2-3-4

CAS 量表的评分与解释

CAS 是为了评价大学生的各种适应问题而发展起来的测评工具,其目的是能运用这一工具,更快速地给学生提供专业的评价和干预。量表包括九个维度,每个维度的得分解释如下:

(1)焦虑(AN):测量临床上的焦虑,主要为情感、认知和生理上的症状。这一维度的分数反映了学生当前所面临的心理、生理上相关的焦虑的程度。高分数意味着该学生可能经受肌肉紧张、日益加重的失眠、对自身环境的关注、自主神经系统过度活跃,如呼吸急促。这些学生也许还过分地考虑并担心现实的或期望的生活事件,而这些顾虑实际上是强迫性的、毫无必要的想法。

(2)抑郁(DP):测量临床上的抑郁,主要为情感、认知和生理上的症状。这一维度的分数反映了学生当前所面临的心理、生理上相关的抑郁的程度。高分数意味着该学生可能容易且习惯性疲劳,对平常的休闲活动也失去了兴趣。这些学生经常被一些无法控制的悲伤或绝望的情绪所影响,并会出现消极避世、与朋友或周围的人隔绝的情况。

(3)自杀倾向(SD):测量最近自杀倾向的程度,包括自杀的念头、绝望、弃世。这一维度的分数反映了学生想自杀或与自杀意图有关的行为的程度。高分数的学生可能有过自杀的念头,并将自杀作为一种可行的解决问题的方法。他们还可能制定了一个自杀计划或过去试图自杀过。分数在临界水平或更高的范围应该重新再做一次评估。

(4)物质滥用(SA):测量因物质滥用或成瘾导致的人际关系、社会、学业和职业机能紊乱的程度。这一维度的分数反映了学生因物质成瘾所面临的人际关系的、社会的、学业和职业的困难的程度。高分数的学生可能会对自己的物质成瘾感到内疚或羞愧;或是对自己吸毒或酗酒时的所作所为感到尴尬。同时,吸毒或酗酒还导致了朋友、爱人之间的关系不合,对这些学生来说过多的旷课和学业成绩的下滑将是很大的问题。

(5)自尊问题(SE):测量总体的自尊程度,如对个人成就的消极自我评价和不满意。此维度得分高的学生倾向于自我批评,不满意自己的技能、能力或成就,认为比不上周围的人。他们往往觉得自己不自信,对别人的批评过分敏感、不性感或没有身体上的吸引力。

(6)人际关系问题(IP):测量在校园环境下与他人交往困难的程度。此维度若得分高反映过分依赖他人,对人际关系的变化无所适从,带着一种怀疑的、好争辩的方式与人交往。

(7)家庭问题(FP):测量和家庭成员相处时所遇到的困难。此维度得分高的学生往往与家人情感上分离,并学会更独立地生存;同时高分数也意味着对冲突吵闹不断的家庭中存在的问题很担忧。

(8)学业问题(AP):测量和学业成绩相关问题的程度。此维度得分高的学生可能为缺乏学习技巧、低效率地使用时间、注意力无法集中这些问题所困扰。对这些学生来说考试焦虑也是一个很突出的问题。

(9)职业问题(CP):测量和职业选择相关问题的程度。此维度测量在设定职业目标和做职业决策时的困难。得分高表明学生为选择专业或将来的职业正处于焦虑或担忧的状态。选择困难或许与缺乏决策信息、没有特别的职业兴趣或缺乏明确的职业目标有关。

需要注意的是,CAS 是一种筛选的工具而不是诊断工具,因此,在任何情况下,要确认使

用 CAS 测量所得出的结论,必须运用其他更精确的评价方法。想获得更多的帮助,请至心理健康教育与咨询中心,寻求专业帮助。

【互动训练】——快乐起航

活动一:有缘相识

活动道具:多种颜色的小方形纸若干,每张纸分别剪成四小块彼此能相互契合的形状。选择欢快的乐曲做背景音乐。

活动程序:

(1)在背景音乐的欢快气氛下,主持人要求每个参与者到场地中央的盘子里选取一张自己喜欢的纸片。

(2)根据自己所选纸片的颜色与形状,到群体中寻找能与自己图形契合的"有缘人"。

(3)找到了"有缘人"后,两人坐在一起,相互介绍自己,通过交谈找出彼此间三个以上的共同点。

注意事项:

(1)此游戏比较适合于一个相互陌生的群体。

(2)纸片设计时可以 4 张相互契合拼成一个正方形,就会出现一人同时可以与两人相契合的情况。主持人可以要求第一个图形契合的人为"有缘人",也可以要求只要是图形能契合的人都为"有缘人"。

(3)有缘人可以是颜色相同形状契合,也可以是颜色不同但形状契合的人,由学生自己理解决定。

(4)游戏还可以继续深入,在两个"有缘人"的基础上接着做"成双成对",继续寻找图形契合的另两个"有缘人"。找到后,四个"有缘人"通过交谈,寻找彼此间存在的三个共同点。

活动感言:

通过本次活动,我的体会和感受是____

____

____

____

____

活动二:寻人行动

活动道具:"寻人信息卡"、笔。

活动程序:

(1)"寻人行动"要求学生根据"寻人信息卡"上的信息,在 10 分钟内找到具有该特征的人,简单交流后签名。

(2)大家交流"寻人信息卡",看看谁的签名最多。主持人邀请有代表性的学生进行全班交流,如签名最多的和某一特征签名最少的。

(3)交流完毕后，主持人在全班梳理信息，请具有同一特征的人站立一排相互介绍与交流。

注意事项：

(1)本游戏可以在陌生群体中进行，通过游戏学会主动交往与沟通。也可以在同班学生中进行，通过“寻人”活动，增强同学之间的进一步了解。

(2)在一个栏目中可以签不止一个人的名字，看看谁签的名字多。主持人要求签名人进行确认，防止假、乱信息。

(3)符合同一特征的学生相互交流后，派一名代表做全班分享。

(4)“寻人信息卡”中的信息根据学生的实际特点可以增减。

活动感言：

通过本次活动，我的体会和感受是________________________________

____

____

____

活动三：信任之旅

活动道具：眼罩。

活动程序：

(1)一半成员扮演盲人，一半扮演向导。

(2)让向导以自己的方式带领盲人去体验周边的世界，但不能说话或在手心里写字。

(3)向导选择盲人时，不可让盲人知道向导是谁，然后带出去扩充盲人对世界的了解，体验十分钟左右。

(4)回来后，摘下眼罩，二人互相分享一分钟。角色互换，最好换新同伴，重复上面的活动。

注意事项：

(1)为了自己和他人的安全，请不要嬉戏打闹，大声喧哗。

(2)不要绕开障碍物或私自规划路线，按照指定路线活动。

(3)活动过程中不要私自讨论，活动完成后小组分享、讨论。

(4)不要拥挤，每对搭档和前后的同学要保持一臂的距离，尽量不要碰到障碍物。

活动感言：

(1)作为盲人与向导心情如何？害怕吗？怕什么？____________________

____

(2)盲人对向导的信心是一开始就有的吗？怎么产生的？是慢慢产生的吗？带领过程中发生过什么事，使盲人丧失信心或恢复信心？这些与小组历程会有什么联系？__________

____

(3)双方如何沟通？向导如何传达信息？盲人收到否？如何调整、修正使沟通顺利？这使你体会到在小组中应如何沟通吗？________________________

____

(4)扮演盲人及向导后,是否更了解他们?得到什么启示?扮演过盲人再扮演向导是否容易些?为什么?____

____

【推荐阅读】

1. 王雅蓉. 读大学,究竟读什么——珍惜大学时光[J]. 青年文学家,2017(6):196.
2. 亚历山德拉·利维特. 上大学为了什么[M]. 北京:机械工业出版社,2005.
3. 张志. 不要等到毕业以后[J]. 教育,2013(23).

第二章 大学生心理与心理健康

【心灵启航】

1. 认识心理活动。
2. 你的身心是否健康?
3. 大学生常见心理问题及解决办法?
4. 心理咨询你了解吗?

第一节 认识心理活动

一、什么是心理

心理是脑的机能,是客观现实的反应。没有脑的心理或者说没有脑的思维是不存在的。心理是神经系统,特别是大脑活动的结果;神经系统,特别是大脑,是从事心理活动的器官。

心理学是一门研究人类的心理现象、精神功能和行为的科学,既是一门理论学科,也是一门应用学科。它包括基础心理学与应用心理学两大领域。

心理学研究涉及知觉、认知、情绪、人格、行为、人际关系、社会关系等许多领域,也与日常生活的许多领域——家庭、教育、健康、社会等发生关联。心理学一方面尝试用大脑运作来解释个体基本的行为与心理机能,同时,心理学也尝试解释个体心理机能在社会行为与社会动力中的角色;同时它也与神经科学、医学、生物学等科学有关。

二、个体的心理发展

指个体从出生到死亡的有规律的心理变化。在个体的一生中,其心理过程和个性特点不断变化。在众多的心理学家研究了个体心理发展的过程中,应用最多的是美国心理学家埃里克森提出的心理发展理论。

20 世纪 50 年代,作为对弗洛伊德性心理发展阶段的改进,埃里克森创立心理发展八阶段理论。埃里克森接受了弗洛伊德人格理论以及性心理发展五阶段理论,但是反对弗洛伊德试图单纯以性欲为基础来描述人格。

埃里克森将正常人的一生，从婴儿期到成人晚期，分为八个发展阶段。在每个阶段，个人都面临并克服新的挑战。每个阶段都建立在成功完成较早的阶段任务的基础之上，如果未能成功完成本阶段的任务，则会在将来产生心理问题。

表 2-1 列出了埃里克森的心理发展八阶段理论。

埃里克森的心理发展八阶段理论　　表 2-1

大约年龄	德行	心理社会危机	重要关系	相应获得的品质	
				积极的	消极的
婴儿期(0～1.5 岁)	希望	信任感—怀疑感	母亲	希望、信任	恐惧、不信任
儿童期(1.5～3 岁)	意志	自主感—羞怯感	双亲	意志(自制力)	自我怀疑
学龄前期(3～5 岁)	目的	主动感—内疚感	家庭	自主和价值感	无价值感
学龄期(6～12 岁)	能力	勤奋感—自卑感	邻居、学校	能力、勤奋	无能
青春期(12～18 岁)	忠诚	自我同一 —角色混乱	同伴、模范	忠诚、自信	不确定感
成年早期(18～25 岁)	爱	亲密感—孤独感	朋友、伴侣	爱和友谊	泛爱(杂乱)
成年期(25～65 岁)	关怀	生育感—自我专注	家庭成员、工作伙伴	关心他人和创新	自私自利
成熟期(65 岁以上)	智慧	自我调整—绝望感	家庭、人类	智慧	绝望和无意义感

根据上述理论，我们可以找到个体心理发展的规律：

首先，心理发展是一个既有连续性又有阶段性的过程，是一个由量变到质变的过程。随着新的现象出现，心理发展就达到了一个新的阶段，于是表现出阶段性。连续性则是指后一阶段的发展总是在前一阶段的基础上发生的，而且后一阶段既包含有前一阶段的因素，又萌发着下一阶段的新质。

其次，心理发展具有方向性和顺序性。在正常的条件下，个体的心理发展具有不可逆的方向性和顺序性。例如，身体的运动机能的发展遵循着从头部延伸到身体的下半部的头尾法则(从头到尾)和从身体的中心部位延伸到边缘部位的远近法则(由近及远)；认知的发展是从感知动作思维到具体形象思维，再到抽象概括思维。

再次，各种心理机能相互关联协调发展。在心理发展过程，个体心理的各个方面相互关联，某个心理机能的发展会影响其他心理机能的发展。例如，3 岁前后和 13 岁前后，儿童会出现两个反抗期，这两个时期儿童会在认知上表现出具有独立主张的倾向，同时在情绪上会表现出剧烈的变化。这一发展现象表明，认知机能与情绪的发展是紧密联系在一起的。

最后，心理发展具有个别差异。个体发展要经历一些共同的基本阶段，但在发展速度上、最终达到的水平和发展的优势领域上往往是有差别的。例如，在智力上，有的儿童早熟，有的则晚慧；有的儿童对音乐听觉有特殊敏度，有的对艺术形象有深刻的记忆表象。

第二节　大学生心理健康

【心理自测】你的身心是否够健康?

1. 快食：吃饭不挑食、不偏食，津津有味。
2. 快眠：较快入睡，睡眠质量好，精神饱满。

3. 快便:快速通畅地排泄,感觉轻松自如。

4. 快语:说话流利,头脑清醒,思维敏捷。

5. 快行:行动自如协调,迈步轻松有力,动作流畅。

6. 良好的个性:性格柔和,适应环境,为人处世好。

7. 良好的人际关系:与人相处自然融洽,朋友多。

如果你符合"五快""两良好"的标准,恭喜你,你的身心很健康!

一、健康

1. 健康的定义

健康是指一个人在身体、精神和社会等方面都处于良好的状态。传统的健康观是"无病即健康"。现代人的健康观是整体健康,世界卫生组织提出"健康不仅是躯体没有疾病,还要具备心理健康、社会适应良好和有道德"。因此,现代人的健康内容包括躯体健康、心理健康、社会健康、智力健康、道德健康、环境健康等。健康是人的基本权利,是人生的第一财富,更是一种心态。

2. 健康的状态

健康是指一个人在身体、精神和社会等方面都处于良好的状态,不仅指一个人身体没有出现疾病或虚弱现象,而是指一个人生理上、心理上和社会上的完好状态。世界卫生组织对健康提出了10条标准:

(1)精力充沛,能从容不迫地应付日常生活和工作的压力而不感到过分紧张。

(2)处事乐观,态度积极,乐于承担责任,事无巨细、不挑剔。

(3)善于休息,睡眠良好。

(4)应变能力强,能适应环境的各种变化。

(5)能够抵抗一般性感冒和传染病。

(6)体重得当,身材均匀,站立时头、肩、臂位置协调。

(7)眼睛明亮,反应敏锐,眼肌轻松,眼睑不发炎。

(8)牙齿清洁,无空洞,无痛感;齿龈颜色正常,不出血。

(9)头发有光泽,无头屑。

(10)肌肉、皮肤富有弹性,走路轻松有力。

这十条健康标准既突出了人的躯体健康的生物学指标,也考虑了人的心理健康和社会适应性。这意味着衡量一个人是否健康,必须从生理、心理、社会行为等方面分析,不仅看其有没有器质性或功能性异常,还要看其有没有主观不适感,有没有社会公认的不健康行为。严格地说,我们在谈论一个人健康状态的时候,要从多方面进行考察。

二、心理健康

1. 心理健康

1946年,第三届国际心理卫生大会指出:心理健康是指在身体、智能以及情绪上能保持同他人的心理不相矛盾,并将个人心境发展到最佳的状态。通俗地讲,心理健康是指一种高效的、满意的、持续的心理状态,指人的基本心理活动过程内容完整、协调一致,人们的认知、情

感、意志、行为达到统一、完整、协调，能适应社会，充分发挥自身潜能，较好地适应环境。

人的精神状态分为两种：正常和不正常。在正常的状态下，分为心理健康和心理不健康。心理健康是指一个人具有较好的自控能力，且能保持心理上的平衡，能自尊、自爱、自信而且有自知之明。心理不健康包括一般心理问题、严重心理问题和神经症性心理问题。心理不正常包括各类神经症，如疑病症、焦虑症、强迫症、恐惧症等和各类精神障碍，比如抑郁症、精神分裂、人格障碍等。心理健康与否对个人的成长、发展、生活、工作具有重要影响，直接影响一个人的生活幸福指数。

2. 心理健康的标准

心理健康应该是一种什么状态呢？国内外心理学家众说纷纭，综合来说，我们可以总结出心理健康具有以下标准：

(1)了解自我，悦纳自我，有切合实际的生活目标，能对自己的能力做客观的估计，能适应环境的需要改变自己。

(2)适度地自我批评，不过分夸耀自己也不过分苛责自己，对自我的存在有价值感。

(3)具有适度的主动性，不逃避现实，能容忍生活中挫折的打击，没有过度的幻想。

(4)情绪积极稳定，能较好地控制与协调情绪，保持良好心境。

(5)能保持人格的完整与和谐，个人价值观能适应社会标准。

(6)有良好的人际关系，有爱人的能力和被爱的能力。在不违背社会标准的前提下，能保持自己的个性，既不过分阿谀，也不过分寻求社会赞许，有个人独立的意见，有判断是非的标准。

美国哈佛大学著名精神病学家弗列曼教授认为："人们患病的原因，心理因素占了很大比例。"需要注意的是，无论哪个流派的哪个学者，认识自我和悦纳自我都是心理健康的必备条件，常常位于心理健康标准的首位。

3. 大学生心理发展的特点

大学生正处于青春期或成年早期，处于人生发展的关键期。这一阶段中，不仅生理上发生着变化，心理上也发生着显著的变化，这些变化既有与一般青年的相似性，又有作为大学生这一特殊群体的独特性。大学不仅要求大学生在生活上独立，而且要求在学业上有自主和创新意识；不仅要在自我认识与实现、人际关系等方面不断发展，还有从思想和行为上成熟起来，适应社会。大学生心理发展的特点具体如下。

首先，大学生认知功能成熟，思维更有逻辑性和理性色彩。从思维的角度来说，大学生已经进入形式思维阶段，甚至已不再满足于形式逻辑思维的水平，而是继续向更高一层——辩证思维水平发展。第一，大学生认知结构日益复杂，形式思维能力大大提高，这使得他们可以主要通过概念同化来获得概念，从而大大提高了概念获得的精确性和速度，为大量扩充知识创造了有利条件。第二，对问题的思考不限于寻求原因与结果的逻辑关系，而是把由经验决定的合理性判断也引入思考过程中，并把它当作重要的标准。第三，部分大学生已达到辩证逻辑思维水平。辩证逻辑思维能力的发展取决于自我调节能力和目的感的发展。自我调节能力是指个体把现有的心理结构更系统地运用于新知识体系和新的环境中；目的感是指把生活价值、奋斗目标和职业选择方向有机联系起来。这就是说，大学生的思维已开始转向对现实计划的思考，并使具有创见的洞察力、内心控制力和分析性评价结合起来。

其次,自我意识开始成熟,意志力增强。大学时期个体自我意识逐步成熟,主要表现在以下几方面。第一,独立意识增强。大学生生理发育已基本成熟,社会化程度有了很大提高,心理上产生强烈的成人感和独立感,希望能够摆脱对成人的依赖,向周围人表现自己的主张和能力,不喜欢旁人的过多干预。第二,自我认识和评价更加全面和准确。进入大学后,随着独立生活的开始,大学生有了更多的自由活动和交际的空间,参照系和社会比较对象都发生了很大变化,于是他们开始了更深入和丰富的自我探索与发现,在大学这样一个特殊环境里客观地认识自己、评价自己。第三,自我体验丰富,自我控制水平提高。由于自我意识的发展,大学生自尊心和自信心增强,对他人的言行和态度极为敏感。涉及“我”和与“我”相关的很多事情,都会在大学生的内心引起轩然大波,产生强烈的情绪体验。积极的情绪体验使他们蓬勃向上,消极的情绪体验使他们低沉、抑郁。另一方面,大学生自我调控的自觉性、主动性、社会性和持久性也在不断增强,能有意识地对自己的心理活动和行为实施控制。自觉性、果断性、自制性、坚韧性等意志品质得到进一步发展。

再次,情绪丰富多彩,交往需求强烈。风华正茂的大学阶段常常也是人生中情绪体验最为丰富的时期。大学生的情绪波动大、起伏不定,情绪转换十分明显,热情激动、抑郁悲观、沉着冷静、躁动不安等情绪交替出现。为学习、生活、爱情的成功而欢乐,为考试的失败、生活中的挫折而忧愁苦恼,为真理和友情奋不顾身,为丑陋和阴暗而义愤填膺。在他们身上自尊与自卑可以并存,闭锁与开放可能共存,强烈粗犷与温柔细腻能够同在。大学生情绪的丰富、情感体验的深刻与其生理与性的成熟、自我意识的发展、社会性需要的发展以及面临社会环境的复杂性等密切相关。

最后,人格趋向成熟和完善,职业自我意识逐步确立。大学阶段是个体人格发展、完善的重要时期,他们认识水平不断深入,对现实的态度特征渐趋稳定,情感由丰富激荡走向稳定,自我意识由分化、矛盾冲突走向统一,意志品质逐步形成。人格的成熟与完善,为大学生步入社会做好了必要的心理准备。职业自我意识是个体自我意识的组成部分,在一个人的职业选择和职业发展中起着重要的核心和驱动作用。大学生的专业学习是对未来职业进行的知识准备,大学毕业生直接面临职业选择。大学期间,通过专业课的学习、实习、与老师的讨论,很多大学生慢慢培养了自己的职业兴趣,了解了自身的长处,逐步确立起职业自我意识,为今后职业生涯的发展做好了充分准备。

4. 大学生心理健康的标准

在实践中,大学生心理健康应从以下几个方面把握。

一是智力正常。这是大学生学习、生活与工作的基本心理条件,也是适应周围环境变化所必需的心理保证。因此衡量时,关键在于智力是否正常地、充分地发挥了效能:即有强烈的求知欲,乐于学习,能够积极参与学习活动。

二是情绪健康。其标志是情绪稳定和心情愉快。包括的内容有:愉快情绪多于负性情绪,乐观开朗,富有朝气,对生活充满希望;情绪较稳定,善于控制与调节自己的情绪,既能克制又能合理宣泄;情绪反应与环境相适应。

三是意志健全。意志是人在完成一种有目的的活动时,所进行的选择、决定与执行的心理过程。意志健全者在行动的自觉性、果断性、顽强性和自制力等方面都表现出较高的水平。意志健全的大学生在各种活动中都有自觉的目的性,能适时地做出决定并运用切实有准备的方式解决所遇到的问题,在困难和挫折面前,能采取合理的反应方式,能在行动中控制情绪和言行,而不是行动盲目、畏惧困难、顽固执拗。

四是人格完整。人格指的是个体比较稳定的心理特征的总和。人格完善就是指有健全统一的人格，即个人的所想、所说、所做都是协调一致的。具体表现为：①人格结构的各要素完整统一；②具有正确的自我意识，不产生自我同一性混乱，以积极进取的人生观作为人格的核心，并以此为中心把自己的需要、目标和行动统一起来。

五是自我评价正确。正确的自我评价乃是大学生心理健康的重要条件，大学生要自我观察、自我认定、自我判断和自我评价，做到自知，恰如其分地认识自己，正自己的位置，既不以自己在某些方面高于别人而自傲，也不以某些方面低于别人而自惭，能够自我悦纳，喜欢自己，接受自己，自尊、自强、自制、自爱适度，正视现实，积极进取。

六是人际关系和谐。良好而深厚的人际关系，是事业成功与生活幸福的前提。其表现为：乐于与人交往，既有广泛而深厚的人际关系，又有知心朋友；在交往中保持独立而完整的人格，有自知之明，不卑不亢；能客观评价别人和自己，善取人之长补己之短，宽以待人，乐于助人，积极的交往态度多于消极态度，交往动机端正。

七是社会适应正常。个体与客观现实环境保持良好秩序。做客观观察以取得正确认识，以有效的办法应对环境中的各种困难，不退缩，还要根据环境的特点和自我意识的情况努力进行协调，或改变环境适应个体需要，或改造自我以适应环境。

八是心理行为符合大学生的年龄特征。大学生是处于特定年龄阶段的特殊群体，大学生应具有与年龄、与角色相应的心理行为特征。

【心理体验】学会每天问自己十个问题

如果你想走出常规，放松心情，以积极的心态开始每一天，那就很有必要以自问的方式开始一天，这些问题会给我们带来力量和好心情。

1. 我拥有什么

通常我们会为自己没有的东西而苦恼，却看不到自己已拥有的，如健康、可以听、可以看、可以爱与被爱，每天都有食物供我们享用等。正如那句口口相传的话所说的：“失去了才知道珍贵。”让我们走出哀怨，这样就可以看到什么是我们拥有的。

2. 我应该为什么感到自豪

为你已经取得的成绩而自豪。成绩不分大小，每一次成功都意味着又向前迈出了一步。你可以为你刚刚战胜一个挫折感到骄傲，可以为你帮助了一个陌生人而感到幸福，可以为你帮助了一个朋友露出微笑，也可以为结识了新朋友或读了一本新书而感到高兴。总之一切都值得你自豪。

3. 我应该对什么心存感激

每天都有很多事情让我们为之心存感激，同时也有很多人值得我们感谢，因为他们在无形中教会了我们一些事情。生活的每一天对于我们来说都是一份珍贵的礼物。

4. 我怎样才能充满活力

每天都要计划好做一些积极的事情，让自己充满活力。例如，可以给那些一直以来你都很欣赏、却很久未联系的人打电话,对工作伙伴说一些鼓励的话,保持微笑,或者留出时间和孩子玩耍等。

5. 我今天能解决什么问题

设法把那些原本想留到明天才解决的问题今天就解决掉,尽量在当天完成手边的工作,要敢于面对那些棘手的问题,并换一种角度看它们。

6. 我能抛下过去的包袱吗

"过去的包袱"就是指那些长年积累起来的经历和怨气。背着这些沉重的生活包袱有什么用呢?建议你对过去做一个总结,把值得借鉴的经验保存起来,然后永远卸下重负。

7. 我怎么换个角度看到问题

人往往都是别人的建议者,却不是自己的。很多时候,根本问题就是我们看待事物的方式。很多人都经历过为一件事苦恼不堪,过后又觉得可笑的时候,悲和喜只是我们看问题的角度不同而已。

8. 我这样过好今天

做些与往常不一样的事情。如果我们走出常规,学会享受生活,那么生活就是丰富多彩的。我们要敢于创造与创新。

9. 今天我要拥抱谁

拥抱是我们的精神食粮。曾经有一位心理学家说过,要想健康,每天要至少拥抱8次。身体接触是人最为基本的需求,它甚至可以帮助我们开发大脑。

10. 我们现在就开始行动

不要认为这些都是"听起来不错"的建议,也不要认为生活很难是这样的。其实,每天的生活都不是你想象中的那样。是让生活过得索然无味,还是积极向上,决定权就在自己的手中,努力幸福地生活,又会失去什么呢?

第三节　大学生如何维护自身心理健康

经过高考的层层筛选,大学生已经步入了人生一个新的阶段。新的环境中,每个人都满怀信心,希望能够度过一个美好的大学生活。但由于社会、学校、家庭和我们自身的问题,我们可能会遇到种种烦恼——烦躁、郁闷、焦虑、担心等情绪接踵而来。如果这些不良情绪得不到恰当处理,就有可能发展成为心理不健康状态甚至心理疾病。因此,当我们觉察到自己的不良情绪时,除了可以积极地寻求专业人员的帮助外,我们更应该进行科学的自我调节。以下是几种自我调节的方法。

一、合理宣泄

心情如同天气一样,当出现紧张、沮丧、烦闷、焦躁、压抑等情绪时,通过以下几种方法可以帮助你宣泄。你可以找辅导员、家人、朋友或心理咨询师,把心中的不快、郁闷、愤怒、困惑等消

极情绪宣泄出来，这会使你心理上感到轻松。还可以通过跑步、打球、写信等方式，将体内因不快聚结起来的能量向外界发泄。我们也往往有这样的体验，一旦这种负面情绪得以发泄后，内心便会产生一种如释重负的感觉，心情就会舒畅。

二、换位思考

心理学中有一种反向心理调节法，就是从相反的方向思考问题，从而战胜不良情绪。任何事情都有积极的一面和消极的一面，当人们从相反的角度看时，或许就可以“柳暗花明又一村”，发现许多积极的意义。比如寝室矛盾，换个角度看就是自己还不能很好地适应，应该让自己学会积极适应；比如失恋，换个角度看，就是两人不适合，没有找到对的人；比如生活压力，换个角度看就不只是无奈和叹气，更应该学会坦然面对、接受和积攒实力。

三、合理使用心理防御机制

精神分析理论中有一个概念叫合理化，指通过找一些理由为自己开脱，以减轻痛苦，缓解紧张，使内心获得平衡的方法。合理化一般有两种方式：一种是希望达到的目标没有达到时，心理便否定该目标的价值或意义，也就是我们说的“酸葡萄效应”。当自己所追求的东西因自己能力不够而无法取得时，就加以贬抑和打击，称为“酸葡萄”。为了逃避吃不到葡萄而带来的懊恼情绪，就说“算了，算了，反正那些葡萄说不定很酸呢。”另一种是没有达到预定的期望或目标，便提高目前现状的价值或意义，即“甜柠檬效应”。就像童话里的那只狐狸，吃不到葡萄便说葡萄是酸的，只能吃到柠檬，就说柠檬是甜的，从而达到内心平静，不再苦恼。有时，生活中也需要一些“阿Q精神”的。

四、改变不合理认知

进入大学后，学习方式、生活方式和人际关系都会与高中截然不同，要学会用发展的眼光看问题，更要学会积极适应。改变头脑中的不合理认知和信念，将学习与研究相结合、学习与致用相结合、用脑与动手相结合、理论与实践相结合，端正学习态度，明确学习目的，正确处理专业学习与社会实践之间的相互关系。

第四节　心理异常的概念及判断标准

一、心理异常的概念

心理异常，是在大脑生理生化功能障碍和人与客观现实关系失调的基础上产生的对客观现实的歪曲的反映。

首先，通过心理异常的定义可以看出，心理异常有其生理基础。当大脑生理、生化功能发生器质性病变的时候，就会引发心理异常，如精神障碍。

其次，心理异常的共性是人对客观现实的歪曲反映，即个体所知觉到的信息是否与现实相符，个体的行为是否符合社会的一般规则（规范）。如一个人突然说，他能感知到物理磁场辐射，并且能接收到来自外部的超能量，并且能够听到辐射的声音。那我们就可以初步判断此人为心理异常。

再次，一些心理异常的个体会有主观不适感。例如，一些人出现严重焦虑、失眠、恐惧等问题，他们想通过寻求心理帮助来摆脱当前痛苦的体验。还有一些心理异常的个体缺乏自知力，他们通常不认为自己有病，也没有痛苦的感受。

以上几个方面是从主观方面对正常心理和异常心理进行的界定，在实际的诊断过程中，还需要用到客观的统计标准来区分异常与正常，即采用心理量表测量的方式，判断个体在某些维度上的得分与整体的平均数的偏离程度。我们通常默认大多数人的分数集中在平均数周围，即个体的得分若在平均数附近，则认为是正常；若偏离的程度很大，则很有可能异常。

最后，在判断心理正常还是心理异常的时候，还需要考虑文化、社会背景以及一些具体情境。

二、心理异常的判断标准

要清晰地判别正常心理和异常心理，也不是一件容易的事情。首先，异常心理与正常心理之间的差别常常是相对的，两者之间在某些情况下可能有本质的差别，但在更多的情况下又可能只有程度的不同。其次，异常心理的表现受多种因素的影响，诸如生物因素、心理状态、社会环境等，所取的角度不一样，标准也就不一致。最后，单纯的心理问题并没有什么仪器可以检查化验，全靠专业人员的临床经验进行主观判断。

最常用的区分标准主要有如下几种：

1. 内省经验标准

如果自己认为有心理问题，这个人的心理当然不会完全正常，但一般不可能存在大问题。心理基本上正常的人，完全可以察觉到自己心理活动和自己以前的差别、自己的心理表现和别人的差别等。这种自我评价叫自知力。

2. 心理测验标准

心理测验通过有代表性的取样、成立常模样本、检测信度、检测效度和方法的标准化，才能形成测评量表，可以在一定程度上避免专家的主观看法，但是，心理测验也存在误差，并不能代替医生的诊断。

3. 医学分类标准

这种标准最客观，是将心理问题当作躯体疾病一样看待的医学标准。如果一个人身上表现的某种心理现象或行为可以找到病理解剖或病理生理变化的依据，则认为此人有精神疾病。其心理表现则被视为疾病的症状，其产生原因则归结为脑功能失调。

4. 社会症状标准

人的心理活动总是表现在生活的各个方面，如果大家都认为某个人有问题，一般就是正确的。即使旁边人没有看出来，专业人员也可以通过各种表现判断当事人是不是有问题。

5. 社会适应标准

在正常情况下，人体维持着生理心理的平衡状态，人能依照社会生活的需要适应环境和改造环境。因此，正常人的行为符合社会的准则，能根据社会要求和道德规范行事，即其行为符合社会常规，是适应性行为。如果由于器质的或功能的缺陷使得个体能力受损，不能按照社会认可的方式行事，致使其行为后果对本人或社会是不适应的时候，则认为此人有心理异常。

综上所述，任何一套诊断标准可能都会有一些不足或局限，所以我们要科学看待关于心理异常的诊断标准。

首先，心理健康的标准是相对的，不是绝对的，健康到不健康是一个连续的过程。

其次，心理健康的标准是动态的，发展的，不是静止的。随着时代的发展和社会的变迁，心理健康的标准也随之改变，因此，不存在一个古今中外都适用的、一成不变的诊断标准与模式。

再次，心理健康标准要多方面考察，做到客观科学，不能主观猜测和臆想，更不能随便进行依据心理测验的结果妄下结论。

三、心理异常的分类

根据是否具备正常心理活动，我们把心理状况分为心理正常与心理异常。心理正常又分为心理健康和心理不健康两种状态。不健康状态根据心理问题的严重程度又分一般心理问题、严重心理问题和神经症性心理问题。对于正常心理人群，可以进行心理辅导或心理咨询；对于心理异常人群，需要进行药物治疗和心理治疗。

表 2-2 列出了心理正常与异常的区分。

正常与异常区分表　　表 2-2

正　常		不　正　常
健康	不健康 1. 一般心理问题 2. 严重心理问题 3. 神经症性心理问题	1. 神经症：强迫症；焦虑症；恐惧症；疑病症；植物功能紊乱；神经衰弱 2. 严重精神障碍：抑郁症；精神分裂症 3. 人格障碍

很多时候我们都会对心理咨询产生这样那样的误区，为了澄清这些对心理咨询的误解，我们有必要了解一点儿心理咨询有关知识。

【案例导读】接受心理咨询的人就是有病的人吗？

患者：主动去接受心理咨询，不就代表自己承认自己心理有问题，自己承认是精神病吗？还如何生存？

医生：打个比方说：积极锻炼身体的人，并不一定是因为自己的身体有病，不如那些不锻炼的人，而是说明他们比那些不锻炼的人对自己的身体健康更负责任。同样道理，主动寻求心理咨询的帮助，并不代表自己患有精神疾病，而是说明他们对自己的心理健康更加负责任。与此相反，如果存在心理活动的异常现象，越是拒绝心理咨询帮助，就越提示问题的严重性，这说明当事人要么对自己的心理异常缺乏觉察能力（自知力受损，是严重精神疾病的特点之一），要么就是讳疾忌医，明知自己心理活动有问题，就是没有勇气积极面对，这恰恰是人格不够健全的标志之一。

第五节　大学生心理危机的表现及干预

一、心理危机

在生活中，我们经常听到“经济危机”“政治危机”这样的概念，对于“心理危机”很多人感到还很陌生。

1. 心理危机的概念

心理危机这一概念是美国心理学家卡普兰首次提出的，是指当个体面临突然或重大生活事件（如亲人死亡、婚姻破裂或天灾人祸）时所出现的心理失衡状态。他认为，每个人都在努力保持一种内心的稳定状态，使自身与环境稳定协调，当重大问题和剧烈变化使个体感到问题难以解决时，平衡就会打破，正常的生活受到干扰，内心的紧张不断积累，继而出现无所适从甚至思维和行为的紊乱，进入一种失衡状态，这就是心理危机的状态。

2. 心理危机的分类

心理危机可以分为发展性和意外性两类。发展性心理危机是可以预料的，如生命周期中不同发展阶段所遇到的重大问题，其特征是情绪的剧烈变化，导致个人心理失衡，如青春期的心理危机；意外性危机是突如其来的、无法预料的，如受到恐吓、自然灾害、躯体重大疾病等。

心理危机发生后，如果得不到及时有效的帮助和支持，通过调动其自身的潜能重新建立和恢复其危机水平前的心理水平，则可导致精神崩溃，产生自杀或攻击他人的不良后果。当一个人出现心理危机时，当事人可能及时察觉，也有可能“未知未觉”。无论何种情形，当个体面对危机时会产生一系列身心反应，一般危机反应会维持6～8周。

3. 心理危机的反应

危机反应主要表现在生理、情绪、认知和行为上。生理方面：肠胃不适，腹泻，食欲下降，头痛，疲乏，失眠，做噩梦，易惊吓，感觉呼吸困难或窒息，有哽塞感，肌肉紧张等。情绪方面：害怕，焦虑，恐惧，怀疑，不信任，沮丧，忧郁，悲伤，易怒，绝望，无助，麻木，否认，孤独，紧张，不安，愤怒，烦躁，自责，过分敏感或警觉，无法放松，持续担忧，担心家人安全，害怕死去等。认知方面：注意力不集中，缺乏自信，无法作决定，健忘，效能降低，不能把思想从危机事件上转移等。行为方面：社交退缩、逃避与疏离、不敢出门、容易自责或怪罪他人，不易信任他人等。

二、大学生心理危机的分类

大学生作为特殊的群体，既有其他社会群体所具有的普遍性的心理危机，也有其独特的心理危机，具体来说，有以下几方面：

（1）学业危机：表现为学业上的目标未能达成，如未通过英语四、六级考试，面对毕业后是考研究生还是就业的压力，考试不及格等，虽然就某件事情还称不上危机，但这些事件的累积，却可能造成与重大危机事件相同的效果。

（2）经济危机：表现为可能因为经济的缺乏，如无法支付学费，出现消费压力。

（3）感情危机：表现为与周围的人相处困难，如师生关系、同学关系处理不好，被朋友背

叛,寝室关系紧张,别人对自己的批评、嘲笑、攻击,被误会,被老师严厉责骂,被他人排斥,受到身边的人的疏远、不公平对待,失恋等。

(4)突发危机:遇到意外,身体受到伤害,如残疾、毁容等突发事件,丢失钱包、重要证件等。

(5)家庭危机:如父母离异、家人关系不好、家人受到意外伤害而束手无策。

(6)社会环境危机:如校园内发生一些自杀、他杀等暴力事件,流行病爆发导致的校园被封锁,寝室失火、失窃等。

(7)自然灾害危机:地震、洪灾、泥石流、海啸等。

三、心理危机的结局

由危机事件引发情绪失衡状态不会一直持续下去。一般认为,心理危机持续的时间大约在4~6周,在这4~6周中,由于处理危机的手段不同、个体的人格特质不同、所获得的支持不同,危机发展的结局也不相同。一般来说,心理危机会产生三种结局:

第一种,当事人顺利度过危机。此种结果中,有两种情形:第一种是大学生通过自身努力并结合外界帮助,问题得以解决而防止了危机的进一步发展,逐渐恢复到危机前的心理平衡状态,这是较理想和出现较多的结果;第二种情形是当事人在危机过后产生积极的变化,学会了新的应付技巧,心理适应能力同时也得到提高,心理状态变得比以前更成熟和坚强,总体的心理素质超出危机前的水平,而且从危机发展过程中学会了处理危机的新方法,整个的心理健康水平提高,个体通过危机获得了一次成长的机会,这是危机发展的最佳结局。

第二种,当事人虽然看似度过了危机,但只是暂时将不良的情绪压抑到潜意识当中,并没有真正解决问题,却在心理上留下一块“瘢痕”,留下痛点,在以后的生活中,危机的不良后果还会不时地表现出来,下次遇到同样的危机事件时,可能出现新的不适应状况。

第三种,当事人未能度过危机。心理危机未能得到有效的应付与干预,而进一步发展或难以自拔,经受者陷入绝望之中,或沉溺于借酒浇愁与药物滥用的消极应付方式之中,变得孤独、多疑、抑郁、自责、焦虑、适应不良陷于神经症或精神病,甚至可能采取自杀行为。

【心灵对话】生命的意义——致大学生

生命的意义就是活着,生命的价值来源于爱。

很小的时候就有过迷茫,那时的疑惑是人为什么活着,到最后还不是要死。这个问题一直都没有想通。从小的教育,老师都教我们要把学习成绩往上提,却很少告诉我们为什么要这么努力的读书,很多时候只是为了荣誉。大了些就微微的明白读好书是为了将来能上个好高中,所以初中拼了命地学习,回想起来,真是壮观。也许这是有点消极了,但这是我出现过的状况。

说到爱,很多人都会跟爱情联系起来,爱情只是爱中的一种。生命的意义应该是爱的传承吧,又或许是没有意义。

爱,是个很了不起的东西。在你孤独的时候,爱能温暖你的心,就像寒冷冬天里的太阳。一个小小的动作里可以充满爱,一句不经意的话也许就能挽救一个生命。我常

常想起儿时的梦。那个对大西北充满想象的梦,希望自己有很多很多的钱,然后可以帮助更多的不能上学的小孩,很纯朴的想法,很天真的爱心。随着时光的推移,梦不再是梦,生活的现实很容易把人的爱给消磨没了。

人这一生都在为了荣誉、金钱、物质而奋斗。最现实的就是为了房车、为了组建一个家而奋斗。为了奶粉钱而努力,这里面就藏着爱,对亲人、对妻儿的爱。每天的忙碌,也许你会在某个时刻感觉人生很没意义,天天这样的重复生活,到头来还是得化成泥土,这一切是为了什么呢?但是换个角度想想,自己在奋斗的过程中感受到的快乐,想到一家人一起吃晚餐的温馨场面,偶尔的爱心行动,从这些点点滴滴中就会发现生命的价值。生命的价值在于帮助需要帮助的人,在于享受快乐,在于给予爱。虽然不能带走什么,但在活着的时候做了一些事,一些温暖别人温暖自己的事。生命的价值因为爱而存在。

活着才有完整的生命。每个生命体在活着的时候才能体现它的价值与意义。衣食住行撑起生活,希望撑着生命。生命的意义就是活着,说是活着,好像很容易的事,但是实行起来还是有很多困难。现在的社会,不勤劳就很难有饭吃。尊严是靠劳动得到了,人与人之间既独立又依靠。很多时候人们的努力就是为了得到尊重,这样才感觉得到生命的意义。

生命,高贵而又脆弱的东西,我们得学会去呵护它,不要让它轻易地受到伤害。生命里有起伏跌宕的经历那才完美,一生都过得很平坦顺利,我敢说这样的生命是很苍白的,它没有尝过酸甜苦辣,不知道人间的冷暖。很喜欢史玉柱这个人,因为他的经历是无法复制的。从巨人大厦的辉煌一夜之间成著名的失败者,再到盛大的崛起,他可以说是把人间顶级的滋味都吃了个遍。生命要有顽强的精神,就算是失败了也没什么可怕,摔倒了爬起来,抖抖身上的灰尘重新上阵。如果觉得实在是过不了的坎,就换个角度思考吧,我们生来的时候就不带什么东西,现在只是把人生中的一种可能给走了一遍,一切从头再来又有何不可。再说了,失败了不是又学到了怎么保护自己吗,所以没必要气馁。多一点人生经历,生命才能更彰显它的顽强可贵。人这一生,其意义与价值都得自己谱写。可以浓墨一笔,也可以蜻蜓点水。用爱抒写生命,灿烂之花会开得更鲜艳。

资料来源:秦爱君,崔玉环,心理健康教育指导教程.北京:教育科学出版社,2012.

【心理测评】症状自评量表(SCL-90)测试

编号________ 姓名________ 性别________ 年龄________ 测验日期________

指导语:以下列出了有些人可能会有的问题,请仔细地阅读每一条,然后根据最近一星期以内下述情况影响您的实际感觉,在每个问题后标明该题的程度得分。其中,“没有”选1,“很轻”选2,“中等”选3,“偏重”选4,“严重”选5。

1. 头痛。 1-2-3-4-5
2. 神经过敏,心中不踏实。 1-2-3-4-5
3. 头脑中有不必要的想法或字句盘旋。 1-2-3-4-5
4. 头昏或昏倒。 1-2-3-4-5

5. 对异性的兴趣减退。 1-2-3-4-5
6. 对旁人责备求全。 1-2-3-4-5
7. 感到别人能控制您的思想。 1-2-3-4-5
8. 责怪别人制造麻烦。 1-2-3-4-5
9. 忘记性大。 1-2-3-4-5
10. 担心自己的衣饰整齐及仪态的端正。 1-2-3-4-5
11. 容易烦恼和激动。 1-2-3-4-5
12. 胸痛。 1-2-3-4-5
13. 害怕空旷的场所或街道。 1-2-3-4-5
14. 感到自己的精力下降,活动减慢。 1-2-3-4-5
15. 想结束自己的生命。 1-2-3-4-5
16. 听到旁人听不到的声音。 1-2-3-4-5
17. 发抖。 1-2-3-4-5
18. 感到大多数人都不可信任。 1-2-3-4-5
19. 胃口不好。 1-2-3-4-5
20. 容易哭泣。 1-2-3-4-5
21. 同异性相处时感到害羞不自在。 1-2-3-4-5
22. 感到受骗,中了圈套或有人想抓住您。 1-2-3-4-5
23. 无缘无故地突然感到害怕。 1-2-3-4-5
24. 自己不能控制地大发脾气。 1-2-3-4-5
25. 怕单独出门。 1-2-3-4-5
26. 经常责怪自己。 1-2-3-4-5
27. 腰痛。 1-2-3-4-5
28. 感到难以完成任务。 1-2-3-4-5
29. 感到孤独。 1-2-3-4-5
30. 感到苦闷。 1-2-3-4-5
31. 过分担忧。 1-2-3-4-5
32. 对事物不感兴趣。 1-2-3-4-5
33. 感到害怕。 1-2-3-4-5
34. 您的感情容易受到伤害。 1-2-3-4-5
35. 旁人能知道您的私下想法。 1-2-3-4-5
36. 感到别人不理解您、不同情您。 1-2-3-4-5
37. 感到人们对您不友好,不喜欢您。 1-2-3-4-5
38. 做事必须做得很慢以保证做得正确。 1-2-3-4-5
39. 心跳得很厉害。 1-2-3-4-5
40. 恶心或胃部不舒服。 1-2-3-4-5
41. 感到比不上他人。 1-2-3-4-5
42. 肌肉酸痛。 1-2-3-4-5

43. 感到有人在监视您、谈论您。 1-2-3-4-5
44. 难以入睡。 1-2-3-4-5
45. 做事必须反复检查。 1-2-3-4-5
46. 难以做出决定。 1-2-3-4-5
47. 怕乘电车、公共汽车、地铁或火车。 1-2-3-4-5
48. 呼吸有困难。 1-2-3-4-5
49. 一阵阵发冷或发热。 1-2-3-4-5
50. 因为感到害怕而避开某些东西、场合或活动。 1-2-3-4-5
51. 脑子变空了。 1-2-3-4-5
52. 身体发麻或刺痛。 1-2-3-4-5
53. 喉咙有梗塞感。 1-2-3-4-5
54. 感到前途没有希望。 1-2-3-4-5
55. 不能集中注意。 1-2-3-4-5
56. 感到身体的某一部分软弱无力。 1-2-3-4-5
57. 感到紧张或容易紧张。 1-2-3-4-5
58. 感到手或脚发重。 1-2-3-4-5
59. 想到死亡的事。 1-2-3-4-5
60. 吃得太多。 1-2-3-4-5
61. 当别人看着您或谈论您时感到不自在。 1-2-3-4-5
62. 有一些不属于您自己的想法。 1-2-3-4-5
63. 有想打人或伤害他人的冲动。 1-2-3-4-5
64. 醒得太早。 1-2-3-4-5
65. 必须反复洗手、点数目或触摸某些东西。 1-2-3-4-5
66. 睡得不稳不深。 1-2-3-4-5
67. 有想摔坏或破坏东西的冲动。 1-2-3-4-5
68. 有一些别人没有的想法或念头。 1-2-3-4-5
69. 感到对别人神经过敏。 1-2-3-4-5
70. 在商店或电影院等人多的地方感到不自在。 1-2-3-4-5
71. 感到任何事情都很困难。 1-2-3-4-5
72. 一阵阵恐惧或惊恐。 1-2-3-4-5
73. 感到在公共场合吃东西很不舒服。 1-2-3-4-5
74. 经常与人争论。 1-2-3-4-5
75. 单独一个人时神经很紧张。 1-2-3-4-5
76. 别人对您的成绩没有做出恰当的评价。 1-2-3-4-5
77. 即使和别人在一起也感到孤单。 1-2-3-4-5
78. 感到坐立不安、心神不定。 1-2-3-4-5
79. 感到自己没有什么价值。 1-2-3-4-5
80. 感到熟悉的东西变成陌生或不像是真的。 1-2-3-4-5

81. 大叫或摔东西。 1-2-3-4-5
82. 害怕会在公共场合昏倒。 1-2-3-4-5
83. 感到别人想占您的便宜。 1-2-3-4-5
84. 为一些有关性的想法而很苦恼。 1-2-3-4-5
85. 您认为应该因为自己的过错而受到惩罚。 1-2-3-4-5
86. 感到要很快把事情做完。 1-2-3-4-5
87. 感到自己的身体有严重问题。 1-2-3-4-5
88. 从未感到和其他人很亲近。 1-2-3-4-5
89. 感到自己有罪。 1-2-3-4-5
90. 感到自己的脑子有毛病。 1-2-3-4-5

症状自评量表(SCL-90)标准解释

SCL-90 共有 10 个因子,每个因子反映被试某方面的情况,可通过因子分了解被试的症状分布特点以及问题的具体演变过程。下面是 10 个因子的定义:

(1)躯体化因子:该因子主要反映主观的身体不适感,包括心血管、肠胃道、呼吸道系统主诉不适和头痛、脊痛、肌肉酸痛以及焦虑的其他躯体表现。

(2)强迫症状:该因子主要指那种明知没有必要,但又无法摆脱的无意义的思想、冲动、行为等表现,还有一些比较一般的感知障碍(如"脑子变空了""记忆力不行"等)也在这一因子中反映。

(3)人际关系敏感:该因子主要是反映某些不自在感与自卑感,尤其是在与其他人相比较时更为突出。自卑感、懊丧以及在人事关系明显相处不好的人,往往这一因子得高分。

(4)忧郁因子:反映的是临床上忧郁症状群相联系的广泛的概念。忧郁苦闷的感情和心境是代表性症状,它还以对生活的兴趣减退,缺乏活动的愿望、丧失活动力等为特征,并包括失望、悲叹、与忧郁相联系的其他感知及躯体方面的问题。

(5)焦虑因子:包括一些通常临床上明显与焦虑症状相联系的症状与体验。一般指那些无法静息、神经过敏、紧张以及由此产生躯体征象(如震颤)。那种游离不定的焦虑及惊恐发作是本因子的主要内容,它还包括有一个反映"解体"的项目。

(6)敌对因子:主要以三方面来反映病人的敌对表现、思想、感情及行为。包括从厌烦、争论、摔物直至争斗和不可抑制的冲动暴发等各个方面。

(7)恐惧因子:与传统的恐惧状态所反映的内容基本一致,恐惧的对象包括出门旅行、空旷场地、人群或公共场合及交通工具。此外还有反映社交恐惧的项目。

(8)偏执因子:偏执是一个十分复杂的概念,本因子只是包括了它的一些基本内容,主要是指思维方面,如投射性思维、敌对、猜疑、关系妄想、妄想、被动体验和夸大等。

(9)精神病性:其中有幻想、思维播散、被控制感、思维被插入等反映精神分裂症状项目。

(10)其他:该因子是反映睡眠及饮食情况的。

[评分规则]

若选 A 计 1 分,选 B 计 2 分,选 C 计 3 分,选 D 计 4 分,选 E 计 5 分。将因子 F1(躯体化)、F2(强迫)、F3(人际关系敏感)、F4(忧郁)、F5(焦虑)、F6(敌对)、F7(恐惧)、F8(偏执)、

F9(精神病性)、F10(其他)各自包含的项目得分分别累计相加,即可得到各个因子的累计得分;将各个因子的累计得分除以其相应的项目数,即可得到各个因子的因子分数——T分数。例如,若躯体化一项合计分为8,题目数为8,则因子分为1。

SCL-90主要提供以下分析指标:

总分和总均分:总分是90个项目各单项得分相加,最低分为90分,最高分为450分。总均分=总分÷90,表示总的来看,被试的自我感觉介于1~5的哪一个范围。

阴性项目数:表示被试"无症状"的项目有多少。

阳性项目数:表示被试在多少项目中呈现"有症状"。

阳性项目均分:表示"有症状"项目的平均得分。可以看出被试自我感觉不佳的程度究竟在哪个范围。

【互动训练】我健康吗?

分组讨论,并形成报告,现场汇报。

讨论内容:

1. 请写出一件最近一段时期内让你烦恼或者困惑的事情。
2. 思考并询问,同样的事情你身边的同学和朋友是怎么处理的。
3. 综合考察你认为哪种处理方式更好。
4. 观察和询问,你身边的同学最近都经历了什么样的困惑。
5. 选择一个你身边的同学的问题帮助他(她)解决。

【推荐阅读】

1. 理查德(Richard J. G). 心理学与生活[M]. 北京:北京大学出版社,2005.
2. Santrock J W. 发展心理学[M]. 北京:机械工业出版社,2014.

第三章

大学生的时间管理

【心灵启航】

1. 你觉得自己的生活过得充实吗？
2. 自我管理包含哪些方面？
3. 如何进行有效的自我管理？

世界上有一家奇怪的银行，它给每个人都开一个账户，每天都会往账户上打同样数目的资金，令你当天用完，不准把余额记账，也不准预支和超支，如果用不完，第二天自动作废，请问这银行给我们存入的是什么？——时间

辩证唯物史观认为，时间和空间的本质是客观事物存在运动的形式，时间具有一维性。从经济角度出发，时间被看作一种资源，认为它具有几方面的特征，例如，时间对每个人都是公平的，时间赋予每个人都是一天二十四小时；时间是流逝的，只存在于当下，往事不可追；时间这种资源不可由任何的资源来代替；“时间就像海绵里的水，挤挤总会有的”，形象地描述了时间是可控的。作为大学生，我们可以有意识地加强时间管理，提高时间利用的效率。

中国古代就有“一寸光阴一寸金，寸金难买寸光阴”的谚语，今又有“时间就是金钱”，可见人们对时间价值的看重。随着社会的发展，时代的变迁，管理能力已经不是只有管理者才应该具备的能力，作为管理能力基础的自我管理能力更是如此。经济与社会的发展、高等教育的发展、人才需求、大学生自身发展等这些方面都要求现代的大学生也应该具有较强的自我管理能力，才能满足社会以及自身不断发展的需求。美国心灵励志作家杰克森·布朗曾经有个有趣的比喻：“缺少了自我管理的才华，就好像穿上溜冰鞋的八爪鱼，眼看动作不断，可是却搞不清楚到底是向前、向后，还是原地打转。”如果你确实付出了努力，但又总看不到太多的成果，那么你真正需要的是重新审视一下自己的自我管理能力！

【心灵对话】时间都去哪了

时间对每一个人都是公平的，但是你真的拥有时间吗？你会利用自己的时间吗？看看你的时间都跑哪去了？

时间流水账		
事情	每日花费时间(小时)	每周花费时间(小时)
睡眠		
出门前准备		
早餐、午餐、晚餐		
在路上的时间		
休闲娱乐(上网、聊天、听歌)		
基础学习		
延伸学习		
其他		
总计	24	168

第一节　时间及其特性

一、时间的概念

时间是一种尺度,借着时间,事件发生之先后可以按过去—现在—未来之序列得以确定(时间点),也可以衡量事件持续的期间以及事件之间间隔长短(时间段)。

二、时间的特性

1. 不可缺性

任何工作都在时间中进行,要想在时间之外“偷偷”地办点儿什么事情是绝对不可能的。

2. 不可替代性

其他材料可以互相代替,如:用水泥代替石头,用合成纤维代替棉花。而时间没有任何替代品。

3. 不可停顿性

没有任何一种制动装置可使时间停顿。

4. 不可倒转性

过去的时间永远也不会回来,历史倒转是根本不可的。

5. 不可贮存性

人们用电脑贮存信息,用冰箱贮存食品。而时间稍纵即逝,一去不复返。

6. 不可买卖性

物资可交易,金钱可多少。但时间对每个人都是等量的,无论你多么富有,无论你用多么昂贵的价格也买不来一分一秒。

7. 不可租赁性

人世间有借钱租物的，但从没有任何人能租赁或借到时间。

第二节　时 间 管 理

时间是一种宝贵的资源，它的流逝具有一维性，任何人都无法阻止其向前；它不会因人的高低贵贱而变长或变短，也不会因为个体的喜爱而变得可以被收藏；时间一旦逝去则无法追回，它不会停滞在我们想要它停留的某一点上。因此，在时间这位大自然造就的鬼斧神工面前，任何人都会显得力量渺小。

进入大学，我们的时间不再像高中那样被课程表从早到晚安排得严严密密。我们每天都有了近三分之二的时间供我们自己去支配。如何合理地支配我们的时间影响着我们的学习效率，甚至生活质量。富兰克林有这样一句话："如果你想成功，必须重视时间的价值。"管理大师杜拉克同样说过"认识你的时间，是每个人只要肯就能做到的，这是一个人走向成功的有效的自由之路"。纵观历史，成功人士都有一个共同点，那就是能很好地运用自己的时间，有良好的时间计划。时间的自我管理对大学生很重要，那么我们应该如何管理好自我的时间呢？

一、时间管理的含义

时间管理是指在充分认识时间的性质和价值的基础上，通过事先规划和运用一定的技巧、方法与工具，实现对时间的灵活以及有效运用，从而实现个人或组织的既定目标。

【心灵对话】我的时间与效率

今天有哪些事情是在适当时间内完成的？＿＿＿＿＿＿

今天有哪些事情是在不适当的时间内做的？＿＿＿＿＿＿

今天效率最高的是哪一段时间？为什么在这段时间效率最高？＿＿＿＿＿＿

今天效率最低的是哪一段时间？为什么在这段时间效率最低？＿＿＿＿＿＿

今天的时间利用过程中最大的干扰是什么？＿＿＿＿＿＿

今天做了哪些不必要做的事？＿＿＿＿＿＿

今天花了多少时间做不重要的事？＿＿＿＿＿＿

今天有没有由于安排不合理而浪费的时间？＿＿＿＿＿＿

国外的一项研究表明，善于管理时间的人能够安排他们自己和其他人迅速适应工作量上的任何重大变革，并重新确定工作的优先次序。他们可能把个人的安排看作他们时间管理工具包中的首要工具。他们较容易觉察对于考虑正在进行的工作量的波动以及变革最后期限的需要，并且可能重新组织工作以达到最好的效果。时间管理欠缺的人很少或不花时间在系统地组织他们的工作任务，他们倾向于处理邻近的但是缺乏规划和远见的任务。他们通常会亲自着手接踵而来的工作或者看起来是最紧急的工作，而不善于组织其他人去完成。

二、时间管理的技巧

【心灵对话】我的时间与效率

假如我有80岁寿命(29200天),到今天为止我的生命已用去________天,只剩下________天。学习知识的黄金时期是6~25岁,这20年大约有7300天,我还有________天黄金时间。

时间管理的方法有很多,这里我们来分享集各种方法之大成的5个。

1. 新概念GTD

GTD,是Getting Things Done的缩写。来自于David Allen的一本畅销书《Getting Things Done》,中国的中文翻译本《尽管去做:无压工作的艺术》,由中信出版社出版。

GTD的具体做法可以分成收集、整理、组织、回顾与行动五个步骤:

(1)收集:就是将你能够想到的所有的未尽事宜(GTD中称为stuff)统统罗列出来,放入inbox中,这个inbox既可以是用来放置各种实物的实际的文件夹或者篮子,也需要有用来记录各种事项的纸张或PDA。收集的关键在于把一切赶出你的大脑,记录下所有的工作。

(2)整理:将stuff放入inbox之后,就需要定期或不定期地进行整理,清空inbox。将这些stuff按是否可以付诸行动进行区分整理,对于不能付诸行动的内容,可以进一步分为参考资料、日后可能需要处理以及垃圾几类,而对可行动的内容再考虑是否可在两分钟内完成,如果可以则立即行动完成它,如果不行则对下一步行动进行组织。

(3)组织:个人感觉组织是GTD中的最核心的步骤,组织主要分成对参考资料的组织与对下一步行动的组织。对参考资料的组织主要就是一个文档管理系统,而对下一步行动的组织则一般可分为:下一步行动清单,等待清单和未来/某天清单。下一步清单是具体的下一步工作,而且如果一个项目涉及多步骤的工作,那么需要将其细化成具体的工作。GTD对下一步清单的处理与一般的to - do list最大的不同在于,它做了进一步的细化,比如按照地点(电脑旁、办公室、电话旁、家里、超市)分别记录只有在这些地方才可以执行的行动,而当你到这些地点后也就能够一目了然地知道应该做那些工作。等待清单主要是记录那些委派他人去做的工作,未来/某天清单则是记录延迟处理且没有具体的完成日期的未来计划、电子邮件等等。

(4)回顾:回顾也是GTD中的一个重要步骤,一般需要每周进行回顾与检查,通过回顾及检查你的所有清单并进行更新,可以确保GTD系统的运作,而且在回顾的同时可能还需要进行未来一周的计划工作。

(5)行动:根据时间的多少、精力情况以及重要性来选择清单上的事项来行动。

2. 6点优先工作制

该方法是效率大师艾维利在向美国一家钢铁公司提供咨询时提出的,它使这家公司用了5年的时间,从濒临破产一跃成为当时全美最大的私营钢铁企业,艾维利因此获得了2.5万美元咨询费,故管理界将该方法喻为"价值2.5万美元的时间管理方法"。

这一方法要求把每天所要做的事情按重要性排序,分别从"1"到"6"标出6件最重要的事情。每天一开始,先全力以赴做好标号为“1”的事情,直到它被完成或被完全准备好,然后再全力以赴地做标号为“2”的事,依此类推……艾维利认为,一般情况下,如果一个人每天都能全力以赴地完成6件最重要的大事,那么,他一定是一位高效率人士。

表3-1列出了6点优先工作制的内容。

6点优先工作制表格　　表3-1

序　号	今日事件记录	目标量化	完成度
1			
2			
3			
4			
5			
6			

表格使用要点:

(1)注意要事第一,把最有效的时间放在最有效的事情上。

(2)将计划做的事情分为紧急、重要、不重要、不紧急4种,紧急的事情写在最前面,不紧急的事情放在后面,事有轻重缓急,做好计划,安排好时间,不要随便改变自己的计划,最好在前一天把6点优先工作制写好。

(3)将一天的事情按轻重缓急排序,把最重要的6件事情写进6点优先工作制。因为时间是有限的,事情总是做不完的,所以你总是感觉很忙,没有时间,只要你管理好你的时间,时间就像海绵里的水,总是挤得出来的。

(4)标准格式,就是标准流程。时间一久,当你翻开你的6点优先工作制的笔记本时,往事历历在目,任何人都知道你过去做了什么,未来要做什么。在“完成度”打√或×,并在表格下面简要写下原因。

3.帕累托原则

这是由19世纪意大利经济学家帕累托提出的,又称为二八定律。其核心内容是生活中80%的结果几乎源于20%的活动。从经济学上来说,世界上80%的财富是被20%的人掌握着,世界上80%的人只分享了20%的财富;从心理学上来说,20%的人身上集中了人类80%的智慧,他们一出生就鹤立鸡群;生活中二八定律的现象更是比比皆是,例如20%的人成功,80%的人不成功;20%的人用脖子以上赚钱,80%的人用脖子以下赚钱;20%的人正面思考,80%的人负面思考;20%的人支配别人,80%的人受人支配;20%的人做事业,80%的人做事情;20%的人我要怎么做才有钱,80%的人我要有钱我就怎么做;20%的人有目标,80%的人爱瞎想;20%的人在问题中找答案,80%的人在答案中找问题;20%的人在放眼长远,80%的人只顾眼前;20%的人把握机会,80%的人错失机会;20%的人计划未来,80%的人早上起来才想今天干什么;在一个国家的医疗体系中,20%的人口与20%的疾病,会消耗80%的医疗资源……因此,要把注意力放在20%的关键事情上。根据这一原则,我们应当对要做的事情分清轻重缓急,进行如下的排序:

A.重要且紧急(比如救火、抢险等)——必须立刻做。

B. 紧急但不重要(比如有人因为打麻将“三缺一”而紧急约你、有人突然打电话请你吃饭等)——只有在优先考虑了重要的事情后,再来考虑这类事。人们常犯的毛病是把“紧急”当成优先原则。其实,许多看似很紧急的事,拖一拖,甚至不办,也无关大局。

C. 重要但不紧急(比如学习、做计划、与人谈心、体检等)——只要是没有前一类事的压力,应该当成紧急的事去做,而不是拖延。

D. 既不紧急也不重要(比如娱乐、消遣等事情)——有闲工夫再说。

在生活中,具体来说,运用二八定律首先要设定目标,即进入 20%。其次要制订计划,制定计划的时候要鼓励特殊表现,而非赞美全面的平均努力;要寻求捷径,而非全程参与;要选择性寻找,而非巨细无遗的观察;要在几件事情上追求卓越,不必事事都有好表现;不必苦苦追求所有机会。最后要在开始行动以后,能够坚持。

4. 莫法特休息法

《圣经新约》的翻译者詹姆斯 · 莫法特的书房里有 3 张书桌:第一张摆着他正在翻译的《圣经》译稿;第二张摆的是他的一篇论文的原稿;第三张摆的是他正在写的一篇侦探小说。莫法特的休息方法就是从一张书桌搬到另一张书桌,继续工作。

“间作套种”是农业上常用的一种科学种田的方法。人们在实践中发现,连续几季都种相同的作物,土壤的肥力就会下降很多,因为同一种作物吸收的是同一类养分,长此以往,地力就会枯竭。人的脑力和体力也是这样,如果每隔一段时间就变换不同的工作内容,就会产生新的优势兴奋灶,而原来的兴奋灶则得到抑制,这样人的脑力和体力就可以得到有效的调剂和放松。莫法特休息法在时间管理上的启示有以下几条。

(1)有计划地使用时间。不会计划时间的人,等于计划失败。

(2)目标明确。目标要具体、具有可实现性。

(3)将要做的事情根据优先程度分先后顺序。80% 的事情只需要 20% 的努力,而 20% 的事情是值得做的,应当享有优先权。因此要善于区分这 20% 的有价值的事情,然后根据价值大小,分配时间。

(4)将一天从早到晚要做的事情进行罗列。

(5)要具有灵活性。一般来说,只将时间的 50% 计划好,其余的 50% 应当属于灵活时间,用来应对各种打扰和无法预期的事情。

(6)遵循你的生物钟。你办事效率最佳的时间是什么时候?将优先办的事情放在最佳时间里。

(7)做好的事情要比把事情做好更重要。做好的事情,是有效果;把事情做好仅仅是有效率。首先考虑效果,然后才考虑效率。

(8)区分紧急事务与重要事务。紧急事往往是短期性的,重要事往往是长期性的。给所有罗列出来的事情定一个完成期限。

(9)对所有没有意义的事情采用有意忽略的技巧。将罗列的事情中没有任何意义的事情删除掉。

(10)不要想成为完美主义者。不要追求完美,而要追求办事效果。

(11)巧妙地拖延。如果一件事情,你不想做,可以将这件事情细分为很小的部分,只做其中一个小的部分就可以了,或者对其中最主要的部分最多花费 15 分钟时间去做。

(12)学会说“不”。一旦确定了哪些事情是重要的,对那些不重要的事情就应当说“不”。

(13)奖赏自己。即使一个小小的成功,也应该庆祝一下。可以事先给自己许下一个奖赏诺言,事情成功之后一定要履行诺言。

5. 时间象限法

著名管理学家科维提出了一个时间管理的理论,把工作按照重要和紧急两个不同的程度进行了划分,基本上可以分为四个“象限”:既紧急又重要、重要但不紧急、紧急但不重要、既不紧急也不重要。这就是关于时间管理的“四象限法则”,如图 3-1 所示。

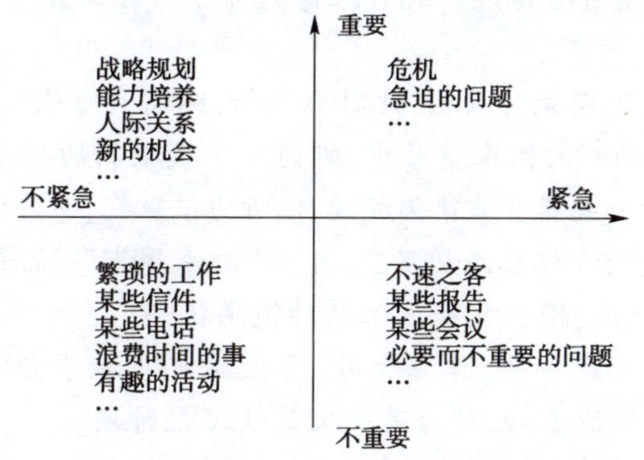

图 3-1　时间管理四象限

时间管理象限的出发点,在于学会处理事情的优先次序,先考虑事情的“轻重”,再考虑事情的“缓急”。

第一象限:这个象限包含的是一些紧急而重要的事情,这一类的事情具有时间的紧迫性和影响的重要性,无法回避也不能拖延,必须首先处理、优先解决。

第二象限:第二象限不同于第一象限,这一象限的事件不具有时间上的紧迫性,但是,它具有重大的影响,对于个人的存在和发展以及周围环境的建立和维护,都具有重大的意义。

第三象限:第三象限包含的事件是那些紧急但不重要的事情,这些事情很紧急但并不重要,因此这一象限的事件具有很大的欺骗性。很多人认识上有误区,认为紧急的事情都显得重要,实际上,像无谓的电话、附和别人期望的事、打麻将三缺一等事件都并不重要。这些不重要的事件往往因为它紧急,就会占据人们的很多宝贵时间。

第四象限:第四象限的事件大多是些琐碎的杂事,没有时间的紧迫性,没有任何的重要性,这种事件与时间的结合纯粹是在扼杀时间,是在浪费生命。发呆、上网、闲聊、游逛,这是饱食终日,无所事事的人的生活方式。

6. 巧用生物钟

有句谚语说:“公鸡在黎明时高歌,蝙蝠于黑夜中潜飞;它们的活动规律,是由其体内的生物钟决定的。”人们的作息时间强烈地受着自己内部的生物钟节奏的支配,人们通过生物钟能感受到外界环境周期性的变化,并调节自身生理活动的步伐,使其在一定的时期开始、进行或结束。俄罗斯杰出的作曲家柴可夫斯基告诉人们,他成功的全部秘诀在于:每天在精神状态最佳的时间内完成规定的任务。因此,巧用生物钟,在最有效率的时间完成最有效率的工作!

【心灵对话】人体一天中的各种生理波动

1点钟：处于深夜，大多数人已经睡了3～5小时，由入睡期—浅睡期—中等程度睡眠期—深睡期，此时进入有梦睡眠期。此时易醒或者有梦，对痛特别敏感，有些疾病此时易加剧。

2点钟：肝脏仍继续工作，利用这段人体安静的时间，加紧产生人体所需要的各种物质，并把一些有害物质清除体外。此时人体大部分器官工作节律均放慢或停止工作，处于休整状态。

3点钟：全身休息，肌肉完全放松，此时血压低，脉搏和呼吸次数少。

4点钟：血压更低，脑部的供血量最少，肌肉处于最微弱的循环状态，呼吸仍然很弱，此时人容易死亡。此时全身器官节律仍放慢，但听力很敏锐，易被微小的动静所惊醒。

5点钟：肾脏分泌少，人体已经历了3～4个“睡眠周期”（无梦睡眠与有梦睡眠构成睡眠周期），此时觉醒起床，很快就能进入精神饱满状态。

6点钟：血压升高，心跳加快，体温上升，肾上腺皮质激素分泌开始增加，此时机体已经苏醒，想睡也睡不安稳了，此时为第一次最佳记忆时期。

7点钟：肾上腺皮质激素的分泌进入高潮，体温上升，血液加速流动，免疫功能加强。

8点钟：机体休息完毕而进入兴奋状态，肝脏已将身体内的毒素全部排尽。大脑记忆力强，为第二次最佳记忆时期。

9点钟：神经兴奋性提高，记忆仍保持最佳状态，疾病感染率降低，对痛觉最不敏感。此时心脏开足马力工作，精力旺盛。

10点钟：积极性上升，热情将持续到午饭，人体处于第一次最佳状态，苦痛易消。此时为内向性格者创造力最旺盛时刻，任何工作都能胜任，此时虚度实在可惜。

11点钟：心脏照样有节奏地继续工作，并与心理处于积极状态保持一致，人体不易感到疲劳，几乎感觉不到大的工作压力。

12点钟：人体的全部精力都已调动起来。全身总动员，需进餐。此时对酒精仍敏感。若午餐是一桌酒席，下半天的工作会受到重大影响。

13点钟：午饭后，精神困倦，白天第一阶段的兴奋期已过，此时感到有些疲劳，宜适当休息，最好午睡半小时到1小时。

14点钟：精力消退，此时是24小时周期中的第二个低潮阶段，反应迟缓。

15点钟：身体重新改善，感觉器官此时尤其敏感，人体重新走入正轨。工作能力逐渐恢复，是外向型性格者分析和创造最旺盛的时刻，可持续数小时。

16点钟：血液中糖分增加，但很快又会下降，医生把这一过程称为“饭后糖尿病”。

17点钟：工作效果更高，嗅觉、味觉处于最敏感时期，听觉处于一天中的第二高潮。此时锻炼比早晨效果好。

18点钟：体力活动的体力和耐力达一天中最高峰，想多运动的愿望上升。此时痛感重新下降，运动员应更加努力训练，可取得好的运动和训练成绩。

19点钟：血压上升，心理稳定性降到最低点，精神最不稳定，容易激动，小事可引起口角。

20点钟：当天的食物、水分都已充分贮备，体重最重。反应异常迅速、敏捷，司机处于最佳状态，不易出事故。

21点钟：记忆力特别好，直到临睡前为一天中最佳的记忆时间（第四次，也是最高效时）。

22点钟：体温开始下降，睡意降临，免疫功能增强，血液内的白细胞增多。呼吸减慢，脉搏和心跳降低，激素分泌水平下降。体内大部分功能趋于低潮。

23点钟：人体准备休息，细胞修复工作开始。

0点钟：身体开始其最繁重的工作，更换已死亡的细胞，建立新的细胞，为下一天做好准备。

最近，位于美国芝加哥医疗中心的生物节奏研究室的研究人员指出：周末睡懒觉对绝大多数人来说并非好事，因为这会使人体时钟紊乱，睡眠时间顺延，使星期天晚上难以入睡，星期一早上昏昏沉沉，而这种紊乱状态甚至需要数天时间才能恢复正常。

由于人体生物钟的变化，大脑皮层不同区域的功能也在时时发生着变化，研究的结果表明：

上午8～11点，是组织、计划、写作和进行一些创造性思维活动的最佳时间。最好把一天中最艰巨的任务放在此时完成。同时，这段时间疼痛最不敏感。

上午11～12点，是开会的最佳时间，人们此时最为清醒。这段时间易用于解决问题和进行一些复杂的决策。

12点～下午2点，此间一天中快乐的情绪达到了高潮，适宜进行社会活动。

下午2～4点，会出现所谓的“下午低沉期”。此时易出现困乏现象，最好午睡片刻，或是打一些必要的电话，做些有趣的阅读，尽量避免乏味的活动。

下午4～6点，人体从“低沉期”解脱出来，思维又开始活跃。可把一天中较重要的工作放在此时做。并且这是进行长时记忆的好时光。

下午5～7点，人体的体温最高，此时做些锻炼有助于你在晚上顺利入睡并提高睡眠质量。

晚上7～10点，可就一些较严肃的话题进行讨论，也是学习的最好时间。

晚上11～12点，人体准备休息，各脏器活动极慢，进入梦乡。

科学家发现，人体拥有自己的生理时钟。同时，生理美容学家也证实，每个人的皮肤随生理时钟的变化有其须特别遵循的时刻表。专家建议，美容保养若能与皮肤自然作息时刻相配合，就可发挥它最大的功效。晚上11点至凌晨5点，细胞分裂的速度要比平时快8倍左右，这时肌肤对护肤品的吸收率极强，若使用富含营养物质的滋润晚霜及保湿剂，能使皮肤保养和修复达到最佳效果。早晨6点至7点，肾上腺皮质激素的分泌此时达到高峰期，它抑制蛋白质合成，而且再生作用减慢，细胞的再生活动降到最低点。水分聚集于细胞内，淋巴循环缓慢，一些人会眼皮肿胀。

实际生活中，我们要巧妙地利用自己的生物钟。在我们周围，我们可以看到按四种不同思维效率曲线用脑的人：

清晨型(又称为百灵鸟型)：这类学习者在清晨时头脑清醒，反应敏捷，记忆和思维效率高。

上午型：这类学习者在四个时间段中，上午学习的效率最高。

下午型：这类学习者偏爱下午学习，此时学习效率最高。在四种类型中，该类型的学习者较少，但确实存在。

夜晚型(又称为猫头鹰型)：这类学习者在夜间大脑高度兴奋，且特别清醒，注意力集中，精力充沛，思维活跃，学习效率特别高。

学习者偏爱哪一时间进行学习，受许多因素的制约，其中有些因素如生活习惯等是可以调节的。了解自己的时间偏爱后，每一个人均应合理、科学地安排作息制度和最佳学习时间，提高学习的效率。

第三节　大学生的时间管理

一、要和你的价值观相吻合

你一定要确立个人的价值观，假如价值观不明确，就很难知道什么对你最重要，若你价值观不明确，时间分配一定不好。时间管理的重点不在于管理时间，而在于如何分配时间。你永远没有时间做每件事，但你永远有时间做对你来说最重要的事。

二、设立明确的目标

成功等于目标，时间管理的目的是让你在最短时间内实现更多你想要实现的目标。你必须把4～10个目标写出来，找出一个核心目标，并依次排列重要性，然后依照你的目标设定一些详细的计划，你的关键就是依照计划进行。

三、改变你的想法

美国心理学之父威廉·詹姆士对时间行为学的研究发现这样两种对待时间的态度：“这件工作必须完成，它实在讨厌，所以我能拖便尽量拖”和“这不是件令人愉快的工作，但它必须完成，所以我得马上动手，好让自己能早些摆脱它”。当你有了动机，迅速踏出第一步是很重要的。不要想立刻推翻自己的整个习惯，只需强迫自己现在就去做你所拖延的某件事。

四、遵循20比80定律

生活中肯定会有一些突发和迫不及待要解决的问题，如果你发现自己天天都在处理这些事情，那表示你的时间管理并不理想。成功者花最多时间在做最重要的事，而不是最紧急的事情上，然而一般人都是做紧急但不重要的事。

五、安排“不被干扰”时间

每天至少要有半小时到一小时的“不被干扰”时间。假如你能有一个小时完全不受任何人干扰，把自己关在自己的空间里面思考或者工作，这一个小时可以抵过你一天的工作效率，

甚至有时候这一小时比你3天工作的效率还要好。

六、严格规定完成期限

帕金森在其所著的《帕金森法则》中，写下这段话："你有多少时间完成工作，工作就会自动变成需要那么多时间。"如果你有一整天的时间可以做某项工作，你就会花一天的时间去做它。而如果你只有一小时的时间可以做这项工作，你就会更迅速、有效地在一小时内做完它。

七、做好时间日志

你花了多少时间在做哪些事情，把它详细地记录下来，早上出门（包括洗漱、换衣、早餐等）花了多少时间，搭车花了多少时间，出去拜访客户花了多少时间……把每天花的时间一一记录下来，你会清晰地发现浪费了哪些时间。这和记账是一个道理。当你找到浪费时间的根源，你才有办法改变。

八、理解时间大于金钱

用你的金钱去换取别人的成功经验，一定要抓住一切机会向顶尖人士学习。仔细选择你接触的对象，因为这会节省你很多时间。假设与一个成功者在一起，他花了40年时间成功，你跟10个这样的人交往，你就浓缩了400年的经验。

九、学会列清单

把自己要做的每一件事情都写下来，这样做首先能让你随时都明确自己手头上的任务。不要轻信自己可以用脑子把每件事情都记住，当你看到自己长长的清单时，也会产生紧迫感。

十、同一类的事情最好一次把它做完

假如你在做纸上作业，那段时间都做纸上作业；假如你是在思考，用一段时间只做思考；打电话的话，最好把电话累积到某一时间一次把它打完。当你重复做一件事情时，你会熟能生巧，效率一定会提高。

十一、每1分钟每1秒做最有效率的事情

你必须思考一下，要做好一份工作，到底哪几件事情是对你最有效率的，列下来，分配时间把它做好。

【心灵对话】21天形成一个习惯

行为心理学研究表明：21天以上的重复会形成习惯；90天的重复会形成稳定的习惯。即同一个动作，重复21天就会变成习惯性的动作；同样道理，任何一个想法，重复21天，或者重复验证21次，就会变成习惯性想法。所以，一个观念如果被别人或者自己验证了21次以上，它一定已经变成了你的信念。

习惯的形成大致分三个阶段：第一阶段：1～7天。此阶段的特征是"刻意，不自然"。你需要十分刻意提醒自己改变，而你也会觉得有些不自然，不舒服。第二阶段：7～21天。不要放弃第一阶段的努力，继续重复，跨入第二阶段。此阶段的特征是："刻意，自然"。你已经觉得比较自然，比较舒服了，但是一不留意，你还会恢复到从前，因此，你还需要刻意提醒自己改变。第三阶段：21～90天。此阶段的特征是"不经意，自然"，其实这就是习惯。这一阶段被称为"习惯的稳定期"。一旦跨入此阶段，你已经完成了自我改造，这项习惯就已经成为你生命中的一个有机组成部分，它会自然而然地不停地为你"效劳"。

第四节　大学生如何克服拖延

学习了时间管理的技巧和方法，还有一个严重浪费时间的心理因素要克服——拖延。

一、拖延

是指自我调节失败，在能够预料后果有害的情况下，仍然把计划要做的事情往后推迟的一种行为。拖延是一种普遍存在的现象，一项调查显示大约75%的大学生认为自己有时拖延，50%认为自己一直拖延。严重的拖延会对个体的身心健康带来消极影响，如出现强烈的自责情绪、负罪感，不断的自我否定、贬低，并伴有焦虑症、抑郁症等心理疾病，一旦出现这种状态，需要引起重视。

要想弄明白人们为什么拖延很简单，但是要想弄明白如何克服它却不是件容易的事。克服拖延的习惯已经被很多人列为自我提升的任务清单的头条内容。所以，如果你能把拖延降到最低限度，你会拥有幸福而有效率的生活。为了能够现在就停止拖延，你可以参考下面的一些技巧。

二、克服拖延的技巧

1. 直面你的压力

很多研究发现，有压力的生活是让人们养成拖延习惯的主要原因。我们可以通过健康的方式减压从而解决这些问题。比如保持充足的睡眠，有足够的时间来放松，当你需要时可以寻求别人帮助，这些都可以减轻你的压力，同时还可以发现更多对你有效的方法。

2. 制定日程安排表

日程安排表可以帮助你有效地规划每一天的生活，没有一个很好的计划表也是人们拖延的主要原因，因为很容易就忘记自己要干什么，并且计划表可以让你对自己的行为负责，不会迷失目标方向。看看一整天的计划表可以让你立即行动完成任务，拒绝拖延。但是在日程表里不要忘了给自己留一些放松的项目，如慢跑、音乐等。

3. 尝试把任务分解

有时候拖延是因为手头的任务看起来有点巨大，你可以尝试把大的任务分解成小任务，比

如计划一周背诵500个单词，可以尝试一下每天背诵多少个，每个小时背诵多少个。

4. 善于休息

不会休息的人是不会工作的，当你正在克服拖延的过程中，你必须学会休息。如果你把自己管的过于苛刻，你最后会精疲力竭。每当你完成一个小任务，就奖赏自己一些时间休息放松，但不要休息太长时间，否则会背道而驰。

5. 立即行动

如果是一些小事情，要时刻谨记“立即行动”的要旨。否则，“千里之堤，毁于蚁穴”，小事情堆积起来会给你造成更大的压力。这就意味着如果你发现屋子里地面有点脏，立即打扫，不要等到垃圾成山再清理，这样做会给你的潜意识灌输立即行动的要旨，克服拖延的坏习惯。

6. 给自己一个最终期限

如果你有一个必须完成的特别任务，那么不要把它搁置，给自己一个明确的最终期限来完成它。如果你在最初就浪费时间，当最终期限来临时你会很难受。

7. 让“某人”帮你

一个人面临问题会觉得孤独无助，所以找个人来帮助你克服拖延的习惯是个不错的选择。假如你有一个朋友也有拖延的习惯，你们就可以互相监督。当你有一个很特殊的、要完成的任务，找个人来监督你，这也是个不错的克服拖延的好方法。

让我们一起做一个有心人，为自己有计划地塑造好习惯，科学有效地利用好有限的时间！

第五节　做高效能的大学生

如何做高效能的大学生？建议大家读一读《高效能人士的七个习惯》(图3-2)。

《高效能人士的七个习惯》这本书已面世快30年了。这30年以来，世界发生了巨大的变化，人们的生活方式、工作方式、价值观都有了较大的改变，但翻翻该书，仍会一些新的心得和体会。这大概是不同时代的人们总会面临一些相同的问题：

(1)谴责和抱怨，遇到问题就习惯谴责其他人和事，总是说：如果×××，那该多好，没有承担对周围环境的责任。

(2)绝望无助，对现实无能为力，屈服于失败和挫折，拥抱犬儒主义。

(3)“不要对生活期望过高，这样你就不会对周围的人或事失望”。

(4)面临着与他人的分歧和冲突，无法互相理解以及达到合作共赢。

(5)个人无法平衡现在和将来的需要，停滞不前。

图3-2　高效能人士的七个习惯

针对以上问题，可参考《高效能人士的七个习惯》的核心内容——七个习惯。

《高效能人士的七个习惯》这本书先介绍了三个有关个人成功的习惯，可以大幅提高人的自信。

习惯一：积极主动。

一方面，人有选择的自由，也有选择回应的自由，人能不受外界影响保持自己的心境而不是被动的受环境影响，“除非你愿意，否则没人能伤害你”；另一方面，人性的本质是主动的，应该积极思考，积极行动，少说“如果×××，我就×××”，而是思考我可以做什么，然后去行动，“不要哀求，学会争取，若是如此，必有所获”，可以争取自己正当的利益，争取一个更好的机会。当然事情本身会分为可直接控制的问题，比如自己锻炼，这种通过培养正确习惯来解决；可间接控制的问题，比如需要他人沟通配合，这些通过施加自身影响力的方式来解决；无法控制的问题，比如生老病死，那就泰然处之，平静地接受。主动选择的可能结果并不好，人的一生中总是会做出很多错误的选择，但对于我们，应该更怕遗憾。

习惯二：以终为始。

做任何事之前都必须有自己的方向，大到人生的理想和规划，小到早上到公司想想今天该做什么。有了目标才能制定计划、思考做法，然后专心高效的去做。“管理是正确地做事，领导则是做正确的事”，这句话意味着每个人都需要做自己的领导，决定自己的人生方向。世上形形色色的人，有些人以工作为中心，有些以享乐为中心。上学的时候我们可能以学习为中心，刚毕业的时候以工作和赚钱为中心，后来可能是以家庭为中心，所以每一个人都在不断摸索，寻找人生的方向。

习惯三：要事第一。

如何分辨轻重缓急与培养组织能力，是时间管理的精髓。我们都出现过幻想着把所有的工作做好，然后干点自己的事情，每天忙忙碌碌，但是待办事情列表里从没成功清空过。在时间管理矩阵中，事情总是分为4种：

(1)重要紧迫：危机\迫切的问题。

(2)重要不紧迫：预防性措施\建立关系\明确新的发展机会\制定计划。

(3)不重要紧迫：会议\访客\报告。

(4)不重要不紧迫：琐碎忙碌的事件\不重要的电话信件\消磨时间的活动。

总是做重要紧迫的事情也不行，它会占据你全部时间和精力，让你精疲力尽，疲于奔命，然后感觉没有什么成长。需要把精力逐步集中到第二类重要不紧迫的事情上去，这样才能提高个人的处事能力。关键的日程安排步骤是：确认角色，你在工作生活中担当的角色；选择目标，你决定接下来需要完成的一两件要事，作为你选定的目标；安排进度，把每项任务分配到具体的时间去做，留一些空白时间作为缓冲，保证自由和灵活性来应付突发的情况；每日调整，审视进展和一些突发事件，对每天的要务安排适当调整。

若要集中精力于当前重要的事物，就要排除其他不重要事物的干扰。此时需要有说“不”的勇气，在急迫和重要之间知道取舍，人每天的注意力是有限的，不能贪心。可以尝试把一些事情授权给别人去处理，自己去做一些有价值的、更高层次的事情。当然，如何授权把控质量和风险又是一门学问了。

随后，《高效能人士的七个习惯》介绍的是追求公众成功的三个习惯，可以帮你重建和巩

固人际关系。

习惯四:双赢思维。

与人交往有六种模式:①利人利己;②两败俱伤;③损人利己;④独善其身;⑤舍己为人;⑥好聚好散。长远来看,不是双赢,就一定是两败俱伤。若不能双赢,那不如好聚好散。如何达到双赢呢？首先,从对方的角度看问题。其次,认清主要问题和顾虑。再次,确定大家都能接受的结果。最后,实现这种结果的各种可能途径。

习惯五:知彼知己。

首先寻求了解对方,然后再争取让对方了解自己。我们通常把别人理解自己放在首位,然而你想明白一个人,那就要聆听他说话。同别人交流的时候,可以试着抛开自己的经验,尽力真正了解对方,就算他们不愿意向你吐露自己的问题,你也要感同身受。当我们真正做到深入了解彼此的时候,就打开了通向创造性解决方案和第三条道路的大门。

习惯六:统合综效。

统合综效的基本心态是:如果一位具有相当聪明才智的人跟我意见不同,那么对方的主张必定有我尚未体会的奥妙,值得加以了解。在沟通时,敞开胸怀,接纳各种想法,同时也贡献自己的浅见。如果坚持双赢模式,确实愿意努力理解对方,你就能找到一种让每一个人都受益更多的解决方案。

最后,《高效能人士的七个习惯》介绍了习惯七,该习惯可以时时为你充电,这也是大学生提高自我效能的重要素质。

习惯七:不断更新。

习惯七就是个人产能,它从四个层面更新你的天性,那就是:身体、精神、智力、社会/情感。

(1)身体:健康饮食,充足休息以及定期锻炼。

(2)精神:有些人通过欣赏优秀的文学或音乐作品来实现精神层面的更新,还有些人是通过与自然交流来达到同样目的。如果我们能够用心把握生活的方向和生命的真谛,就如同得到了一把可以聚拢一切的大伞,源源不断地赐予我们力量。

(3)智力:主要靠教育,借此不断学习知识,磨砺心智,开阔视野。

(4)社会/情感:可以在与他人的日常交往中完成这项工作,但练习还是必要的。

最后这七个习惯存在密不可分的关系:越是积极主动(习惯一),就越能在生活中有效地实施自我领导(习惯二)和管理(习惯三);越是有效管理自己的生活(习惯三),就能从事越多的第二类事物的更新活动(习惯七);越能先理解别人(习惯五),就越能找到统合综效的双赢解决方案(习惯四和习惯六);越是改善培养独立性的习惯(习惯一、习惯二、习惯三),就越能在相互依赖的环境下提高效能(习惯四、习惯五、习惯六);而自我更新则是强化所有这些习惯的过程(习惯七)。

【心理测评】时间管理能力测试

下面是一个时间管理小测验,每题有三个答案:a. 总是这样,b. 有时这样,c. 从不这样。

1. 我在每学期开始时为自己制定一学期的学习和生活计划。　a　b　c
2. 我在课余时间不感到无所事事。　a　b　c
3. 我把自己的东西放得井井有条。　a　b　c

4. 我做事情时能坚持到底。 a b c
5. 我在做事情时不容易受其他事情的干扰。 a b c
6. 我能有条理地完成自己该做的事情。 a b c
7. 我能分清什么是当前最该做的事情。 a b c
8. 我能够做到及时反思自己利用时间的情况。 a b c
9. 我每天都能按照自己的计划进行学习和娱乐。 a b c
10. 我每次做事之前都提醒自己要在尽量短时间内保证质量的完成。 a b c
11. 我每时每刻都知道自己应该做什么事情。 a b c
12. 我每天都能按时起床。 a b c
13. 我认为自己做事情效率很高。 a b c
14. 我在任何时候都不曾感觉自己无事可做。 a b c
15. 当完成一件事情有困难时,我不会为自己找借口说:“明天再做吧。” a b c
16. 我从不同时做几件事情,因为这样会哪件事也做不好。 a b c
17. 我从未因为顾虑其他事情而无法集中精力来做目前该做的事。 a b c
18. 我从未在每天放学回家时感觉精疲力竭却好像一天的学习没完成一样。 a b c
19. 我不认为没有时间做自己喜欢的事情。 a b c
20. 我每隔一定时间便检查自己时间计划完成的情况。 a b c

结果解释:选“a”记 2 分,选“b”记 1 分,选“c”记 0 分。

0 ~ 15 分:说明你管理自己时间的能力还有需很大的提高,需要从计划性、坚持性、合理性、反思性等多个方面来提高自己的时间管理方法和能力。

16 ~ 30 分:说明你具备较好的时间管理能力,但是在有的方面还有待提高,请分析自己平时的表现和本次小测验得分情况,看自己在哪些方面还需努力。

31 ~ 40 分:说明你具备很好的时间管理能力和方法,只要坚持下去一定会收到很好的效果。

【互动训练】做时间的主人

活动一:时间分割

活动道具:事先准备好 1 厘米宽、100 厘米长的纸条每人一条、印有圆形图案的白纸每人一张、笔每人一支、长短不一的小棍子 3 根为一套,需若干套。

活动程序:

(1)个人扮时钟:请若干位同学自愿上台,发给每人长、短小棍一副,长棍代表分针,短棍代表时针。听主持人的口令扮演出时钟上时针与分针的关系,如:6 点、8 点、3 点 20 分、11 点 05 分等。

(2)小组扮时钟:请同学自愿组成三人组,主持人分别发给每人一根小棍子,最长的代表秒针、次长的代表分针、最短的代表时针。听主持人的口令,三人一起组合表示一个时间。

(3)撕纸条:主持人把事先准备好的 1 厘米宽、100 厘米长纸条发给每位同学。告诉大家,

每个人手中的纸条代表时间，假如这个时间是一天，那就是24小时。每个人想一想：自己的一天是怎样度过，睡觉用了多少时间，把它撕去；吃饭、看电视、玩游戏、踢足球、聊天发呆等分别用了多少时间，把它们一一撕去，看看还剩多少时间是用来学习的？大家比一比谁留给学习的时间最多？

(4)发给每个人一张印有圆形图案的白纸，请大家想一想，假如这个圆表示一周的时间，你怎样进行管理，如何合理分配？请各位画出“时间管理拼图”，画完后进行交流。

注意事项：

(1)棍子长短注意秒、分、时针的比例。

(2)画“时间拼图”时，一个圆可以代表一天，也可以是一周、10天等。圆形分割可以用线条，也可以用彩色笔涂出色块。

(3)画“时间拼图”的目的是启发同学思考如何合理安排自己的时间，所以画完后的交流很重要，主持人根据同学的时间管理计划做出恰当的点评。

活动感言：通过本次活动，我的体会和感受是________________________________

____

____

____

活动二：于无声处

活动道具：《天籁之声》背景音乐。

活动程序：

(1)将全体学生分成两组，围成两个同心圆，里圈和外圈的人面对面坐好。轻轻地闭上眼睛，做5个深呼吸，慢慢地放松，静静地感受来自周围的声音……2分钟后睁开眼睛，交流听到的声音。

(2)让所有的学生里圈和外圈的人面对面坐好，轻轻地闭上眼睛，做3个深呼吸，聆听《天籁之声》，慢慢地睁开眼睛注视对方，默默地去体会对方此时此刻的心情和想要表达的心境……

(3)让里圈和外圈所有的学生面对面坐好，轻轻地闭上眼睛，做3个深呼吸，聆听《天籁之声》，慢慢地伸出双手与对方的手轻轻地贴在一起，去感受对方要传达的信息……

(4)让所有的学生里圈和外圈的人背对背坐好，轻轻地闭上眼睛，做3个深呼吸，聆听《天籁之声》，慢慢地背靠背，去体会对方通过背脊要传达的信息……

注意事项：

(1)本游戏需要有非常安静、没有干扰的环境，在温度、湿度十分舒适的情况下，才能让人进入用心聆听、用心说话、用心体验的境界。

(2)本活动的感觉是细微和敏感的，所以对大学生来说，以同性学生一组为宜。

(3)音乐的选择非常关键，以聆听大自然的声音为宜，如流水声、雨声、涛声、虫鸟鸣叫声。

活动感言：通过本次活动，我的体会和感受是________________________________

____

____

【推荐阅读】

1. 史蒂芬·柯维. 高效能人士的七个习惯[M]. 9版. 北京:中国青年出版社,2010.
2. 霍金·史蒂芬. 时间简史[M]. 湖南:湖南科学技术出版社,2001.
3. 罗伯特·W·布莱. 时间管理十堂课[M]. 北京:机械工业出版社,2002.

第四章

大学生自我意识

【心灵启航】

1. 什么是自我意识？你如何进行生理自我、心理自我和社会自我的评价？

2 大学生常见的自我意识偏差有哪些？

3. 你接纳自己吗？如果你是一个不愿意接纳自己的人，你最不能接纳自己的是什么？

4. 大学生如何完善自我？

对于任何人来说，自我意识永远是人生最重要的课题之一。如果一个人不知道自己是什么样的人，他就会不断地处于不确定中，无法对自我发展进行正确的定位。进入大学的学生，都会逐渐思考："我是谁""我有什么目标""我为什么上大学"等形而上的问题。我们再问一个简单的问题：当你向别人描述你自己时，你首先想到的特征是什么？是你的性格特征（如外向、内向），还是外表特征（如高、矮、胖、瘦）？还是社会类别（如男女）等？事实上，你可能更倾向于用概括性的语言对自己做一个总体评价。如"我是一个追求优秀的大学生""我是一个有理想、有抱负但有些懒惰、自制力弱的人"等。所有这一切，都是自我意识的真实体现。

【心灵对话】

我是谁：20 个自我

我是____________________

我是____________________

我是____________________

我是____________________

我是____________________

我是____________________

我是____________________

……

我们的眼睛始终是朝外的，我们不断在寻找途径来认识这个世界，就是在寻找"我是谁"。如何认识自我，如何剖析自我，如何发展自我，是一个人终身的命题。

第一节　自我意识

一、自我意识的哲学起源

自我意识是个体意识发展的高级阶段，在哲学史上乃至当今国内外理论界，都是议论的最多的问题之一，也是分歧最多的问题之一。

早在古希腊时期，哲人苏格拉底就提出了"认识你自己"的口号，这标志着人类自我意识的觉醒，人类开始关注现实人生，开始将目光从神的光彩投身人类自身。苏格拉底认为，自然哲学家们在哲学对象、目标、途径、方法等问题上的看法都是错误的，他们不去关心自身而去关心自然，而且在对宇宙万物本原的探讨上以感官物为依据，以自然物做原因，所以自以为是，众说纷纭，让人无所适从。事实上，自然万物真正的主宰和原因并不是物质性的本原，而是它的内在目的，亦即"善"。由于认识自然的本性为我们的能力所不及，所以哲学的真正对象不是自然而是人自己，即认识人自身中的善。他认为"好"或者"善"是存在于事物之中的一种"神力"，这是万物所追求的目的。在自然界特别是有机界中存在的和谐、均衡、完美等自然现象，都是由于事物追求好的或善的目的而形成的。

人类对自我意识的真正研究始于文艺复兴运动，人文主义者针对中世纪神学对人性的扼杀、对个性自我的否定进行了尖锐地批判，提出了这样的一个主题——人是什么？人为什么要活着？人该怎么生活？人生存的目的是什么？并喊出了"我是凡人，我有凡人的要求"的人性解放之声。"人文主义"一词的实质就是指一切"以人为中心"。人文主义者高举"发现人""重视人"的旗帜，抨击封建神学的蒙昧主义和禁欲主义，要求以"人"为中心而不是以"神"为中心考察一切，提倡"人性"来反对教会的"神性"，以"人权"来反对封建的"神权"，用"人道"来反对为封建制度辩护的"神道"，主张个性解放和自由等，并最终把人从宗教的天国带回了世俗的人间。但是关于人自身，还没有明确的认识。

此后，法国哲学家笛卡尔提出了"用心灵的眼睛去注意自身"的精辟论断，揭示了对自我意识的发现的途径。笛卡尔有句著名的论断"我思，故我在"。在他看来，"我思"具有直觉的确实性，是"清楚""明白"和不容置疑的真理。他从"我思"推出了"我思，故我在"的著名命题，并进而论证了心灵、物质和上帝的存在及性质的系统的形而上学。在笛卡尔那里，"思"是一个复合的概念，它是各种"意识"活动的总称。在迄今为止的西方心灵哲学中，对于"意识"的看法充满了分歧和争论，但那些分歧和争论主要集中在意识的特性及其与物理事件的关系上，而将它作为知、情、意各种心理和精神活动的总和（可以将"非意识"和"下意识"看作其特例）则是一个普遍共识。在这一点上，笛卡尔的"思"与当代心灵哲学的"意识"概念是相当一致的，学术界也普遍认为是笛卡尔最先使用了"自我意识"这一概念。笛卡尔之后，有关自我的研究开始得到空前的发展。

黑格尔说："意识，作为自我意识，在这里就拥有双重的对象。一个是直接的感觉和知觉的对象，这对象从自我意识看来，带有否定的特性的标志；另一个就是意识自身，它之所以是一个真实的本质，首先就只在于有第一个对象和它相对立。"当自我意识把自己当作感觉和知觉的直接对象来看待，它就是"生命"和"欲望"，自我意识就在于对生命欲望的控制、否定和超

越，这时它是自信和骄傲；但当它超越本身时，它又受到自己生命欲望的制约，因而又是沮丧、困惑，它无法控制和超越自己的生命，只有力图凌驾于另一个自我意识的生命之上，否定它、控制它，为此不惜冒着生命危险进入到主人与奴隶的关系。

二、自我意识的心理学定义

自我是心理学的重要研究内容。精神分析学派创始人弗洛伊德提出了"自我的三结构说"，即本我、自我和超我，从人格的三个维度上研究自我的发展。意识是人脑对客观事物的主观反映，意识既是心理学研究的重点，也是难点。与意识相对应的是"潜意识"，弗洛伊德曾用冰山比喻。意识只是冰山浮出水面的尖峰，而潜意识则是潜藏于海底的冰体，蕴藏深厚，但不被看到，在他的理论中强调了潜意识对人发展的重要性。

美国心理学家詹姆斯提出凡属于我或与我有关的事物都是自我的内容，如身体、品质、能力、愿望、家庭等，自我从物质自我、精神自我和社会自我三个层次起作用。

社会心理学家库利指出：自我是一面镜子，它从别人那里反映自己的行为，自我是经历无数次他人评价而形成的社会产物。而米德则认为：自我分为主体我(I)和客体我(Me)，主体我代表每个人的自然特性，而客体我代表自我社会的一面；主体我先于客体我形成，客体我形成需要很长时间，自我意识的发展包含主体我与客体我不断对话。

自我意识是意识的核心部分，就是对"自我的认知"，或者说自己对自己的认知。它包含自我认知、自我评价和自我控制。如果再进一步简化，自我意识是对自己及自己与周围环境关系的认识，包括对自己存在的认识，以及对个体身体、心理、社会特征等方面的认识。这种认识是个体通过观察、分析外部活动及情境、社会比较等途径获得的，是一个多维度、多层次的心理系统。

三、自我意识的心理功能

1. 决定个体行为的持续性与合目标性

人是社会的动物，人的行为既受诸多社会因素决定，又在很大程度上与自我意识有着很大的关系。每个人的现实行为，不单是由其所在的情境决定的，更重要的是与对自我的认知、自我意识有着密切的联系。那些自我意识积极的学生，其成就动机、学习投入及学习成绩也明显优于那些自我意识消极的学生；当学生认为自己声名不佳时，他们会放松对自己行为的约束。可以说，个人怎样理解自己，是保证个体如何行为及以何种方式行为的重要前提。

2. 决定个体对经验的解释

不同的人可能会获得完全相同的经验，但每个人对这种经验的解释却可能有很大的不同。解释经验的方式决定于一个人的自我意识。一个自认为能力一般，只该获得平均成绩的学生，对于比较好的成绩会认为是取得了极大的成功，感到十分满足；而对于同样的成绩，一个自认为能力优秀、应当获得出众成绩的学生，会解释为是遇到了很大的失败，并体会到极大的挫折。事实证明，当个人的既有自我意识消极时，每一种经验都会与消极的自我评价联系在一起；而如果自我概念是积极的，每一种经验都可能被赋予积极的含义。

3. 影响个体的期望水平

自我意识不仅影响到个体现实的行为方式和个体对过去经验的解释，而且还影响到个体对未来事情发生的期待。这是因为,个体对自己的期望是在自我意识的基础上发展起来,并与自我意识相一致的,其后继的行为也决定于自我意识的性质。研究发现,差生的成绩落后并不是孤立存在的,而是他的整个行为动力系统都出现了角色偏离。成绩长期落后对于普通学生是不正常的,但对于差生,由于他们的整个行为动力系统都出现了偏离,并在偏离的状况下形成了一个新的自相一致的系统,因而在系统内部一切都没有不正常。换言之,落后的学习成绩正是差生自己"期待"的结果。

四、自我意识的内容

自我意识可以从不同的角度进行分析。我们从知、情、意分为"自我认知、自我体验、自我控制";从自我本身分为"生理自我、社会自我与心理自我",我们的分类见表4-1。

表4-1

分　类	自我认知	自我体验	自我控制
生理自我	对自己身体、外貌、衣着、风度、家属、所有物等的认识	英俊、漂亮、有吸引力、迷人、自我悦纳	追求身体的外表、物质欲望的满足,维持家庭的利益等
社会自我	对自己的名望、地位、角色、性别、义务、责任、力量的认识	自尊、自信、自爱、自豪、自卑、自怜、自恋	追求名誉地位,与他人竞争,争取得到他人的好感等
心理自我	对自己的智力、性格、气质、兴趣、能力、记忆、思维等特点的认识	有能力、聪明、优雅、敏感、迟钝、感情丰富、细腻	追求信仰,注意行为符合社会规范,要求智慧与能力的发展

1.知、情、意的自我意识

(1)自我认知。自我认知是主观自我对客观自我的评价,包括自我感觉、自我观察、自我印象、自我分析、自我评价等。自我认知解决"我是一个什么样的人"的问题。自我认知层面上还包含现实自我与理想自我的冲突。特别是青年大学生,他们的理想自我一般都比较完美,高于现实自我。在实际中就会出现对现实自我的不满意,表现出自卑甚至自弃。

进行客观、正确的自我评价是一个复杂的、毕生的过程,人的自我发展也是一个连续的、终生的过程,对自我的认识将是人类永恒的话题。"认识你自己"也将是一个终生课题。

(2)自我体验。自我体验是主观自我对客观自我产生的情绪体验,是在自我认知基础之上产生的。自我认知决定自我体验,而自我体验又强化着自我认知,主要集中在"能否悦纳自己""对自我是否满意"等方面。自我体验的内容十分丰富,可以包括义务感、责任感、优越感、荣誉感、羞耻感等。

(3)自我控制。自我控制是对自己行为、思想和言语的控制,以达到自我期望的目标,包括自我激励、自我暗示、自强自律,核心内容是"我将如何规划自己的人生"。自我控制是自我中最高阶段,其核心是"我应该做什么""我应该成为什么样的人""我可以选择如何做"。我们经常讲的"自制力"其实就是自我控制的能力。心理学研究表明:自我控制与大脑额叶的发展紧密相关。当我们生理正常时,自我认知与自我体验决定了自我控制。大学生通过主观能动性，选择认识角度，转变认知观念，调整自我认知评价体系，感受积极自我。

自我控制是自我意识的关键环节，“知”与“行”之间有很长的路，大学生常常“心动而不行动”，事实上心动是一件容易的事，而真正历练意志则需要更多的自我控制。成功的人都有较高的自我控制。但并非所有的自我控制都是积极的，有的大学生对自己的要求非常高，自我控制能力强，而在实际中却因为主观或客观原因没有能够达到，容易对自我产生怀疑与否定。

2. 生理、心理、社会的自我意识

从自我意识的活动内容来看，自我意识又可分为生理自我、心理自我与社会自我。生理自我是个体对自己身体、生理状态（如身高、体重、容貌）的认识和体验，它是一个人在与他人交往的过程中通过学习而逐渐形成的，它使一个人把自我和非我区别开来，意识到自己的生存是依托于自己的躯体内的。生理自我是与生俱来的，我们只能接受它不能改变，随着自我意识的成长，我们逐渐对生理自我有一个明晰的看法与正确的认识，但由于青年时期的不确定性，有的学生对生理自我产生较高的心理关注，女生关注自己是不是漂亮、迷人有吸引力，胖瘦高矮甚至脸上的雀斑；男生关注自己的体形与身体高度甚至生理器官、声音的吸引力等，这些都是因为大学生正处于青春期乃至青年初期，生理自我处于高度关注时期。心理自我是个体对自己的心理活动、个性特点、心理品质的认识、体验和愿望，包括对自己的感知、记忆、思维、智力、能力、性格、气质、爱好、兴趣等的认识和体验。心理自我也伴随着成长，我们的情感、智力、能力、兴趣、情绪等都与日俱增，我们学会评价自己的心理自我，体验心理自我，如初恋与失恋的体验、成功与失败的体验等。随着自我意识的发展，个体的社会角色渐渐浮出水面并占据重要位置，与此相应的责任感、义务感、角色感都在增长着。社会自我是个体对自身与外界客观事物关系的认识、体验和愿望，包括个人对自己在客观环境及各种社会关系中的角色、地位、权利、义务、责任、力量等的意识。青年男女常用“我已经长大了”来表达自己的社会自我，期望社会给予积极的肯定与认可。生理自我、心理自我与社会自我是密切联系的、相互影响的，它们都包含着不同的自我认知、自我体验与自我控制，但由于比例和搭配的不同，构成了个体对个体自我意识之间的差异，也使得每个人都有自己对人、对己、对社会的独特的看法和体验。

第二节 自我意识的发生与发展

【心灵对话】我的自画像

我眼中的我

1. 请你对自己的身体情况进行归纳（属于自己的体貌、外貌特征，如年龄、身高、体重、体型、外貌评价等）________________

____

2. 对自己的才智状况进行归纳（属于自己的智力、能力状况，如聪明、灵活、迟钝、能干、机灵等）________________

____

3. 对自己的情绪状况进行归纳(属于自己常有的情绪、情感,如乐观开朗、振奋人心、烦恼沮丧等)____

4. 对自己的社会关系状况进行归纳(自己与他人的关系、对他人常有的态度和原则,如乐于助人、爱交朋友、坦诚、孤独等)____

他人眼中的我

父母眼中的我:________________

兄弟姐妹眼中的我:________________

恋人眼中的我:________________

同学眼中的我:________________

朋友眼中的我:________________

老师眼中的我:________________

现实的我:________________

理想的我:________________

在规定的时间内,看看自己的自画像是否清晰?为什么?你的自我意识充分吗?

____

个体自我意识是个体在生理和心理能力一定程度的成熟基础上发生、发展的,它是个体与社会环境长期的相互作用过程中形成和发展的,许多社会因素对自我意识的形成和发展起着重要作用。

一、生理、心理能力的发展与自我意识的发生

自我意识发生或形成主要有物—我知觉分化、人—我知觉分化和有关自我的词的掌握三个标志。在最初的意识发生和发展中,主体意识是先于自我意识而发展的,主体意识是自我意识发生和发展的基础。婴儿必须首先在自己和客体间做出区分,才有可能在客体中区分出物理客体和他人,进而在自我和他人之间做出区分形成自我意识。但在五个月后,当婴儿能对他人微笑时,主体意识和自我意识的发展就开始相互作用,共同发展了。特别是在后来,随意性动作与言语的掌握相结合,当婴儿能逐步意识到活动本身的进程和结果,能够意识到自己的主观力量时,主体意识就同自我意识完全融为一体了。总之,自我意识发生、发展与生理的发展密切相关,离开了生理及其相应的心理能力的发展,自我意识就不可能发生、发展。

二、自我意识在社会互动中形成和发展

生理的成熟和发展只是形成自我意识的前提,并不能必然保证自我意识的形成和发展。心理学的研究表明,自我意识的形成和发展还有赖于个体参与社会生活、与他人相互作用。心理学家库利指出,自我观念是在与他人交往过程中,个体根据他人对本人的反应和评价而发展

的，由此产生的自我观念称为“镜中我”。米德指出，我们所属的社会群体是我们观察自己的一面镜子。他对社会互动中自我意识产生的机制和过程作了深入研究，认为自我意识是在社会中通过扮演他人的角色，把自己置于与对方互动的位置上而逐步形成的。

三、影响自我意识的社会因素

影响自我意识形成与发展的社会因素有社会经济地位、社会文化环境、家庭、他人的评价、参照群体等。青年时期自我意识的转变包括：从依靠别人的评价转向独立评价；从评价别人转向自我评价；从具体行动的评价转向运用个性品质评价；从单纯依靠表面现象与行为的效果转向动机与效果统一的评价。

第三节　大学生的自我意识及其特点

一、大学生的自我意识

成年时期自我的形成，是经过整个青年期的分化、整合过程之后最终完成的，影响这一过程的因素，包括自小积累的经验、对他人的态度及来自他人的评价，独立的意识及自身在社会中的作用、地位与身份等。在这一过程中，青年期是身心发展的关键期，更是自我意识发展的关键期。个体在青年期生理、认识、情感等各方面的深刻变化，如性的成熟、思维与想象能力的发展，感受力的提高，使他开始把关注的重点转向自身内部，开始去发现、体现自己的内心世界，并迫切要求形成自己独特的个性与理解方式。

个体在青年期逐渐累积的生活经验也直接影响着自我意识的发展，特别是“成功”与“失败”的经验，对自我的形成与自我意识的发展的影响力更为巨大。随着经验的扩大，成功和失败的经验也随之增多。通过自己对这些经验的再评价，个体可以修正自我意识。

对处于青年期的个体而言，来自他人的评价直接对自我意识的修正、自我的形成也产生着积极的作用。自我意识尚未确定的青年，往往对他人的评价更为敏感，他们往往通过他人对自己的态度、评价来认识并确认自我的存在价值。

大学时代正处于青年中期，或者说处于大学时代的青年正处于“延缓偿付期”。在初中、高中阶段，个体常常被紧张的学习、考试所追逐，没有什么时间考虑自己的人生。只有进入大学，才能真正专心地考虑自我，探索自我和确立自我这一课题。这是因为：

(1)这个时期的自我被称为人生的第二次诞生。它包含着四个层次的含义：一是从疾风怒潮期到“相对平稳”；二是边缘人地位；三是人格的再形成；四是人生价值观的形成。

(2)这个时期的人际关系表现为友情与孤独、性意识的发展及恋爱结婚，对父母的矛盾情感。

(3)这个时期心理的两极性。一是意志与行动的两极性；二是人际关系的两极性；三是日记中表现的两极性；四是闭锁性与开放性。

总体而言，大学生对自我的关注可以归为以下三点：一是由于身体成熟，他们开始注意、关心自己的身体、内驱力及内部欲求；二是由于人际关系的扩大，他们将自己的内在能力与他人进行比较，从而对自己的素质、天赋等问题进行关心；三是由于认识能力的发展，他们开始对自己行动的原因、结果以及自己的存在价值和人生意义进行思考。大学生自我意识的发展，自我明显的分化，意味着自我矛盾冲突的加剧，其结果便造成在新的水平和方向上达到协调一致，即自我统一。

二、大学生自我意识的独特性

与同龄群体相比，大学生的生活阅历与学习特点决定了大学生自我意识的独特性，主要表现在以下三个方面：

1. 时间上的"延缓偿付期"

大学并非人生必经时期。对大学生而言，思想上的独立与经济上的依赖，生理上的成熟与心理社会性成熟的滞后存在着深刻的矛盾。从年龄上看，大学生到了应该是自立的、独立承担社会责任的时候，但校园相对单纯的学习生活又使他们应当承担的社会责任从时间上向后延续。这种社会责任的向后延续使学生们处于"准成人"状态，这样也为大学生深入细致地思考自我提供了时间。值得重视的是：大学生现实的责任感的后移并非减轻他们心理上的压力，特别是对于贫困学生。很多学生在作业中写道："每当自己坐在教室里读书时，常常不自觉地想到白发父母，本应当挑起家庭的重担，为父母分忧解难，却还要花父母的血汗钱，想来觉得非常难过，感到很不忍心。一种负罪感悄悄地袭上心头。"

2. 空间上的"自主性"

象牙塔为学生提供了一个多元文化背景下的学习环境，网络更为学生提供了无限广阔。平等自由的学习与交流空间。而东西方文化的交融与发展更为大学生自我意识的发展提供了客观条件。但这种影响是双重的：一方面，大学生来自不同的家庭背景、来自不同的地域文化、有着不同的人生追求，在共同的学习生活中，大家互相影响、互相包容，在这种互动的环境中逐渐形成自己的价值观念，特别是在心灵的沟通与碰撞中建立与尝试新的自我；另一方面，大学生在多种价值体系、多种文化的冲撞面前，原来建立的价值体系、自我观念会受到强烈的冲击，这种冲击有时甚至会使大学生怀疑自己。特别是大学新生，从原来的环境进入新的环境中，原有的自我价值体系在重建中需要较高的反思能力与自我控制能力，"我是优秀的"可能被期末考试的"红灯"击落得一无是处。这时，调整与反思自我便显得非常重要。

3. 自我意识发展的"不平衡性"

大学生生理、心理与社会自我的发展并非平稳如河川。大学生的主观自我与他观自我往往表现出不一致性，特别是大学高年级学生，一直处于较高的自我意识水平，但随后到来的人才市场职业选择常常使他们长期建立的"高自我意识"与"自我概念"变得摇摇欲坠。一位毕业生说道："长期以来，一直心存优越感。尽管从多种渠道了解到大学生已不再是天之骄子，但在就业市场上的冷遇还是受不了。"高主观自我与他观自我的不平衡，生理、心理与社会自我发展的不平衡都直接影响大学生自我意识发展的水平。造成这种不平衡的主要原因有：大学生的人生观、世界观尚在形成与健全之中，对自我的认识易受环境的影响；大学生自我概念仍在不断地发展变化之中，大一新生与毕业生的自我概念并不一致，只有到大学毕业才能在不断地变化与调整及社会的需求中建立自己的自我概念；大学生经历高考，真正开始痛苦的"心理断乳"，适应新环境、新的人际关系必然带来发展着的自我意识与自我概念的不平衡。

三、大学生不正确的自我意识

1. 过度自卑

自卑指由于与合理规定标准或其他刺激物比较有差距，而产生了评价差异，进而导致的主观低落、悲伤等负面心理状态。心理学家阿德勒的观点认为，自卑的心理可以促使人们对自身的正确认识，加快对自身缺点的弥补，对自身的成长有一定的进步意义。另一方面，自卑对人们的心理是有一定危害的，它的后果还是负面反馈的表现之一。当人们希望通过榜样或美好的事物来促使自身进步和努力时，由于比较的心理作用，人们不可避免地产生自卑情绪，反而会对这些事物产生排斥、厌恶的作用，不利于自身的进步。

大学生的自卑感是对自己不满、否定的情感，往往是自尊心屡屡受挫的结果。这类人自我认识不客观，往往只看到自我缺点而忽略了自我的长处，不喜欢自己、不能容忍自己的缺点和弱点，否定、抱怨、指责自己，看不到自己的价值，或夸大自己的不足，感到自己什么都不如他人，处处低人一等，丧失信心，还会有一些特殊的情绪体现，如害羞、不安、内疚、忧郁、失望等。

2. 过度自我认同

艾里克森“同一性”概念，他认为自我的基本功能是建立并保持自我认同感。自我认同感是一个复杂的内部状态，它包括了我们的个体感、唯一感、完整感以及过去与未来的连续性。自我认同是能够理智地看待并且接受自己以及外界，能够精力充沛，热爱生活，不会沉浸在悲叹、抱怨或悔恨之中，而且奋发向上，积极而独立，有明确的人生目标，并且在追求和逐渐接近目标的过程中会体验到自我价值以及社会的承认与赞许。既从这种认同感中巩固自信与自尊，同时又不会一味地屈从于社会与他人的舆论。

过度自我认同的表现是自我扩张、高估自我，对自己的肯定评价有过之而无不及。放大自己的长处和他人的短处，人际交往模式是“我好，你不好”“我行，你不行”。因此容易产生盲目乐观情绪，自以为是，不易处理好人际关系；易骄傲，常对自己提出过高要求，承担无法完成的任务、义务而导致失败。

3. 自我中心

作为一个人个性特征的自我中心，是在身心发展过程中随着个性的发展而形成的，是自我意识发展的畸形产物。在自我意识发展过程中，一些人死守自己的一切自尊，将自己困在狭窄的自我圈子里，竭力为自己建立一个完美的形象却又无力“独立作战”。而强烈的自尊使得他们不愿意接受任何人的援助之手，自以为是，将自己当作成熟的大人，由此而在人际交往中处处表现为自我中心。

自我中心者的特点：凡事从自我出发，只关心自己，时时事事都从自己的利益出发，不顾别人的感受和需要；在人群中总是以自己的态度作为别人态度的“向导”，盛气凌人，好把自己意志强加于人；自尊心过强、过度防卫、有明显的嫉妒心，他们不易赢得他人好感和信任，人际关系不和谐，易遭挫折。

4. 追求完美

追求完美的人，也被称为完美主义者。心理学家阿德勒认为人类最根本的目的是不断地、更好地适应生存环境，而追求完美是一种内在动力，必须以社会兴趣为目的，促使人类不断地改变和发展自己,而在人类的众多动机当中,追求完美是最纯净和最本质的动机。阿德勒之后的心理学家普遍将完美主义视为负面的心理现象,认为完美主义者认为自己在智力和道德上的标准都高于他人,他们给自己创造了一个完美的自我形象,以满足他们自豪感和优越感的体验,但是一旦在生活中遇到挫折或发现自己没有那么完美时,完美主义者将会面临巨大的心理失衡,出现心理障碍。

追求完美具有四个核心特征:①自我强加的高标准;②自我评价过于依赖成功和成就;③较高的自我批评;④恐惧失败。追求完美的大学生对自己持过高的要求,期望自己完美无缺,却不顾自己的实际状况;对自己"不完美"的地方过分看重,总对自己不满意,严重地影响自己的情绪和自信;不愿意尝试新事物,恐惧由于达不成目标所导致的挫败感。

第四节　大学生的发展任务

一、大学生的发展任务

在人的一生中,不同的发展阶段具有不同的发展任务,青年时期的发展课题颇受学者的关注。

哈维格斯特将青年期的发展课题列为十项:

(1)学习与同龄男女之间新的熟练的交际方式;

(2)学习作为男性或女性的社会任务和角色;

(3)认识自己的身体构造,有效地使用自己的身体;

(4)从精神上独立于父母或其他成人;

(5)具有经济上的自立自信;

(6)选择职业及其准备;

(7)做结婚及家庭生活的准备;

(8)发展作为社会一员所必须具备的知识和态度;

(9)追求并完成负有社会性责任的行动;

(10)学习作为行动指针的价值观和伦理体系。

美国生涯辅导学者 G. Egan 认为,成人期十大发展任务是:

(1)变得更具备能力;

(2)达到自主;

(3)发展并实践自己的价值观;

(4)形成自我认定;

(5)将"性"纳入自己生命的一部分;

(6)结交朋友并发展亲密关系;

(7)爱与许诺;

(8)从事初步的工作与生涯选择;

(9)成为好公民;

(10)学习并善用休闲时间。

结合我国的情况,大学生人生发展的重要课题主要有以下十个方面:

(1)对身体的发育,特别是因性成熟引起的诸多变化的理解和适应;

(2)逐渐完善作为男性或女性的性别角色;

(3)从精神上和经济上脱离父母并走向独立;

(4)对新的人际关系特别是异性关系的适应;

(5)正确认识自己在社会中的角色,通过各种社会活动完善自己;

(6)树立作为社会一员所必需的人生观和价值观;

(7)掌握作为社会一员所必须具备的知识和技能并付诸社会实践;

(8)选择职业及工作适应;

(9)完成学业并选择适当的职业;

(10)成熟感的获得及自我实现。

大学生自我意识的发展与完善,始终昭示着一条通往未来的光明大道,正如古希腊哲学家苏格拉底所说的"认识你自己"。自我意识的完善也是一个不断地进行自我认知、自我评价、自我改造、自我完善的过程,正如雕琢一件工艺品一样,真正的匠人为了心中的追求,终生不悔。

二、健全自我意识的标准

自我意识对人的心理健康起着很重要的作用,它制约着人格的形成发展,在人格的优化中发挥着强大的动力功能。健全的自我意识是心理健康的重要标准,是人类自身内在的一种成功机制,在人才发展中发挥着重要作用。健全的自我意识有如下标准:

(1)自我意识健全的人,应该是一个有自知之明的人,既知道自己的优势,也知道自己的劣势,能正确评价自我和自我发展。

(2)自我意识健全的人,应该是自我认识、自我体验和自我控制相协调一致的人。

(3)自我意识健全的人,应该是积极自我肯定的、独立的并与外界保持一致的人。

(4)自我意识健全的人,应该是理想自我与现实自我统一的人,有积极的目标意识和内省意识,积极进取、永无止境。

第五节 大学生自我意识完善的途径

一、正确的自我认知

"人贵有自知之明",全面而正确的自我认知是培养健全的自我意识的基础。自我认知是从多方位建立的,既有自己的认识与评价,也有他人的评价。我们不妨自己认真仔细地想一想,用尽量多的形容词描述自己,要忠实于自己的内心。在此基础上进行第二步,他观自我的描述,描述父母眼中的我、同学眼中的我、老师眼中的我、恋人眼中的我、兄弟姐妹眼中的我,你再寻找这些描述中共同的品质,将其归类。你描述的维度越多,你越会找到比较正确的自我。

二、客观的自我评价

一个人必须建立在正确的自我认知基础上,正确的自我悦纳、积极的自我体验、有效的自

我控制。

自我悦纳是自我意识健康发展的关键所在。悦纳自我首先要接纳自己，喜欢自己，欣赏自己，体会自我的独特性，在此基础上体验价值感、幸福感、愉快感与满足感；其次是理智与客观地对待自己的长处与不足，冷静地看待得与失。在生活中注重自我，自我意识是将注意力集中在自我的一种状态。积极的策略是：关注你自己的成功，并将优势积累，每个人身上都有着无数的闪光点，重点在于寻找你自己的闪光点并将其构成亮丽的人生风景线。

三、积极的自我提升

提高自我效能感是个体在一定情境下对自我完成某项工作的期望与预期。当人们期望自己成功时，他必然会尽自己最大的努力，并且当面临挑战性任务时会表现出更强的坚持力，从而增加了成功的可能性。自我效能感高的人一般学业期望较高，也就是说，自我效能感与成就动机呈正相关性。

提高自我效能感的另一条途径是克服自我障碍。我们听说了太多这样的故事：由于考试前身体不好，所以在大考中没有取得好成绩。这便是典型的自我障碍，为自己的考学不成功找到了适当的借口。一个渴望自我发展的人必须主动克服自我障碍，进行积极的自我提升与自我尝试。积极的自我，在尝试中会发现自己新的支点。

四、关注自我成长

自我的发展需要不断的自我反思、自我监控。但将成长作为一条线索贯穿于人的始终时，整理自己成长的轨迹显得尤为重要。依照过去、现在、未来进行清理，深刻了解与把握自己。要记住：自我体验永远是个体的，当我们在分享他人自我成长的硕果时，也在促进我们自己的成长。

【故事导读】悦纳自我小故事

林肯与政客

林肯是美国历史上最著名的总统之一。由于他的外貌很丑陋，常常被政客所讥笑。有一天，他的一位政敌遇到他，开口骂道："你长得太丑陋了，简直让人不堪入目。"林肯微笑着对他说："先生，你应该感到荣幸，你将因为骂一位伟大的人物而被人们所认识。"

林肯如果只把眼光停留在自己丑陋的外貌上，不去发现自己的其他长处，他能成为美国著名的总统吗？如果是你，你会怎样看待你的外表和你的缺陷呢？

神奇的发卡

有一个女孩子，总觉得不讨别人喜欢，因此有一点自卑。一天，她偶尔在商店里看到一支漂亮的发卡，当她戴起它的时候，店里的顾客都说漂亮，于是她非常高兴地买下发卡，并戴着它去学校。接着奇妙的事发生了，许多平日不太跟她打招呼的同学，纷纷来跟她接近，一些同学还约她一起去玩，原本死板的她，似乎一下子变得开朗、活泼了许多。但放学回家后，她才发现自己头上根本没有带什么神奇的发卡，原来她付钱后把发

卡留在了商店里。是什么使别人改变了对她的态度?那个发卡真有那么神奇的力量吗?

人的容貌并没有因戴发卡而改变,改变的只是人的心态,因她的可爱而让人感到漂亮。无论什么时候,我们都不要讨厌自己。对于那些已经成为无法更改的客观现实,与其整天抱怨苦恼,还不如坦然地自我悦纳,即以积极、赞赏的态度来接受自己。

找“钻石”

有个农民在自家的田里干活,生活得挺不错。但他听说如果找到了有钻石的地方,只要有一颗钻石,就可以富得难以想象。于是他卖了自己的地,背井离乡,四处寻找埋藏钻石的地方。农民走遍异国他乡,一直没有发现钻石,最后他积劳成疾,囊空如洗,一命呜呼了。可是说来也巧,那个买下他土地的人,辛勤耕耘,在一次耕作时偶然发现了一块异样的石头,拿起来一看,它闪闪发光,再仔细一看,竟然是一颗钻石。

要迈出人生的步伐,我们首先要做的就是认识自我。只有充分地认识自我,才能更好地发展自我,完善自我,做一个真正的人。

骆驼和羊

骆驼长得高,羊长得矮。骆驼认为长得高好,羊认为长得矮好,于是它们进行一场比试。它们走到一个园子旁边,园子周围有围墙,里面种了很多树,茂盛的叶子伸出墙外来,骆驼一抬头就吃到了叶子,而羊怎么也吃不到。于是,骆驼说长得高好。羊不肯认输,它们俩又走了几步,看见围墙上有一又窄有矮的门,羊大模大样地走进门去吃园子里的草,可骆驼怎么也钻不进去。于是,羊说长得矮好。骆驼也不肯认输,它们俩找老牛评理。老牛说:“你们俩只看到自己的长处,看不到自己的短处,这是不对的。”

【心理测评】自我和谐量表(SCCS)

下面是一些个人对自己看法的陈述,填答时,请您看清每句话的意思,然后圈选一个数字(1代表该句话完全不符合您的情况,2代表比较不符合您的情况,3代表不确定,4代表比较符合您的情况,5代表完全符合您的情况)以代表该句话与您现在对自己的看法相符合的程度。每个人对自己的看法都有其独特性,因此答案是没有对错的,您只要如实回答就行了。

1. 我周围的人往往觉得我对自己的看法有些矛盾。 1-2-3-4-5
2. 有时我会对自己在某方面的表现不满意。 1-2-3-4-5
3. 每当遇到困难,我总是首先分析造成困难的原因。 1-2-3-4-5
4. 我很难恰当表达我对别人的情感反应。 1-2-3-4-5
5. 我对很多事情都有自己的观点,但我并不要求别人也与我一样。 1-2-3-4-5
6. 我一旦形成对事物的看法,就不会再改变。 1-2-3-4-5
7. 我经常对自己的行为不满意。 1-2-3-4-5
8. 尽管有时得做一些不愿意的事,但我基本上是按自己意愿办事的。 1-2-3-4-5
9. 一件事好是好,不好是不好,没有什么可含糊的。 1-2-3-4-5
10. 如果我在某件事上不顺利,我就往往会怀疑自己的能力。 1-2-3-4-5

11. 我至少有几个知心朋友。 1-2-3-4-5
12. 我觉得我做的很多事情都是不该做的。 1-2-3-4-5
13. 不论别人怎么说,我的观点决不改变。 1-2-3-4-5
14. 别人常常会误解我对他们的好意。 1-2-3-4-5
15. 很多情况下我不得不对自己的能力表示怀疑。 1-2-3-4-5
16. 我朋友中有些是与我截然不同的人,这并不影响我们的关系。 1-2-3-4-5
17. 与朋友交往过多容易暴露自己的隐私。 1-2-3-4-5
18. 我很了解自己对周围人的情感。 1-2-3-4-5
19. 我觉得自己目前的处境与我的要求相距太远。 1-2-3-4-5
20. 我很少去想自己所做的事是否应该。 1-2-3-4-5
21. 我所遇到的很多问题都无法自己解决。 1-2-3-4-5
22. 我很清楚自己是什么样的人。 1-2-3-4-5
23. 我很能自如地表达我所要表达的意思。 1-2-3-4-5
24. 如果有足够的证据,我也可以改变自己的观点。 1-2-3-4-5
25. 我很少考虑自己是一个什么样的人。 1-2-3-4-5
26. 把心里话告诉别人不仅得不到帮助,还可能招致麻烦。 1-2-3-4-5
27. 在遇到问题时,我总觉得别人都离我很远。 1-2-3-4-5
28. 我觉得很难发挥出自己应有的水平。 1-2-3-4-5
29. 我很担心自己的所作所为会引起别人的误解。 1-2-3-4-5
30. 如果我发现自己某些方面表现不佳,总希望尽快弥补。 1-2-3-4-5
31. 每个人都在忙自己的事,很难与他们沟通。 1-2-3-4-5
32. 我认为能力再强的人也可能遇上难题。 1-2-3-4-5
33. 我经常感到自己是孤独无援的。 1-2-3-4-5
34. 一旦遇到麻烦,无论怎样做都无济于事。 1-2-3-4-5
35. 我总能清楚地了解自己的感受。 1-2-3-4-5

评 分 说 明

各分量表的得分为其包含的项目分直接相加,三个分量表包含的项目为:

自我与经验的不和谐:1,4,7,10,12,14,15,17,19,21,23,27,28,29,31,33

自我的灵活性:2,3,5,8,11,16,18,22,24,30,32,35

自我的刻板性:6,9,13,20,25,26,34

将自我的灵活性反向计分,再与其他两个分数相加。得分越高自我和谐度越低。在大学生中,低于 74 分为低分组,75 ~ 102 分为中间组,103 分以上为高分组。

【互动训练】寻找自我

活动一:画"自画像"

活动道具:彩色笔和 16 开大小的白纸。

活动程序:

(1)主持人发给每位参与者一张16开大小的白纸,把彩色笔放于场地中央,供需要者自由取用。

(2)在8~10分钟内,每人在白纸上画一幅“自画像”。

(3)小组内交流“自画像”的含义,同组成员可以提出质疑。

(4)主持人发现典型的案例做全班分享。

注意事项:

(1)主持人可以暗示大家,“自画像”可以是形象的肖像画,也可以是抽象的比喻画;可以是一色笔画成,也可以是多色笔画成。

(2)有的学生会因为自己的绘画技能差而感到为难,主持人要提醒大家本游戏不是绘画比赛,只要求大家画的内容、形式等形象地反映对自我的认识。

(3)主持人寻找典型案例时,可以关注“自画像”的大小、位置、色彩、内容等,还可以关注在画“自画像”和交流时的神情。

活动感言:通过本次活动,我的体会和感受是________________________

____

____

活动二:百花园

活动道具:每组1个花瓶;仿真花、叶、草,数量多于每人一支;写有花、草、叶名的纸条。

活动程序:

(1)将全班学生以7个人一组分成若干个小组,每个学生随意抽取写有花或草或叶名称的纸条一张。

(2)每个学生凭纸条到主持人处领取仿真花或草、叶,各组推选组长一名,领取花瓶一只。

(3)小组成员共同合作在10分钟内完成插花,并给作品取名。

(4)各组派一名同学向全班介绍,说出作品名及创意过程。

(5)交流后,各小组换取其他组的作品,重新插花,完成后再作全班交流。

注意事项:

(1)仿真花、草、叶的搭配要合理,以花为主,草、叶适量。品种尽可能丰富,减少大量重复。需要配置一些特别美丽诱人的花,也要配置一些不好看的,难于与其他花搭配的草或叶。

(2)花瓶大小与花卉的高度要匹配。最好用玻璃花瓶,用矿泉水瓶剪去上半段后替代也行。花瓶也最好有多个品种,便于小组自主选择。

(3)插花过程中,不允许有花、草、叶被丢弃。

(4)准备好相机,让小组成员与作品进行合影,既增强小组成员的成就感,又非常好地渲染了整体气氛。

活动感言:通过本次活动,我的体会和感受是________________________

____

____

活动三:价值拍卖

活动道具:足够的道具钱、不同颜色的硬纸板、拍卖槌。

活动程序:

(1)事前准备:将拍卖的东西事先写在硬纸板上(最好是不同的颜色),以增加拍卖的趣味性及方便拍卖进行。

(2)宣布游戏规则:每个学生手中有5000元(道具钱),它代表了一个人一生的时间和精力。每个人可以根据自己对人生的理解随意竞买下面列出的东西。每样东西都有底价,每次出价都以500元为单位,价高者得到东西,有出价5000元的,立即成交。

①爱情　500

②友情　500

③健康　1000

④美貌　500

⑤礼貌　1000

⑥名望　500

⑦自由　500

⑧爱心　500

⑨权力　1000

⑩拥有自己的图书馆　1000

⑪聪明　1000

⑫金钱　1000

⑬欢乐　500

⑭长命百岁　500

⑮豪宅名车　500

⑯每天都能吃美食　500

⑰良心　1000

⑱孝心　1000

⑲诚信　1000

⑳智慧　1000

㉑名牌大学录取通知书　500

㉒冒险精神　1000

(3)举行拍卖会:由主持人或学生主持拍卖。按游戏方式进行,直到所有的东西都拍卖完为止,然后请学生认真考虑买回来的东西。

活动感言:

你是否后悔你买到的东西?为什么?______________________________

____

在拍卖的过程中,你的心情如何?______________________________

____

有没有同学什么都没有买？为什么不买？____

____

你是否后悔自己刚才争取的东西太少？____

____

争取过来的东西是否是你最想要的？____

____

钱是否一定会带来快乐？____

____

有没有一种东西比金钱更重要或比金钱带来更大的满足感呢？________________________

____

你是否甘愿为了金钱、名望而放弃一切呢？有没有除了比上面所说的这些更值得追寻的东西呢？____

____

【推荐阅读】

1. 纪录片：BBC—寻找自我意识.
2. 刘小枫，陈少明. 经典与解释19：索福克勒斯与雅典启蒙[M]. 北京：华夏出版社，2007.
3. 阿尔弗雷德·阿德勒. 自卑与超越[M]. 曹晓红，魏雪萍，译. 北京：中国友谊出版公司，2013.

第五章 大学生的情绪与情绪健康

【心灵启航】

1. 你了解自己的情绪吗?
2. 你能识别和分辨他人的情绪吗?
3. 你能有效地调控自己的情绪吗?
4. 你能给别人以积极的情绪体验吗?

大学生正处于青春期向青年期的过渡时期,在生理发育接近成熟的同时,心理上也经历着急剧的变化,尤其反映在情绪上。相对于中学生来讲,大学生的情绪内容趋向于深刻和丰富,情绪的表达趋于隐蔽,情绪的变化也逐渐趋向于稳定。

第一节 情绪概述

一、情绪的概念

关于“情绪”的确切含义,心理学家还有哲学家已经辩论了100多年。情绪是指伴随着认知和意识过程产生的对外界事物态度的体验,是人脑对客观外界事物与主体需求之间关系的反应,是以个体需要为中介的一种心理活动。情绪有20种以上的定义,尽管它们各不相同,但都承认情绪是由以下三种成分组成的:①情绪涉及身体的变化,这些变化是情绪的表达形式;②情绪涉及有意识的体验;③情绪包含了认知的成分,涉及对外界事物的评价。

一些心理学家认为,快乐、愤怒、恐惧、悲哀,是人类最基本的情绪表现。这四种情绪目的性强,复杂程度低,强度大,紧张性高,所以具有典型性。

二、情绪的表现

表情是情绪的外部表现模式,人的表情主要有三种方式:面部表情、语调表情和身体姿态表情。

面部表情是指通过眼部肌肉、颜面肌肉和口部肌肉的变化来表现各种情绪状态。比如眼睛不但可以传情还可以交流思想,面部表情是一种十分重要的非语言交往手段。面部表情可

以分为八类:感兴趣—兴奋;高兴—喜欢;惊奇—惊讶;伤心—痛苦;害怕—恐惧;害羞—羞辱;轻蔑—厌恶;生气—愤怒。一般来说,眼睛和口腔附近的肌肉群是面部表情最丰富的部分。

【心灵对话】情绪识别

眼睛是心灵的窗户,能够最直接、最完整、最深刻、最丰富地表现人的精神状态和内心活动,眼睛通常是情感的第一个自发表达者,透过眼睛可以看出一个人是欢乐还是忧伤,是烦恼还是悠闲,是厌恶还是喜欢。当人看到有趣的或者心中喜爱的东西时,瞳孔就会扩大;而看到不喜欢的或者厌恶的东西,瞳孔就会缩小。目光可以委婉、含蓄、丰富地表达爱抚或推却、允诺或拒绝、央求或强制、讯问或回答、谴责或赞许、讥讽或同情、企盼或焦虑、厌恶或亲昵等复杂的思想和愿望。眼泪能够恰当地表达人的许多情感,如悲痛、欢乐、委屈、思念、温柔、依赖等。

眉间的肌肉皱纹能够表达人的情感变化。柳眉倒竖表示愤怒,横眉冷对表示敌意,挤眉弄眼表示戏谑,低眉顺眼表示顺从,扬眉吐气表示畅快,眉头舒展表示宽慰,喜上眉梢表示愉悦。

嘴部表情主要体现在口形变化上。伤心时嘴角下撇,欢快时嘴角提升,委屈时撅起嘴巴,惊讶时张口结舌,愤恨时咬牙切齿,忍耐痛苦时咬住下唇。

鼻:厌恶时耸起鼻子,轻蔑时嗤之以鼻,愤怒时鼻孔张大、鼻翕抖动,紧张时鼻腔收缩、屏息敛气。

面部肌肉松弛表明心情愉快、轻松、舒畅,肌肉紧张表明痛苦、严峻、严肃。面部各个器官是一个有机整体,协调一致地表达出同一种情感。当人感到尴尬、有难言之隐或想有所掩饰时,其五官将出现复杂而不和谐的表情。

语调表情也是表达情绪的重要形式,它是通过声调、节奏变化来表达情绪。朗朗笑声表达了愉快的情绪,而呻吟表达了痛苦的情绪。言语是人们沟通思想的工具,同时,语音的高低、强弱、抑扬顿挫等,也是表达说话者情绪的手段。例如,人们惊恐时的尖叫,悲哀时声调低沉、节奏缓慢,气愤时声高、节奏变快,爱慕时语调柔软而且有节奏。所以,播音员转播乒乓球的比赛实况时,他的声音尖锐、急促、声嘶力竭,表达了一种紧张而兴奋的情绪;而播出某位领导人逝世的公告时,语调缓慢而深沉,表达了一种悲痛而惋惜的情绪。

姿态表情可分成身体表情和手势表情两种。身体表情是表达情绪的方式之一。人在不同的情绪状态下,身体姿态会发生不同的变化,如高兴时"捧腹大笑",恐惧时"紧缩双肩",紧张时"坐立不安"等。举手投足、两手叉腰、双腿起胯等身体姿势都可表达个人的某种情绪。心理学家的研究表明,手势表情是通过学习得来的。它不仅存在个别差异,而且存在民族或团体差异。后者表现了社会文化和传统习惯的影响。同一种手势在不同的民族中用来表达的情绪也不同。

三、情绪的种类

当代心理学家从生物进化的角度,将人的情绪分为基本情绪和复合情绪。依据情绪发生的强度、速度、紧张度、持续性等指标,又将情绪分为心境、激情和应激。下面对这两种分类做进一步的阐述。

1. 基本情绪与复合情绪

从生物进化的角度看，人的情绪可分为基本情绪和复合情绪。基本情绪是人与动物所共有的，在发生上有着共同的模式，它们是先天的，不学而能的。每一种基本情绪都具有独立的神经生理机制、内部体验和外部表现，并有不同的适应功能。复合情绪是由两种以上的基本情绪组合而形成的情绪复合体。

基本情绪可以分为两类：一类是积极情绪，另一类是消极情绪。积极情绪是与愉快相伴随的情绪，而消极情绪是与不愉快相伴随的情绪。

(1)积极情绪

有人认为积极情绪是当事情进展得顺利时的那种好的感受。另一些人认为，积极情绪就是因意外得到奖赏或在目标实现过程中取得进步时产生的感受。还有人认为，积极情绪是与某种需要的满足相联系，通常伴随愉悦的主观体验，并能提高人的积极性和活动能力。如快乐、兴趣、满足和爱等。

快乐是引起人们产生愉悦、舒适、得意扬扬、高兴的积极情绪，是为人们带来心理享受的重要来源，是一种享乐调。快乐是在安全或熟悉的情境中产生的，只需要付出较低程度的努力，人们通过能达到个人目标、取得成就或进步来获得欢乐。兴趣是一种和好奇、诱惑、兴奋或疑惑相联系的积极情绪。兴趣驱使人的注意指向所愿意接近的对象，驱策人进行钻研和探索，给人提供发现事物新线索的机会，从而有利于人们进行创造活动。

满意是满足身体需求的情感反应，它和平静、静谧的低唤醒状态相联系，与温和的、宜人的、欢乐、放松的状态相似。满意在安全、有高度的确定性的情境中产生。这种思想有助于提高创造力和开阔眼界。据说，达尔文的进化论的思想是其在坐马车旅游的过程中产生的，数学家们也是在度假或是在静谧的放松时找到解题答案的。

爱是由多种积极情绪所组成的，包括兴趣、欢乐、满意等，它是一种人与人之间传递的、互动的情感，它有利于建立和加强社会联系和归属感。例如，幽默、逗乐、微笑在人际关系的每一个层面上都增进了社会的互动作用和亲近感。

一般认为，积极情绪有三个重要的适应功能，即支持应对、缓解压力、恢复被压力消耗的资源。弗瑞迪克森认为，积极情绪能拓宽注意范围、提高行动效能，有助于机体获得身体、智力和社会资源。积极情绪还能明显影响到思维过程，促进高效率地思考和解决问题，也就是说，积极情绪对认知有组织功能。积极情绪还对人的社会行为有积极作用，如人际关系和社会关系等。

(2)消极情绪

消极情绪是指生活事件对人们心理所造成的负面影响，如痛苦、悲伤、愤怒、恐惧等。

痛苦是最常见的一种负性情绪。新生儿在饥饿、寒冷、疼痛或疾病中出现的哭闹反应，被认为是人类最初的痛苦，也被看作先天情绪的典型表现。引起痛苦最常见的原因是分离，其次是失败或对失败的预期。痛苦是一种可忍受的情绪，它的表情能引起人们的同情和帮助，也有利于个体的联结。

悲伤是痛苦的发展和延伸，有人认为是同一种情绪的两种表现形式。悲伤经常在哭泣中表现出来，悲伤比痛苦显示更鲜明的情绪色调。悲伤的哭泣使人感到失去力量、失去支持、失去希望，从而处于无助和孤独之中。悲伤的典型代表是失去亲人或重要资源时的情绪状态。

过度悲伤,极度的失去支持和力量的情绪体验,可能导致身体功能和神经功能的失调,使人患上精神疾病(如抑郁症)或身心疾病(如心血管病、消化系统疾病、痛症或癌变等)。

愤怒是另一种常见的消极情绪,是人类进化的产物。它的原型意义是激发力量、防止和打击来犯者,或者主动出击。在当今社会中,它变成一种表达自身反抗意向和态度的标志。愤怒往往是由于个体的强烈愿望受到限制或阻止时产生的。不良的人际关系常常是愤怒的来源,持续的痛苦也可以转化为愤怒。

恐惧是最有害的一种情绪。强烈的恐惧会威胁人的生命。在巨大的自然灾害面前,有人会因情绪承受力的崩溃而丧失生命。2002 年美国发生的“9·11”事件和 2008 年我国发生的汶川地震所引起的心理震动和慌乱,至今仍令一些身临其境或灾难中失去亲人的人遭受着心理创伤。恐惧是由于威胁性刺激引起的,一些突然发生的严重的威胁事件,失业、离婚,甚至鬼怪传说都能诱发恐惧。孤独对人具有威胁性,是恐惧最基本的来源。老人的疾病和独处,使他们处于恐惧的威胁之中。

大学生除了具有这些基本情绪以外,另一个突出的现象就是无聊情绪滋长,无聊就像瘟疫,在大学生群体中滋生并可以迅速蔓延。“无聊”“郁闷”等字眼充斥在大学生日常的交流中,可能没有任何群体会像大学生一样对无聊体验的这么深刻。大学宿舍里常有这样的现象:女生窝在床上看小说、看电视剧、听音乐或者把玩各种社交软件;男生则是以宿舍为单位打牌、玩游戏。面对课堂之余大量的时间,尤其是大学三、四年级的学生,他们好像不知道如何度过这些宝贵的、属于自己的时间,大多是在无聊中沉溺在虚拟世界里荒废。当然,大学里也从不缺乏那些勤奋好学的孩子,在业余时间泡在图书馆,沉浸在书的海洋里。随着工业革命和信息化革命的交替所带来的一系列的弊端,无聊不仅仅出现在大学校园,日常生活中无聊这个词的出现也是越来越频繁,更大年龄阶层的人可能不太会用无聊来表达无所事事所带来的空虚和焦虑,但我们也可以从生活状态中发现无聊的情绪特点和表现。

【心灵对话】为什么人生气的时候要大喊

有一天,一个有智慧的教授问他的学生:“为什么人生气时说话用喊的?”

所有的学生都想了很久,其中有一个学生说:“因为我们丧失了冷静,所以我们会用喊的。”

“但是为什么别人就在你旁边而已,你还是用喊的,难道不能小声地说吗?为什么总是要用喊的?”教授又问。

几乎所有的学生都七嘴八舌地说了一堆,但是没有一个答案是让教授满意的。最后教授解释说:“当两个人在生气的时候,心的距离是很远的,而为了掩盖当中的距离使对方能够听见,于是必须用喊的,但是在喊的同时人会更生气,更生气距离就更远,距离更远就又要喊更大声……”

教授继续说:“而当两个人在相恋时会怎么样呢?情况刚好相反,不但不会用喊的,而且说话都很轻声细语,为什么?因为他们的心很接近,心与心之间几乎没有距离,所以相恋中的两个人通常是耳语式的说话,但是心中的爱因而更深,到后来根本不需要言语，只用眼神就可以传情，而那时心与心之间早已经没有所谓的距离了……”

最后教授做了一个结论：“当两个人争吵时，不要让心的距离变远，更不要说些让心距离更远的话，自然地过了几天，等心的距离已经没有那么远时，再好好地说吧！”

2. 心境、激情和应激

依据情绪发生的强度、速度、紧张度、持续性等指标，可将情绪分为心境、激情和应激。

(1)心境

心境是一种具有感染性、持续性、比较平稳的情绪状态。当人们处于某种心境时，其言谈举止和心理活动都会蒙上一层相应的情绪色彩。如心情不好时，会看什么都不顺眼，心情好时，会觉得一切都很美好，平稳的心境可能持续几小时、几周或几个月。一种心境的持续时间依赖于引起心境的客观刺激的性质，如失去亲人往往使人产生较长时间的郁闷心境。一个人取得了重大的成就，在一段时期内会使人处于积极、愉快的心境中。心境产生的原因是多方面的。生活中的顺境和逆境、工作中的成功与失败、人际关系是否融洽、个人健康状况、自然环境的变化等，都可能成为引起某种心境的原因。

(2)激情

激情是一种与心境相反的情绪，它是一种爆发快、强烈而短暂的情绪体验。如中大奖时的欣喜若狂、被欺骗时的暴跳如雷等。激情具有以下四个特点：第一，具有激动性和冲动性。激情一旦产生，人完全被情绪所驱使，言行缺乏理智，带有很大的冲动性和盲目性；第二，维持的时间比较短，冲动一过，事过境迁，激情也就弱化或消失了；第三，具有明确的指向性，通常由特定的对象所引起，如意外的成功会引起狂喜，理想破灭会引起绝望、黑暗等；第四，激情具有明显的外部表现，在激情状态下，人的内脏器官、腺体和外部表现都会发生明显的变化，例如，盛怒时全身肌肉紧张，双目怒视，怒发冲冠，咬牙切齿，紧握双拳等；狂喜时眉开眼笑，手舞足蹈等。由于激情具有暴发性和冲动性的特点，人们很容易失去理智，采取一些鲁莽的行为或动作。

(3)应激

应激是指在意外的紧急情况下所产生的适应性反应，人的身心处于高度紧张状态。当人们面临危险或突发事件时，例如，人们遇到歹徒抢劫时，必须集中自己的智慧和经验，动员自己的全部力量，迅速做出选择，采取有效行动，此时就是应激状态。又如，飞机在飞行中，发动机突然发生故障，驾驶员紧急与地面联系着陆；正常行驶的汽车意外地遇到故障时，驾驶员紧急制动；战士排除定时炸弹时的紧张而又小心的行为等。在这些情况下人们所产生的一种特殊紧张的情绪体验，就是应激状态。人在应激状态下，会引起机体的一系列生物性反应，如肌肉紧张度、血压、心率、呼吸以及腺体活动都会出现明显的变化，人的身心会处于高度紧张状态，即个体会在心理上感受到超乎寻常的压力，生理上承受超乎平常的负荷，这就是应激的超压性和超负荷性特征。

第二节　情绪调节

所谓练习微笑，不是机械地挪动你的面部表情，而是努力地改变你的心态，调节你的心情。学会平静地接受现实，学会对自己说声顺其自然，学会坦然地面对厄运，学会积极地看待人生，

学会凡事都往好处想。这样，阳光就会流进心里来，驱走恐惧，驱走黑暗，驱走所有。

古代阿拉伯学者阿维森纳，曾把一胎所生的两只羊羔置于不同的外界环境中生活：一只小羊羔随羊群在草地快乐地生活；而在另一只羊羔旁拴了一只狼，它总是看到自己面前那只野兽的威胁，在极度惊恐的状态下，根本吃不下东西，不久就因恐慌而死去。医学心理学家还用狗做嫉妒情绪实验：把一只饥饿的狗关在一个铁笼子里，让笼子外面另一只狗当着它的面吃肉骨头，笼内的狗在急躁、气愤和嫉妒的负性情绪状态下，产生了神经症性的病态反应。实验告诉我们：恐惧、焦虑、抑郁、嫉妒、敌意、冲动等负性情绪，是一种破坏性的情感，长期被这些心理问题困扰就会导致身心疾病的发生。因此，我们有必要掌握一些情绪调节的技巧。

一、情绪调节

情绪调节是个体对情绪内在过程和外部行为所采取的监控、调节，以适应外界情境和人际关系需要的动力过程。它包括削弱或去除正在进行的不适当的情绪，激活需要的情绪，掩盖或伪装某种情绪。所以情绪调节既包括抑制、削弱和掩盖等过程，也包括维持和增强的过程。也就是说，情绪调节实际上是对自己情绪的管理过程，使自己的情绪状态适应外界环境和人际的需求。例如，愤怒时需要克制，不能迁怒于他人；悲伤时需要转换环境，想一些开心的事情。当取得了好成绩时，不能表现得过分高兴，以免影响其他人的情绪等。在日常的工作中，如老师、售货员、护士和服务员等这些情绪工作人员，在任何时候都要保持微笑。喜剧演员即使在遇到亲人去世等悲伤事情时，在舞台上仍然要有喜悦的表现，这就需要情绪调节。

情绪调节的相关理论

拉扎勒斯的认知—评价理论：认为情绪是人与环境相互作用的产物。在情绪活动中，人不仅反映环境中的刺激事件对自己的影响，同时要调节自己对于刺激的反应。也就是说，情绪是个体对环境知觉到有害或有益的反应。因此，人们需要不断地评价刺激事件与自身的关系。具体有三个层次的评价：初评价、次评价、再评价。初评价是指人确认刺激事件与自己是否有利害关系，以及这种关系的程度。次评价是指人对自己反应行为的调节和控制，它主要涉及人们能否控制刺激事件，以及控制的程度，也就是一种控制判断。再评价是指人对自己的情绪和行为反应的有效性和适宜性的评价，实际上是一种反馈性行为。

情绪 ABC 理论：由美国心理学家埃利斯创建。认为激发事件 A(activating event)只是引发情绪和行为后果 C(consequence)的间接原因，而引起 C 的直接原因则是个体对激发事件 A 的认知和评价而产生的信念 B(belief)，即人的消极情绪和行为障碍结果(C)，不是由于某一激发事件(A)直接引发的，而是由于经受这一事件的个体对它不正确的认知和评价所产生的错误信念(B)所直接引起。

有前因必有后果，但是有同样的前因 A，产生了不一样的后果 C1 和 C2。这是因为从前因到后果之间，一定会透过一座桥梁 B(Bridge)，这座桥梁就是信念和我们对情境的评价与解释。又因为，同一情境之下(A)，不同的人的理念以及评价与解释不同(B1 和 B2)，所以会得到不同结果(C1 和 C2)。因此，事情发生的一切根源缘于我们的信念

(信念是指人们对事件的想法、解释和评价等)。

【案例】有一个年轻人失恋了,一直摆脱不了事实的打击,情绪低落,已经影响到了他的正常生活。他没办法专心工作,因为无法集中精力,头脑中想到的就是前女友的薄情寡义。他认为自己在感情上付出了,却没有收到回报,自己很傻很不幸。于是,他找到了心理医生。

心理医生告诉他,其实他的处境并没有那么糟,只是他把自己想象得太糟糕了。在给他做了放松训练,减少了他的紧张情绪之后,心理医生给他举了个例子:"假如有一天,你到公园的长凳上休息,把你最心爱的一本书放在长凳上。这时候走来一个人,径直走过来,坐在椅子上,把你的书压坏了。这时,你会怎么想?"

"我一定很气愤,他怎么可以这样随便损坏别人的东西呢! 太没有礼貌了!"年轻人说。"那我现在告诉你,他是个盲人,你又会怎么想呢?"心理医生接着耐心地继续问。"哦,原来是个盲人。他肯定不知道长凳上放有东西!"年轻人摸摸头,想了一下,接着说,"谢天谢地,好在只是放了一本书,要是油漆或是什么尖锐的东西,他就惨了!""那你还会对他愤怒吗?"心理医生问。"当然不会,他是不小心才压坏的嘛,盲人也很不容易的。我甚至有些同情他了。"

心理医生会心一笑:"同样的一件事情,他压坏了你的书,但是前后你的情绪反应却截然不同。你知道是为什么吗?""可能是因为我对事情的看法不同吧!"对事情不同的看法,能引起自身不同的情绪。很显然,让我们难过和痛苦的,不是事件本身,而是对事件的不正确的解释和评价。这就是心理学上的情绪 ABC 理论的观点。情绪 ABC 理论的创始者埃利斯认为:正是由于我们常有的一些不合理的信念,才使我们产生情绪困扰,如果这些不合理的信念日积月累,还会引起情绪障碍。

同样是失恋了,有的人放得下,认为未必不是一件好事,而有的人却伤心欲绝,认为自己今生可能都不会有爱了。再比如,在找工作面试失败后,有的人可能会认为,这次面试只是试一试,不过也没关系,下次可以再来;有的人则可能会想,我精心准备了那么长时间,竟然没过,是不是我太笨了,我还有什么用啊,人家会怎么评价我。这两类人因为对事情的评价不同,他们的情绪体验当然不同。

对于上面这个失恋的年轻人来说,失恋只是一个诱发事件 A,结果 C 使他情绪低落,生活受到影响,无法专心工作;而导致这个结果的,正是他的认知 B——他认为自己付出了一定要收到对方的回报,自己太傻了,太不幸了。假如他换个想法——她这样不懂爱的女孩不值得自己去珍惜,现在她离开可能避免了以后她对自己造成更大的伤害,那么他的情绪体验显然就不会像现在这么糟。

情绪的认知理论是众多情绪调节方式的理论基础。

二、情绪调节的类型

情绪调节可以从不同的角度进行分类,一般从来源、情绪特点、引起情绪的原因和调节的结果等加以区分。具体可以分为:内部调节与外部调节,修正调节、维持调节和增强调节,原因

调节和反应调节,良好调节与不良调节等。

1. 内部调节和外部调节

从情绪调节过程的来源分类,可以分为内部调节和外部调节。内部调节来源于个体内部的调节过程,主要指调节情绪的生理反应、主观体验和表情行为等,如情绪紧张或焦虑时,控制血压和脉搏;体验痛苦时,离开情境时开心一点;过分高兴时,掩饰和控制表情动作等。外部调节主要来源于个体外的情境因素的影响和改变情绪的过程,这些情境因素包括人际关系的、社会的、文化的和自然的,其中人际关系是比较重要的。所以情绪调节是个体对情绪体验、相关行为和情境之间关系的调整过程。如母子分离可以引起负面情绪,但只要让幼儿确信母亲只是暂时离开他,就可以帮助幼儿克服这种情绪。外部环境对个体情绪的调节有支持和破坏两种可能性。有的环境因素有利于情绪调节,而有的环境因素不利于情绪的调节,如在课堂教学中,老师如能采取鼓励、表扬等满足和支持学生的动机行为,将使学生产生良好的情绪,反之会引起不良的情绪。因此,环境的刺激特征与个体内部状况的关系,是影响外部调节的重要因素。

2. 修正调节、维持调节和增强调节

根据情绪的不同特点可分为修正调节、维持调节和增强调节。修正调节主要指对消极性情绪所进行的调整和修正,如降低狂怒的强度使之恢复平静。维持调节主要指人们主动地维持对自己有益的积极情绪,如兴趣、快乐等。增强调节指对情绪进行积极的干预,这种调节在临床上常被采用,如对抑郁或淡漠进行增强调节,使其调整到积极的情绪状态。

3. 原因调节和反应调节

原因调节是针对引起情绪的原因进行调整,包括对情境的选择、修改,注意调整以及认知策略的改变等。通过改变自己的注意来改变情绪,对诱发情绪的情境进行重新认识和评价等。反应调节发生在情绪激活或诱发之后,是指通过增强、减少、延长或缩短反应等策略对情绪进行调整。

4. 良好调节和不良调节

情绪调节是为了使个体在情绪唤醒情境中,保持功能上的适应状态,使情感表达处在可忍耐,且灵活变动的范围之内。当情绪调节使情绪、认知和行为达到协调时,这种调节叫良好调节。相反,当调节使个体失去对情绪的主动控制,使心理功能受到损害,阻碍认知活动,并导致作业成绩下降时,这种调节就是不良调节。

三、情绪调节的过程与策略

1. 情绪调节的过程

对于情绪调节过程,不同的情绪心理学家有不同的理解,提出了许多不同的理论模型,下面介绍格罗斯的情绪调节过程模型。

格罗斯认为情绪调节是在情绪发生过程中展开的,在情绪发生的不同阶段,会产生不同的情绪调节,据此他提出了情绪调节的过程模型。依据该模型,情绪发生的过程有两个阶段:一个是在情绪发生前,一个是在情绪发生后,每一个阶段都会产生情绪调节,即原因调节和反应调节。

(1)原因调节

原因调节中有几个不同环节的调节方式,即情境选择、情境修正、注意转换和认知改变。

①情境选择:选择情境是指个体趋近或避开某些人、事件与场合以调节情绪,这是人们经常或者首先使用的一种情绪调节策略,个体经常使用这种策略来避免或降低负情绪的发生。情境的选择并不是随机的行为,它往往反映个体对适应环境的一个选择,可能是有意识的,也可能是无意识的。

②情境修正:情境修正是指应对问题或进行初步的控制,努力改变情境。通过改变和修正诱发情绪情境的某一方面和特点,而使情绪发生改变的努力。例如,面对一个吵架的邻居,可以有三种解决方法,离开、忍受和制止。假如采取制止的方式,前去要求减低噪声,就是情境修正的调节策略。

③注意转换:注意转换是注意离开原来话题或任务而集中于其他对象。也就是面对一个吵架的情境,选择离开。

④认知改变:认知改变是通过改变认识而进行的情绪调节的努力。情绪的产生需要个体对知觉到的情境赋予意义,并评估自己应付和管理该情绪的能力。例如,在排队的过程中,有人踩了你的脚,你很生气,但是你认为他不是有意的,是不小心出现的问题,你就会原谅这个人。

(2)反应调节

反应调节是指情绪被引发以后,对情绪反应趋势如心理体验、行为表达、生理反应施加影响,主要表现为降低情绪反应的行为表达。例如,有人踩了你的脚,他没表示歉意,尽管你很生气,但你会努力控制自己的愤怒情绪,这就属于降低性的反应调节。又如,你的情绪被一个热烈的群体性公益活动场合所激起,增强了你的热情,这就属于增强性的反应调节。

2. 情绪调节的策略

(1)回避和接近策略

回避和接近策略也叫情境选择策略,它是通过选择有利情境、回避不利情境来实现的。这是情绪调节的一种常用策略,在面临冲突、愤怒、恐惧、尴尬、窘迫等情绪时,运用这种策略非常有效。儿童在很早就开始运用这种策略调节自己的情绪。研究指出,当儿童可以爬行或走路时就采取接近或回避等方式调节情绪。

(2)控制和修正策略

控制和修正情绪事件是一种更为积极的策略,它是通过改变情境中各种不利的情绪事件来实现的,情绪调节者试图通过控制情境来控制情绪的过程或结果。2 岁左右的孩子就会表现出用控制和修正情绪事件的方法来调节情绪,如给哭叫的小弟弟、小妹妹玩具等。

(3)注意转换策略

注意转换策略包括分心和专注两种策略。分心是将注意集中于与情绪无关的方面,或者将注意从目前的情境中转移开;专注是对情境中的某一个方面长时间地集中注意,这时个体可以创造一种自我维持的卓越状态。6 个月左右的婴儿,就开始通过用转移对陌生人的注意,注视母亲等方式来降低对陌生人的焦虑。

(4)认知重评策略

认知重评,即认知改变,通过改变对情绪事件的理解和评价,而进行情绪调节。认知重评

试图以一种更加积极的方式理解使人产生挫折、生气、厌恶等负性情绪的事件。认知重评会产生积极的情感和社会互动结果,不需要耗费许多认知资源,是一种有益的情绪调节方式。

(5)表达抑制策略

表达抑制是反应调整的一种,是指抑制将要发生或正在发生的情绪表达行为,调动自我控制能力,启动自我控制过程以抑制自己的情绪行为。

(6)合理表达策略

合理表达指采用恰当的表情,它不造成人际和社会适应上的障碍,有利于个体幸福和团体密切,这是情绪调节最为关键的策略。在人际交往中,情绪调节能力强的个体并不全是压抑自己的表情,而是能够在瞬间迅速改变自己的不利情绪,如把愤怒转换为笑,把悲伤转换为动力等,这种策略因而也可以称之为情绪转换策略。

在实际生活中,一个成熟的个体还会选择更多的方式来调节自己的情绪,如改变生活方式、活动方式、体育锻炼方式、倾诉方式等。人们在实际生活中总结出来的这些情绪调节的方法与策略是非常有效的,不仅有益于增进个体的情绪健康,也有益于增进团体的幸福。

四、情绪调节与身心健康

良好的调节能促进身心健康,而情绪失调会破坏身心健康。例如,长期压抑悲伤和哭泣容易引起呼吸系统的疾病,抑制则会引起支气管疾病或癌症,不表达情绪会加速癌症的恶化,对愤怒的压抑与心血管疾病、高血压的发病率有着密切联系。因此,探讨情绪调节过程与健康的关系应该是研究情绪调节的一个重要方面。情绪调节对于维持稳定的心理健康具有重要的作用。

当没有外界任务和社会紧迫压力的时候,个人有充实和丰富的自我,对自己满意,感觉充实、安宁和完整,是健康的重要标准。假如没有良好的情绪调节,个体处于情绪失调状态,就容易沉浸于过分痛苦、忧虑、空虚、无聊的情绪状态之中,也可能沉迷于一些不良的行为,如酗酒、吸毒、聚众赌博,各种各样的过失行为,甚至犯罪。所以,情绪调节是维持心理健康的重要手段。

第三节 健康情绪的判断标准

一、情出有因

任何情绪、情感的产生与发展必须由一定的原因引起。例如,可喜的现象引起欢乐的情绪;不幸的事件引起悲哀的情绪;挫折引起沮丧的情绪等。无缘无故的喜、怒、哀、乐,莫名其妙的悲伤、恐惧,就不是情绪健康的表现。

二、表现恰当

一定的刺激会引起一定的情绪反应,反应和刺激应该相互吻合,例如因成功而喜悦,因失败而痛苦,该高兴就高兴,该悲哀就悲哀。假如失去亲人还哈哈大笑,或者受到挫折反而高兴,受到尊敬反而愤怒,则是情绪不健康的表现。

三、反应适度

情绪表现的持续时间和强烈程度都应适当，不能无休无止或没完没了，也不能过分强烈或过于冷漠。刺激强度越大，情绪反应就越强烈；反之，情绪反应也就越弱。如果微弱的刺激引起强烈的情绪反应，则是情绪不健康的表现。

四、情绪稳定

情绪稳定表明一个人的中枢神经系统活动处于相对的平衡状态，也反映了中枢神经系统活动的协调。一般来说，情绪反应开始时比较强烈，随着时间的推移，反应逐渐减弱。如果反应时强时弱，变化莫测，经常处于不稳定状态，则是情绪不健康的表现。

五、心情愉快

以愉快的心境为主，积极情绪多于消极情绪。如果一个人经常情绪低落，愁眉苦脸，心情郁闷，则是心理不健康的表现。

六、能自我控制

健康的情绪是受自我调节和控制的。情绪健康的人，应是情绪的主人，可把消极的情绪转化为积极的情绪，也可把激情转化为冷静。

第四节　大学生的情绪特点及常见情绪问题

一、大学生情绪的特点

1.冲动性与复杂性

大学生有着丰富、强烈而又复杂的感情世界，情绪体验的快而强烈，喜怒哀乐常常一触即发，表现出热情奔放的冲动性特点。心理学家常用“急风暴雨”来比喻这种激情性的情绪特征。这种冲动性的情绪尤其在群体中往往会变得更激烈。大学生有较强的群体认同感，喜欢模仿，易受暗示，容易受当时情境气氛的感染、鼓动，容易表现出比单个人时更大胆的举止。因为群体可以增强一个人的力量感，同时在群体中个人可以减少其相应的责任。

大学生的情绪冲动性是有其生理和心理基础的。由于性成熟，性激素分泌的旺盛会通过反馈影响下丘脑的兴奋性，而大脑皮层的调节作用一时还不能适应这种情况。因此在皮层和皮层下之间出现了不平衡状态。心理发展的相对缓慢，心理调节机制的不完善，缺乏对外界变化的弹性和应变能力，缺乏对心理活动调节和支配的意志和能力，从而使得我们大学生生理和心理的发展出现了在某种程度的不平衡，从而影响了情绪的表现，使得情绪变得容易冲动。

2.冲动性与爆发性

大学生的情绪特点还表现在情绪体验上特别强烈和富有激情，对任何事都比较敏感，有时一旦情绪爆发，自己难以控制，甚至表现为一定的盲目狂热和冲动。在处理同学关系、师生关

系的矛盾时，在对待学业生活中的挫折时，常常易走极端，给自己及他人带来伤害。

3. 波动性与两极性

大学生的情绪年龄正处于未成年人与成年人的转变阶段，在情绪状态上反映着两种情绪并存的特点。一方面，相对于中学阶段，大学生的情绪趋于稳定和成熟；而另一方面，与成年人相比，大学生的情绪带有明显的起伏波动性，容易从一个极端走向另一个极端。情绪有时会表现为大起大落、大喜大怒的两极性。

4. 内隐与掩饰性

大学生的情绪表现，虽然有时也会喜形于色，但已经不像青少年时期那样坦率直露。不少大学生常会将自己的情绪隐藏和掩饰，体现为外在表现与内在体验并不一致。这也无形中给大学生之间的相互交流带来障碍，使一些学生出现孤独和苦闷的情感困惑。

二、大学生常见的情绪问题

【案例导读】我的情绪怎么了

这是一个来自我校心理咨询中心的案例：李某，女，20 岁。大学二年级学生，爱好音乐，长相出众，无重大躯体疾病史，其父母均为体力劳动工作者，从小对李某要求严格。李某为家中独女，自小成绩优异。其父母喜欢在别人面前夸耀自己的女儿，李某性格内向，好强，做事认真仔细，力求完美。高考以地区第二名的成绩考入我校。但大学一年级考试成绩不理想，在全年级只排到 11 名，对自己打击很大，觉得自己很差劲，以至于近三周来情绪低落，焦虑烦闷，睡眠质量差。

她的情绪怎么了？你能给她的情绪做一个解释吗？________________

____

1. 焦虑

焦虑是十分常见的现象，是一种类似担忧的反应或是自尊心受到潜在威胁时产生担忧的反应倾向，是个体主观上预料将会有某种不良后果产生的不安感，是紧张、害怕、担忧混合的情绪体验。人们在面临威胁或预料到某种不良后果时，都有可能产生这种体验。

焦虑是大学生常见的情绪状态，当他们在学习、工作、生活各方面遭遇挫折或担心需要付出巨大努力的事情来临时，便会产生这种体验。焦虑对大学生的影响是复杂的，既可以成为大学生成才的内驱力，起促进作用，也可以起阻碍作用。

大学生常见的焦虑有自我形象焦虑、学习焦虑与情感焦虑。自我形象焦虑是担心自己不够漂亮、没有吸引力，体貌过胖或矮小等，也有的因为粉刺、雀斑等影响自我形象而引起的焦虑。这类焦虑主要与自我认知有关，需要通过调整自我认知重新接纳自我，建立新的自我形象。学习焦虑，在学生情绪反映中最为强烈，我们在大学生学习心理中专门谈及考试焦虑，需要引起重视。情感焦虑多数由于恋爱受挫而引发的自我否定，认为自己不具备爱人与被爱的能力，因而过度担心引起焦虑。

2. 抑郁

抑郁症状不单指各种感觉，还指情绪、认知与行为特征。抑郁最明显的症状是压抑的心情，表现为仿佛掉入了一个无底洞或黑洞之中，正被淹没或窒息。其他感觉包括容易发火，感到愤怒或负罪感。抑郁常常伴随着焦虑，对所有活动失去信心和兴趣，渴望一个人独居。抑郁也伴随着个体思维方式的转变，这些认知改变可以是一般性的，比如注意力不集中、记忆力衰退或者很难做出决定。在思考中可能有更多的心境转变，消极地看待世界、自我和未来。因此，抑郁的人很难回忆起美好的记忆，常会不适当地责备自己，认为他人更消极地看待自己，对未来感到悲观。与此同时，还伴随身体症状，如常常乏力，起床变得困难，更严重时睡眠方式都将改变，睡得太多或者早晨醒得太早，并且不能再次入睡。也可能出现饮食紊乱，吃得过多或过少，随之而来的体重激增或剧减。抑郁是一种持续时间较长的低落、消沉的情绪体验，它常常与苦闷、不满、烦恼、困惑等情绪交织在一起。

3. 愤怒

愤怒是由于客观事物与人的主观愿望相违背，或因愿望无法实现时，人们内心产生的一种激烈的情绪反应。心理学研究表明，当愤怒发生时，可能导致人体心跳加快、心律失常、高血压等躯体性疾病，同时还会使人的自制力减弱甚至丧失，思维受阻、行为冲动，甚至干出一些事后后悔不迭的蠢事或造成不可挽回的损失。

大学生常见的一种消极情绪，处于精力充沛、血气方刚的青年时期的大学生，在情绪情感发展上往往容易产生好激动、易动怒的特点。如有的大学生因一句刺耳的话或一件不顺心的小事而暴跳如雷；有的因人际协调受阻而怒不可遏、恶语伤人；有的因别人的观点或意见与自己相左而恼羞成怒；有的因一时的成功、得意而忘乎所以；有的因暂时的挫折或失败而悲观失望，痛不欲生。如此种种遇事缺乏冷静的分析与思考，“图一时之快，逞一时之勇”的好激动、易动怒的不良情绪特点，在一些大学生身上时有体现。这种情绪对大学生的影响是极其有害的。因而有人说：“愤怒是以愚蠢开始，以后悔结束。”

4. 嫉妒

嫉妒是指因他人在某些方面胜过自己而引起的不快甚至是痛苦的情绪体验。西班牙作家塞万提斯说：“嫉妒是万恶的根源，美德的蟊贼。”嫉妒是自尊心的一种异常表现，在大学生中普遍存在。具体表现为当看到他人学识能力、品行荣誉甚至穿着打扮超过自己时内心产生的不平、痛苦、愤怒等感觉；当别人身陷不幸或处于困境时则幸灾乐祸，甚至落井下石，在人后恶语中伤、诽谤。嫉妒是一种情绪障碍，它扭曲人的心灵，妨碍人与人之间正常、真诚地交往。

第五节　大学生如何调节情绪

一、优化个性，完善自我

做到坚强而自信，宽容而豁达，与其埋怨环境不如改变自己；从多纬度审视自己，建立自我同一性。由于自我意识具有复杂性与多维性，青年需要从多个角度审视自我、调整自我，寻找自我意识的统一点，整合自我意识，向理想自我靠近。

二、改变不良认识偏差

正确评价自己,不要过高要求自己。正确认识自己、评价自己是个性发展的重要前提之一。自己对自己的认识、评价是在发展过程中逐渐培养起来的。对自己有正确的认识,做自己可以胜任的事情,对自己有合理的预期和评价。

三、培养积极乐观的生活态度

即善于在平凡中发现快乐,努力增加积极的情绪体验,笑口常开多幽默。

四、掌握消除不良情绪的基本方法

积极的自我暗示,合理宣泄,放松调节。

五、培养独立的人格,减少他人评价的影响

认识自己的价值,明确应该坚持什么、反对什么,有明确的是非界限,且不能人云亦云,不要被周围所左右。

六、多与人交流沟通,及时倾诉自己感受到的无助和不快

交流是释放压力的有效途径,交流的过程也是自我反思的过程。通过与他人交谈,获取心理支持,增强自信心。利用各种社会支持。任何心理成熟的独立的现代人,都需要他人的帮助,广泛的社会支持是缓解压力不可或缺的途径。家人是社会支持网络的重要组成部分。此外,平时需注意扩大自己的交际范围,从没有利益冲突的第三方寻求心理支持。

【心理测评】

抑郁自评量表(SDS)

指导语:每一个条目均按1、2、3、4四级评分。请受试者仔细阅读每一条陈述句,根据最适合自己情况的时间频度圈出一个分数。20个项目中有10项(第2、5、6、11、12、14、16、17、18和20项)是用正性词陈述的,为反序计分(如偶尔计4分;有时计3分;经常计2分;持续计1分);其余10项是用负性词陈述的,按上述1~4顺序评分。

	偶尔	有时	经常	持续
1. 我感到情绪沮丧,郁闷。	1	2	3	4
2. 我感到早晨心情最好。*	1	2	3	4
3. 我要哭或想哭。	1	2	3	4
4. 我夜间睡眠不好。	1	2	3	4
5. 我吃饭像平时一样多。*	1	2	3	4

	偶尔	有时	经常	持续
6. 我的性功能正常。*	1	2	3	4
7. 我感到体重减轻。	1	2	3	4
8. 我为便秘烦恼。	1	2	3	4
9. 我的心跳比平时快。	1	2	3	4
10. 我无故感到疲劳。	1	2	3	4
11. 我的头脑像往常一样清楚。*	1	2	3	4
12. 我做事情像平时一样不感到困难。*	1	2	3	4
13. 我坐卧不安,难以保持平静。	1	2	3	4
14. 我对未来感到有希望。*	1	2	3	4
15. 我比平时更容易激怒。	1	2	3	4
16. 我觉得决定什么事情很容易。*	1	2	3	4
17. 我感到自己是有用的和不可缺少的人。*	1	2	3	4
18. 我的生活很有意义。*	1	2	3	4
19. 假若我死了别人会过得更好。	1	2	3	4
20. 我仍然喜爱自己平时喜爱的东西。*	1	2	3	4

注:后注 * 者为反序计分。

抑郁状况可用抑郁严重度指数表述。抑郁严重度指数 = 各条目累计分/80(最高总分)。指数范围为0.25 ~1.0,指数越高,抑郁程度越重。一般认为,SDS 测验指数在0.5 以下者为无抑郁;0.5 ~0.59 为轻度抑郁;0.60 ~0.69 为中至重度抑郁;0.70 以上为重度抑郁。

焦虑自评量表(SAS)

指导语:下面有二十条文字,请仔细阅读每一条,把意思弄明白,然后根据你最近一周的实际情况,在适当的方格里划一勾(√)。每一条文字后有 4 个方格,分别表示:A. 没有或很少(发生),B. 小部分时间,C. 相当多时间,D. 绝大部分时间或全部时间,E. 由工作人员评定。

	A	B	C	D		E
1. 我觉得比平时容易紧张或着急。	□	□	□	□	1	□
2. 我无缘无故地感到害怕。	□	□	□	□	2	□
3. 我容易心理烦乱或觉得惊恐。	□	□	□	□	3	□
4. 我觉得我可能将要发疯。	□	□	□	□	4	□
5. 我觉得一切都很好,也不会发生什么不幸。	□	□	□	□	5	□
6. 我手脚发抖打战。	□	□	□	□	6	□
7. 我因为头痛、颈痛和背痛而苦恼。	□	□	□	□	7	□
8. 我感觉容易衰弱和疲乏。	□	□	□	□	8	□

A B C D　E

9. 我觉得心平气和，并且容易安静坐着。□□□□9□
10. 我觉的心跳得很快。□□□□10□
11. 我因为一阵阵头晕而苦恼。□□□□11□
12. 我有晕倒发作或觉得要晕倒似的。□□□□12□
13. 我吸气呼气都感到很容易。□□□□13□
14. 我的手脚麻木和刺痛。□□□□14□
15. 我因为胃痛和消化不良而苦恼。□□□□15□
16. 我常常要小便。□□□□16□
17. 我的手脚常常是干燥温暖的。□□□□17□
18. 我脸红发热。□□□□18□
19. 我容易入睡并且一夜睡得很好。□□□□19□
20. 我做噩梦。□□□□20□

计分方法及结果分析：

以上 20 个项目中，第 5、9、13、17、19 五个项目的积分，必须反向计分。例如：

我觉得心平气和，并且容易安静坐着。

没有 □　小部分 □　相当多 □　全部时间 □

按前面一般规定，选择“没有”应计 1 分，但它属于反向计算项目，则必须计为“4”。由自评者评定结束后，将 20 个项目的各个得分相加，即得粗分 x，经过下式换算，y = int(1.25x)；即用粗分乘以 1.25 以后取整数部分，就得到标准分 y。经我国有关心理专家测验，≥40 标准分的为正常状态；≤60 标准分的则属于较为严重的焦虑症状，应尽快找专家咨询治疗。

【互动训练】情绪管理团体心理训练

活动方式：心理测试、情境表演、小组讨论、角色互换。

活动时间：可以每周一次、每次两小时，共五次。

在进行大学生情绪管理团体心理辅导时，可根据团体目标和需求选择运用以下常用的情绪测试和结构性练习。

1. 情绪自我探究

活动目的：通过表现各种情绪并探究自己的情绪，提高自我情绪的觉察能力。

活动步骤：

(1)这里是一组人物的各种面部表情，你能表演出这些情绪吗？惊奇、愤怒、高兴、害怕、悲伤、厌恶。

(2)下面列出了四种基本情绪：喜、怒、哀、惧，请在每种基本情绪后写出表现这种情绪的词语，写得越多越好。

喜＿＿＿＿＿＿＿＿＿＿＿＿＿＿＿＿＿＿＿＿

怒＿＿＿＿＿＿＿＿＿＿＿＿＿＿＿＿＿＿＿＿

哀________________

惧________________

(3)自我探究——详细谈论你的情绪。情绪是从经验和行为中产生的,因此谈论情感而不将它们与经验和行为挂钩是不现实的。现在,我们首先来看两个示例,看看如何来具体说明自己的一些负性情绪,找出负性情绪背后的原因。

【示例】

含糊描述:我对班级讨论感到厌倦极了。

具体陈述:每当我打算向其他同学说出自己的观点时,特别是说出一些否定性的东西时,我就感到举棋不定和为难。每当这种时候,我的心跳得特别快,手心也出汗了,觉得好像每个人都不满地盯着我。

含糊描述:有时候我觉得自己是个相当敏感和心怀怨恨的人。

具体陈述:我不能很好地接受别人的批评。当我获得任何消极的反馈时,我通常微笑一下,看上去一副满不在乎的样子,但在心里我就感不舒服,对提意见的人也开始闹意见。我对自己说,那个人得为自己说的话付出代价。我发现即使想让自己承认这一点也是很难的,这听起来太小气了。例如,上周我从被我看成是朋友的王华那里得到一些消极的反馈,我就感到了气愤和受伤,并从此找机会在班上找他的茬,一直找机会"回敬"他。由于我一直没能找到他什么把柄,我心里甚至感到挺不好受的。

下面我们来练习具体说明自己的一些负性情绪。先给出自己曾经经历过的负性情绪,然后用具体描述来使自己的经验、行为和情感变得清晰,从而找出情绪背后的行为或经验的原因。

(1)含糊描述:________________

具体描述:________________

____

(2)含糊描述:________________

具体描述:________________

____

(3)含糊描述:________________

具体描述:________________

____

(4)讨论并总结探究我们情绪的方法——内省法。

2."情绪词典"竞猜

活动目的:通过制作"情绪词典"并进行体会、表演和竞猜,提高自我的情绪表达能力,并提高识别他人情绪和移情的能力。

活动步骤:

(1)制作"情绪词典"。

要增进我们对情绪的表达能力,最简单而有效的方法就是增加表达情绪的词汇,而制作"情绪词典"可有效达到此目的。因为表达情绪的词汇或形容个人心情感受的词语若增加,则个人欲表达自己的情绪时,就能够很快地以较适当的词汇来形容,一方面有助于个人对自己情

绪的了解与掌握，另一方面则促进彼此沟通。请你依序将你所想的情绪写在空白的本子上，一页只写一种情绪。可以配合每一页的情绪，挑选几张杂志人物的生活照片，或是拍下自己的照片，或是为每一种情绪画上插图，作为每一种情绪的提示。

(2)体会情绪词汇。

请你加以揣摩、描述照片中人物可能的心情感受，并举例说明自己何时有过相同的感觉？当时发生了什么事？有谁在场？你的情绪如何？你当时作何反应与处理？如果难以揣摩或说不出来时，你也可以问问别人对此情绪的生活体验，以助于你对情绪的了解。

(3)进行情绪词汇表演竞猜。

首先进行分组，几个人负责表演，其他人则负责猜题。表演者根据指导者从“情绪词典”中拿出的题目，不能说话，只能用肢体动作表演出来让其他人猜。表演者与猜对者均有小礼物。竞猜活动完后，可归纳整理“如何从非语言信息来判断各种情绪”。表演的题目可以是：我很高兴、我很生气、我很难过、我很失望、我很无奈、我很着急、我很困惑、我很害怕、我很担心、我很舒服、我好兴奋、我很不甘心、我觉得丢脸、我觉得厌恶、我好痛苦、我好寂寞、我好满足、我好无助等等。

3. 控制情绪的角色扮演

活动目的：通过角色扮演，能辨认各种情绪并了解它发生的原因，知道各种情绪反应对身心行为的影响，并学习控制情绪、发泄情绪的正确方法。

活动准备：

准备好角色扮演用的题目、个案和誓词；桌椅安排成几个小组讨论的形式。

活动步骤：

(1)设定情景：

①有人弄坏了你的自行车；

②有个同学告诉你，放学后他要找几个人一起来揍你一顿；

③当你正在看你喜欢的电视节目时，有人把它调到了别的节目；

④你把妈妈省吃俭用给你买书的100元钱弄丢了；

⑤你在公共汽车上被人踩了一脚；

⑥同学们喊你的绰号；

⑦在某次竞赛或考试中你获得了第一。

(2)讨论：在碰到以上各情景时，你会有何种情绪产生？你如果有不适当的情绪反应，会有什么结果？(每组讨论一个情绪)

(3)能就自己在日常生活中因不适当的情绪反应造成不良后果的情形举例吗？

(4)根据各组讨论的情景进行角色扮演表演。

(5)大家逐个观看并进行评论。

(6)指导者结束语：

同学们，当你碰到困难时，可能会一时情绪低落，但我相信大家一定能尽快适应并调整好。请大家和我一起满怀激情地朗读一段誓词：

我有明确的奋斗目标，决不放弃！

我将百折不挠，主动迎战困难！

我必须勤奋学习,提高效率,珍惜时间!

我要积极行动,勇敢实践!

我乐观、自信、自强!

我将不断超越自我,走向辉煌!

(指导者领一遍,团体成员读两遍,达到暗示作用)。

4. 三栏目技术

活动目的:根据合理情绪疗法理论,采用三栏目技术团体活动来克服一些顽固的消极情绪影响。

活动步骤:

(1)把一张空白纸一分为三,左边“随想栏(自责)”,中间为“认知失真栏”,右边为“合理反应栏(自卫)”,如表5-1所示。

三栏目技术表 表5-1

随想栏(自责)	认知失真栏	合理反应栏(自卫)

(2)在左边栏里写下随想(自责),即自己认识到的内心的消极自责思想。这些思想可能会有:我什么事都做不好;我总是迟到;每个人都会看不起我;我是个笨蛋;我会愚弄自己,我真傻,等等。完成这一栏时,关键是想到什么就写什么,因为这些想法很可能就是造成你紧张不安的真正原因。它们潜藏在你的内心深处,不时地出来挥舞一下利刃,让你心里时不时有说不出的不痛快。

(3)在中间栏里写出认知失真,即判断左边栏中的随想有哪些本质性的错误,可以分别做以下归类:以偏概全,瞎猜疑,非此即彼的思想,自咒,预见的错误等。

(4)在右边栏里写出合理反应(自卫)。这一栏我们要着手做心情转换中最关键的一步。在此栏里找一种更合理、更坦然的观点取而代之。把你认为客观上无效的东西合理化或是为之做辩护。如果你在合理反应栏里写下的东西既不令人信服,又不符合事实,那么它对你不会有丝毫的帮助。你要相信自己有能力祛除自责,这个合理反应应能够揭示出你的自责随想的不合理性和荒谬性。

例如,在反驳“我什么事都做不好”时,你可以写道:“忘掉它,同别人一样,我也是有的事情做得好,有的事情做不好。我把这次约会搞糟了,但也还没有坏到不可收拾的地步呀。”如果你对某个特殊的消极思想不能做出合理反应,那么即使你暂时把它忘记了,过几天它还会死灰复燃,重新笼罩住你的心灵。所以,你要善于盯住目标,穷追不舍。对于上文提到的其他想法可以相应地一一做出辩论。“不对。我有很多事干得很出色。”“那个想法多么荒谬!因为我以前总是准时的。如果我迟到次数太多的话,我将着手解决这个问题,并发展出一套更准时的方法。”

注意事项：

在随想栏里，不用描写你的情绪反应，只需要写下产生这种情绪的思想就行。例如，假定你看到车子的轮胎坏了，不要写“我感到泄气”，因为从合理反应来看，你对此并无异议。事实是，你真的对自己感到泄气。你应记下的是看到轮胎漏气之后从你脑海里自然而然地闪过的那些念头。例如，“我真傻——我本该在这个月换胎的。”“呀！我的运气真不好！”接着，你用一些合理反应取而代之：“换了新胎固然更好，但这说明不了我傻，因为天有不测风云，谁也料不到将来会发生的事情。”这个过程尽管鼓不起那只瘪了的轮胎，但你至少不必因瘪的轮胎而产生瘪的自我。

在你使用三栏目之前和之后，做一些“情绪计算”，以确定你心情的改善程度是非常有益的。以前面事件为例，当看到轮胎漏气时，你可能有80%的失望和愤怒。当你完成这个练习时，你体验到厌烦程度减低到40%上下。如果厌烦程度下降了，那么这个方法对你是有效的。

【推荐阅读】

1. Michelle N. Shio a, James W. Kalat. 情绪心理学[M]. 北京：中国轻工业出版社，2015.
2. 美剧：《Lie to Me》
3. 弗雷德里克森. 积极情绪的力量[M]. 北京：中国人民大学出版社，2010.

第六章

大学生的人格健康

【心灵启航】

1. 你了解人格吗?
2. 你能分析出自己典型的性格特征吗?
3. 你觉得自己的人格是正常的吗?
4. 你觉得人格能优化吗?

俗话说:江山易改,本性难移。这里的“本性”是就人格而言的。人格是一个心理学术语,类似于我们平常说的个性,是一个人与社会环境相互作用表现出的一种独特的行为模式、思维模式和情绪反应的特征,也是一个人区别于他人的特征之一。我们在读书的时候,能感受到书中作者所刻画的各种人物的心理特征,有的英勇、有的懦弱;有的急躁,有的沉稳;在现实生活中,我们也能觉察到周围人各不相同的特征,有的勤奋,有的懒惰等,这些心理特征其实都是心理学意义上的人格。

第一节　人格概述

一、人格的含义

人格一词起源自古希腊语 persona。persona 最初指古希腊戏剧演员在舞台演出时所戴的面具,与我们京剧中的脸谱类似。而后指演员本人,一个具有特殊性质的人。现代心理学沿用 persona 的含义,转意为人格。其中包含了两个意思:一是指一个人在人生舞台上所表现的种种言行,人遵从社会文化习俗的要求而做出的反应。即人格所具有的“外壳”,就像舞台上根据角色的要求而戴的面具,反映出一个人外在表现。二是指一个人由于某种原因不愿展现的人格成分,即面具后的真实自我,这是人格的内在特征。

所谓人格,是指一个人在社会化过程中形成和发展的思想、情感及行为的特有统合模式,这个模式包括了个体独具的、有别于他人的、稳定而统一的各种特质或特点的总体。

二、人格的特点

1. 独特性

一个人的人格是在遗传、环境、教育等因素的交互作用下形成的。不同的遗传、生存及教育环境，形成了各自独特的心理点。人与人没有完全一样的人格特点。所谓"人心不同，各有其面"，这就是人格的独特性。但是，人格的独特性并不意味着人与人之间的个性毫无相同之处。在人格形成与发展中，既有生物因素的制约作用，也有社会因素的作用。人格作为一个人的整体特质，既包括每个人与其他人不同的心理特点，也包括人与人之间在心理、面貌上相同的方面，如每个民族、阶级和集团的人都有其共同的心理特点。人类文化造就了人性。同一民族、同一阶层、同一群体的人们具有相似的人格特征。文化人类学家把同一种文化陶冶出的共同的人格特征称为群体人格或众数人格。例如，许多研究表明，由于受传统儒家文化的影响，世界各地的华人都有不少相同的人格特征。

2. 稳定性

人格具有稳定性。个体在行为中偶然表现出来的心理倾向和心理特征并不能表征他的人格。俗话说，"江山易改，禀性难移"，这里的"禀性"就是指人格。人格的稳定性并不排除其发展和变化。人格的稳定性并不意味着人格是一成不变的，而是指较为持久的、一再出现的定型的东西。人格变化有两种情况。第一，人格特征随着年龄增长，其表现方式也有所不同。如同样是特质焦虑，在少年时代表现为对即将参加的考试或即将考入的新学校心神不定，忧心忡忡；在成年时表现为对即将从事的一项新工作忧虑烦恼，缺乏信心；在老年时则表现为对死亡的极度恐惧。也就是说，人格特性以不同行为方式表现出来的内在禀性的持续性是有其年龄特点的。第二，对个人有重大影响的环境因素和机体因素，如移民、严重疾病等，都有可能造成人格的某些特征，如自我观念、价值观、信仰等的改变。不过要注意，人格改变与行为改变是有区别的。行为改变往往是表面的变化，是由不同情境引起的，不一定都是人格改变的表现。人格的改变则是比行为更深层的内在特质的改变。

3. 统合性

人格是由多种成分构成的一个有机整体，具有内在统一的一致性，受自我意识的调控。人格统合性是心理健康的重要指标。当一个人的人格结构在各方面彼此和谐统一时，他的人格就是健康的。否则，可能会出现适应困难，甚至出现人格分裂。一个现实的人具有多种心理成分和特质，如才智、情绪、愿望、价值观和习惯等，但它们并不是孤立存在的，而是密切联系并整合成为一个有机组织。一个现实的人的行为不仅是某个特定部分运作的结果，而且总是与其他部分紧密联系、协调一致进行活动的结果。

4. 功能性

"一个人的性格就是他的命运"。人格决定一个人的生活方式，甚至决定一个人的命运，因而是人生成败的根源之一。当人格具有功能性时，表现为健康有力，支配着一个人的生活与成败；当人格功能失调时，就会表现出软弱、无力、失控，甚至变态。当面对挫折与失败时，坚强者能发愤拼搏，懦弱者会一蹶不振，这就是人格功能的表现。

三、影响人格形成的因素

人格的形成与发展离不开先天遗传与后天环境的关系与作用。心理学家们认为,人格是在遗传与环境的交互作用下逐渐形成并发展的。

1. 生物遗传因素

由于人格具有较强的稳定性特征,因此人格研究者更注重遗传因素的作用。综合现有的研究结果,做出遗传对人格作用的简要归纳如下:

(1)遗传因素是人格不可缺少的影响因素。

(2)遗传因素对人格的作用程度随人格特质的不同而异。通常在智力、气质这些与生物因素相关较大的特质上,遗传因素的作用较重要;而在价值观、信念、性格等与社会因素关系密切的特质上,后天环境的作用可能更重要。

(3)人格的发展是遗传与环境两种因素交互作用的结果。人既具有生物属性,又具有社会属性。人在胚胎状态时,环境因素的影响就开始了,这种影响会在人的一生中持续下去。后天环境的因素是多种多样的,小到家庭因素,大到社会文化因素。这些因素对人格的形成与发展都有重要的影响。

2. 社会文化因素

每个人都处在特定的社会文化环境中,文化对人格的影响极为重要。社会文化塑造了社会成员的人格特征,使其成员的人格结构朝着相似性的方向发展,这种相似性具有维系社会稳定的功能,又使得每个人能稳固的"嵌入"在整个文化形态里。

社会文化对人格具有塑造功能,还表现在不同文化的民族有其固有的民族性格。例如中华民族是一个勤劳勇敢的民族,这里的"勤劳勇敢"的品质便是中华民族共有的人格特征。

3. 家庭环境因素

研究人格的家庭成因,重点在于探讨家庭的差异(包括家庭结构、经济条件、居住环境、家庭氛围等)和不同的教养方式对人格发展和人格差异具有的不同影响。研究发现,权威型教养方式的父母在子女的教育中表现得过于支配,孩子的一切都由父母来控制。在这种环境下成长的孩子容易形成消极、被动、依赖、服从、懦弱,做事缺乏主动性,甚至会形成不诚实的人格特征。放纵型教养方式的父母对孩子过于溺爱,让孩子随心所欲,父母对孩子的教育有时出现失控的状态。在这种家庭环境中成长的孩子多表现为任性、幼稚、自私、野蛮、无礼、独立性差、唯我独尊、蛮横胡闹等。民主型教养方式的父母与孩子在家庭中处于一种平等和谐的氛围当中,父母尊重孩子,给孩子一定的自主权和积极正确地指导。父母的这种教育方式能使孩子形成一些积极的人格品质,如活泼、快乐、直爽、自立、彬彬有礼、善于交往、富于合作、思想活跃等。由此可见,家庭确实是"人类性格的工厂",它塑造了人们不同的人格特质。

4. 早期童年经验

"早期的亲子关系定出了行为模式,塑造出一切日后的行为。"这是麦肯依有关早期童年经验对人格影响力的一个总结。中国也有句俗话:"三岁看大,七岁看老。"人生早期所发生的事情对人格的影响,历来为人格心理学家所重视。需要强调的是,人格发展尽管受到童年经验的影响,幸福的童年有利于儿童发展健康的人格,不幸的童年会使儿童形成不良的人格,但二

者不存在一一对应的关系,比如溺爱也可能使孩子形成不良的人格特点,逆境也可能磨炼出孩子坚强的性格。另外,早期经验不能单独对人格起作用,它与其他因素共同决定着人格的形成与发展。

5. 自然物理因素

生态环境、气候条件、空间拥挤程度等这些物理因素都会影响到人格的形成与发展。比如气温会提高某些人格特征的出现频率,如热天会使人烦躁不安等。但自然环境对人格不起决定性的作用。在不同物理环境中,人可以表现不同的行为特点。

第二节 人格的心理特征

一般认为,人格是一个人具有社会意义的各种特性的统一体,是各种特性的配合形式。人格的本质特征主要包括以下内容:体格上的特性,如身高、体重、体态、感官等;心理上的特性,如智力、记忆、知觉、判断等;特殊能力,如音乐、美术、社交等能力;经验,如知识、兴趣、态度等;气质,即情绪的表现,如兴奋或恬静,愉快或忧郁;意志,即行为自制力,克服困难的力量,如果断或犹豫等;品质,即道德行为,如诚实或虚伪,公正或自私等;性格上的特征,如乐于与人交往,或者冷漠安静等。我们具体介绍一下气质和性格。

一、气质

现代心理学把气质理解为人典型的、稳定的心理特点,这些心理特点以同样方式表现在各种各样活动中的心理活动的动力上,而且不以活动的内容、目的和动机为转移。有着某种类型气质的人,常在内容全然不同的活动中显示出同样性质的动力特点。例如,一个学生每逢考试表现出情绪激动,等待与友人的会面时会坐立不安,参加体育比赛前也总是沉不住气等。就是说,这个学生易于激动的情绪会在各种场合表现出来,具有相当固定的性质。只有在这种情况下才能说,情绪易于激动是这个学生的气质特征。

1. 气质的类型

希波克拉底是古希腊著名的医生,他认为体液即是人体性质的物质基础。他在“四根说”发展为“四液说”的基础上,进一步加以系统化。希波克拉底认为人体中有四种性质不同的液体,它们来自于不同的器官。其中,黏液生于脑,是水根,有冷的性质;黄胆汁生于肝,是气根,有热的性质;黑胆汁生于胃,是土根,有渐温的性质;血液出于心脏,是火根,有干燥的性质。人的体质不同,是由于四种体液的不同比例所致。

格林(盖伦)是欧洲古代医学的集大成者,也是罗马帝国时期著名的生物学家和心理学家。他从希波克拉底的体液说出发,创立了气质学说,他认为气质是物质(或汁液)的不同性质的组合。当时他说气质共有13种。

在此基础上,气质说继续发展,成为经典的四种气质。

经典气质类型的特征

多血质:多血质是人的气质类型之一。多血质的人表现出这样的特点:容易形成有

朝气、热情、活泼、爱交际、有同情心、思想灵活等品质;也容易出现变化无常、粗枝大叶、浮躁、缺乏一贯性等特点。这种人活泼、好动、敏感、反应迅速、喜欢与人交往、注意力容易转移、兴趣和情感易变换等。这种人适宜做要求反应迅速、灵活的工作。外向,活泼好动,善于交际;思维敏捷;容易接受新鲜事物;情绪、情感容易产生也容易变化和消失,容易外露;体验不深刻等。多血质的一般为多面手,专长多、能力强,精于调整、调和各类关系,有经营管理、分析设计和规划能力,会推销商品,适于经济规划、统计、设计、商业推销、节目主持、相声演员等。

黏液质:这种人又称为安静型,在生活中是一个坚持而稳健的辛勤工作者。由于这些人具有对兴奋较强的抑制,所以行动缓慢而沉着,严格恪守既定的生活秩序和工作制度,不为无所谓的动因而分心。黏液质的人态度持重,交际适度,不作空泛的清谈,情感上不易激动,不易发脾气,也不易流露情感,能自治,也不常常显露自己的才能。这种人长时间坚持不懈,有条不紊地从事自己的工作。其不足是有些事情不够灵活,不善于转移自己的注意力。惰性使他因循守旧,表现出固定性有余,而灵活性不足。从容不迫和严肃认真的品德,以及性格的一贯性和确定性。黏液质适合的职业有外科医生、法官、管理人员、出纳员、会计、播音员、话务员、调解员、教师、人力人事管理主管等。

胆汁质:胆汁质的人又称为兴奋型(不可遏止),属于兴奋而热烈的类型。他们感受性低而耐受性、敏捷性、可塑性均较强;不随意的反应高,反应的不随意性占优势;反应速度快但不灵活;情绪兴奋性高,抑制能力差;外倾性明显。在日常生活中,胆汁质的人常有精力旺盛、不易疲倦,但易冲动、自制力差、性情急躁、办事粗心等行为表现。在性别差异方面,胆汁质的男生多的表现为敏捷、热情、坚毅,情绪反应强烈而难以自制;女生更多地表现为热情肯干、积极主动、思维敏捷、精力充沛,但易感情用事,不善于通过思考来化解各种困难和障碍。适合胆汁质的工作有:管理工作、外交工作、驾驶员、服装纺织业、餐饮服务业、医生、律师、运动员、冒险家、新闻记者、演员、军人、公安干警、记者、图案设计师、实业家、企业中外勤工作、业务员、营销员等外向型的职业。

抑郁质:抑郁质的人神经类型属于弱型,他们体验情绪的方式较少,稳定的情感产生也很慢,但对情感的体验深刻、有力、持久,而且具有高度的情绪易感性。抑郁质的人为人小心谨慎,思考透彻,在困难面前容易优柔寡断。抑郁质的人一般表现为行为孤僻、不太合群、观察细致、非常敏感、表情腼腆、多愁善感、行动迟缓、优柔寡断,具有明显的内倾性。抑郁质适合的职业:校对、打字、排版、检察员、雕刻工作、刺绣工作、保管员、机要秘书、艺术工作者、哲学家、科学家等。

2. 正确看待气质

每一种气质类型都有其积极的方面,也有其消极的方面,没法比较哪一种气质类型更好。例如,胆汁质的人精力旺盛,热情豪爽,但脾气暴躁;多血质的人活泼敏捷,善于交际,但却难于全神贯注,缺乏耐心;黏液质的人做事有条不紊,认认真真,但却缺乏激情;抑郁质的人非常敏锐,却容易多疑多虑。气质对一个人来说没有选择的余地,重要的是了解自己,自觉地发扬自己气质中的积极方面,努力克服气质中的消极方面。

一个人的气质类型在一生中是比较稳定的，但又不是不能变化的。如果在童年时期生活条件极为恶劣，或者在成年时期遇到了重大的生活事件，可以导致人的气质的变化。但是，这种变化过程是很缓慢的，甚至若条件适宜，原来的面貌还会得到恢复。所以，有人说气质的变化可能只是一种被掩盖的现象，“江山易改，禀性难移”就是这个道理。

气质类型并不能决定一个人成就的高低，这在现实生活中有大量的事例。例如，数学家陈景润是抑郁质的，文学家、诗人郭沫若是多血质的，普希金是胆汁质的。可见，气质类型不决定一个人智力发展的水平，也不决定一个人成就的大小。但是，社会实践的领域众多，不同领域的工作对人的要求是不同的，有的气质类型适合这一类工作，有的气质类型适合另一类的工作。例如，多血质的人宜于从事环境多变，要求做出迅速反应、交往繁多的工作。难于从事较为单调，需要持久耐心的工作；黏液质的人则相反，他们适合于从事耐心细致，相对稳定的工作。如果一个人的气质类型正好适合工作的要求，他会感到工作得心应手，对工作有浓厚的兴趣。如果不考虑气质类型对工作的适宜性，将会增加心理负担，给人带来烦恼，也会影响工作的效率。

3. 气质类型与健康

心身医学告诉我们，心理和身体是相互联系，相互影响的。所谓健康，不仅是没有疾病、不衰弱，而是在生理、心理和社会适应方面有良好的状态。这说明心理在维护健康中的作用。一般来说，积极愉快的情绪能够提高人的大脑和神经系统的活动能力，增强人对生活和工作的兴趣和信心；消极不良的情绪会使人的心理活动失去平衡，甚至会造成身体器官及其生理生化过程的异常。

由于不同气质类型的人情绪兴奋性的强度不同，适应环境的能力不同，这会直接影响到人的健康。一般来说，气质类型极端的人情绪兴奋性或太强或太弱，适应环境的能力也比较差，容易影响到身体的健康。我们对这种极端类型的人应该给予特别的照顾，具有极端气质的人也应该学会更好地保护自己，尽量避免强烈的刺激和大起大落的情绪变化。

上述四种气质类型是典型的类型，大多数人是中间型的或混合型的，所以，不要对任何人都对号入座，应该从实际出发，认真分析，区别对待。

二、性格

东方古语云：“积行成习，积习成性，积性成命。”西方也有名言：“播下一个行为，收获一种习惯；播下一种习惯，收获一种性格；播下一种性格，收获一种命运。”所表达的都是人的性格。

性格是一种与社会相关最密切的人格特征，受人的价值观、人生观、世界观的影响。在性格中包含有许多社会道德含义，表现在人对现实的态度和相应的行为方式中的比较稳定的、具有核心意义的个性心理特征，体现了人们对现实和周围世界的态度，并表现在他的行为举止中。性格有好坏之分，能最直接地反映出一个人的道德风貌。性格是在社会生活中逐渐形成的，同时也受个体的生物学因素的影响。

在心理学上，性格的分类方法很多，不同的分类方法从不同的角度反映了性格的某些方面。

(1)根据知、情、意三者在性格中何者占优势，把人们的性格划分为理智型、情绪型和意志型。理智型的人，通常以理智来评价、支配和控制自己的行动，一般不受环境影响而失去自己

的主见和判断，但对于新环境也很能适应，因此他们大多时候心情是平静的，心态是平和的，有很强的自知之明。自己在理智的一面是对人生和生活比较看得开，比较平静平和，有自然随和和接受的心态。理智型性格具有的优势：第一是注重责任，明辨是非——几乎能在所有情况下保持清醒的头脑。注重思考，对事物的发展始终保持一种理性的判断，而且是观念清晰。第二是处事不惊，有条不紊——感情比较稳定，容易说服自己，所以情绪比较平和，思维比较敏锐，而且注重个人内在修养的发展，善于保持平常心，一般人看不出其内心想法。第三是功成身退，明哲保身——理智型性格的人都不喜欢争名夺利，知道凡事都有周期以及高潮低谷循环变化，所以不喜欢居功自傲，凡事有度。但是理智型的人不愿冒险，前进缓慢——比如自己做事拉长战线，总是谨小慎微，虽然细致却缺乏魄力，苛求自己，不允许自己甚至别人犯错误。

情绪型的人，往往不善于思考，其言行举止易受情绪左右。情绪型的人言行举止往往带有情绪色彩，做事爱凭一时冲动，常心血来潮，比较多愁善感，喜怒不定，容易激动，不善于控制自己的情绪，常给人变化不定的印象；但他们多富于同情心，情绪体验深刻，比较爱好艺术，有丰富的想象力。例如，情绪型的人看情感片时，容易掉眼泪；听音乐时常陶醉于其中；说话说得兴奋时会手舞足蹈；不能长时间地保守一个令人激动的秘密；常常凭一时冲动买东西；会为新奇的、令人激动的想法所吸引，以至于不会思考可能会出现的困难……过于情绪化的人一定要学会调整自己的情绪，尤其要学会控制诸多的不良情绪，如悲伤、愤慨、忧虑、苦闷、消沉、失望、恐惧、孤独等，它们可以导致体内植物性神经紊乱，引起一系列疾病。另外，虽然快乐、喜悦、高兴等是积极情绪，但强度太大，如狂喜，也会损害身体健康。

意志型的人一般表现为行动目标明确，主动积极。自觉性、坚定性、果断性、自制力等是意志型性格的主要特征。自觉性是指在行动之前有明确的目的，事先确定了行动的步骤、方法，并且在行动的过程中能克服困难，始终如一地执行。坚定性是指能采取一定的方法克服困难，以实现自己的目标。果断性是指善于在复杂的情境中辨别是非，迅速做出正确的决定。自制力是指善于控制自己的行为和情绪。

【心灵对话】你是哪种性格

根据你的想法自由发挥。

1. 一位漂亮女孩搂着男孩的腰，乘摩托车在人流空隙中风驰电掣而过，周围的人有以下三种议论，你同意其中哪种。

(1)“真棒！我也会这样。”

(2)“真痛快，只是有点危险。”

(3)“哼！不就是‘追风’嘛。”

2. 一早你心里很高兴，因为你马上要去会你久别的朋友，可是你刚出门就被一个骑自行车的冒失鬼撞了一下，那么你是否还要去会朋友呢？

(1)我想：“今天真倒霉，去了也没好事。”于是取消了会朋友的计划。即使去了也心神不安

(2)你照样去会朋友，去后告诉朋友被撞的经过，希望他(她)不计较自己的情绪

(3)就当没这回事儿,照样有说有笑

3. 你在家里忙家务,你5岁的孩子哭着跑来,你一看孩子满脸是血,你怎么办?

(1)你惊慌失措,吓得不知怎么办,和孩子一起哭起来

(2)你起初有点慌张,但很快镇定下来,并尽快选择了最佳急救方安

(3)你马上想到是孩子跟小朋友打架受伤了,很快找到伤口消毒止血,然后决定下步行动

4. 你拎着皮包到市场上买东西,很多小商贩把眼光投向你,并冲你高声叫卖,这时你买哪个小商贩的东西呢?

(1)到冲你叫卖最动听的小贩处去买

(2)你逐一观看,从质量、价钱等方面做出比较以后,再决定买谁的

(3)他喊他的,我乐意在哪买就在哪儿买

5. 你穿着整齐到外地出差,下火车后还要转乘汽车赶路。你刚出车站就被几个衣衫褴褛的孩子围着乞讨,你怎么办?

(1)怪可怜的,拿几个硬币施舍

(2)你想这些孩子真没法生活吗?是否在骗人?

(3)你推开他们:"去去去!"然后匆匆赶搭汽车

6. 你可能有时想调动工作,换一个单位上班,假如促成你做出这个决定有以下三种理由的话,那么你首先考虑其中哪个呢?

(1)心情不舒畅

(2)不能发挥自己的专长

(3)上下班不方便

7. 你穿一件最满意的新衣服上班,你的同事看到后夸你"真漂亮"。此时你会怎样?

(1)脸红耳热,显得有点儿不好意思

(2)"怎么,你想让我请客吗?"

(3)"你真有眼力,说得不错。"

8. 给亲友写信是沟通感情,交流信息的好方式,那你信写好以后按下面哪种样式折起来呢?

(1)左思右想,尽量别出心裁折出个花样来

(2)根据收信人的年龄、地位、性别等情况,折得整整齐齐

(3)没考虑什么样式,随便折起来就行

9. 在热恋中向对方求爱的语言多种多样,文学作品中描写的男女青年热恋中求爱的语言更是琳琅满目,下面是其中三种,你比较喜欢哪种呢?

(1)"你是挂在心尖上的一颗明星,没有你,我的全部生活将黯淡无光。"

(2)"此时我心预感到你已踏上了我们共同建造的爱情之舟,如果是这样,那我们就奋桨摇橹吧。"

(3)"请相信我吧,只有我能给你幸福。"

10.《红楼梦》中有很多惹人喜爱的女子，如果让你从中选择朋友的话，以下三位中你首先会选择哪一位呢？

(1)林黛玉　(2)薛宝钗　(3)史湘云

11.以下的名人你最敬佩的是哪一类？

(1)表演艺术家　(2)科学家　(3)千军万马的将军

12.假若有位“神仙”能改变你身体某个部位功能的话，以下三种可能你首先会选择的是哪种？

(1)漂亮　(2)聪明　(3)力量

说明：1、2、3选项分值分别为1、2、3分。

分数为12分以下，为情绪型；

分数为12～24分，为理智型；

分数为24分以上，为意志型。

(2)根据人的心理活动倾向于外部还是内部，把人们的性格分为外向型和内向型。极端的内向型性格表现为好静、少动、不善交际、动作缓慢、应变能力较差、情感脆弱、有自卑感、对环境冷淡、有强迫动作倾向、易于发展为焦虑和忧郁病症。但是，内向型性格者智力较高，语言能力强，处理谨慎，善于深思熟虑，这是其长处。极端外倾性格表现为开朗、活泼、热情奔放、做事果断、动作迅速但欠准确、感情外露而不拘小节。这种人容易发展为癔症。马虎、忙中出错、好表现自己而影响同事关系等，是这类性格的不足之处。在现实生活中，任何一个人都不可能具有典型的外倾型或内向型性格的全部特征，大多数人是两种特征都兼有，只不过是以哪一种为主而已。

(3)根据个体独立性程度，把人们的性格划分为独立型和顺从型。独立型的人善于独立思考，不易受外来因素的干扰，能够独立地发现问题和解决问题；顺从型的人，易受外来因素的干扰，常不加分析地接受他人意见，应变能力较差。

(4)根据人际关系，把人们的性格划分为A、B、C、D、E 5种。

A型性格情绪稳定，社会适应性及内、外向性均衡，但智力表现一般，主观能动性一般，交际能力较弱；

B型性格具有外向性的特点，情绪不稳定，社会适应性较差，遇事急躁，人际关系不融洽；

C型性格具有内向性特点，情绪稳定，社会适应性良好，但在一般情况下表现被动；

D型性格具有外向性特点，社会适应性良好或一般，人际关系较好，有组织能力；

E型性格具有内向性特点，情绪不稳定，社会适应性较差或一般，不善交际，但往往善于独立思考，有钻研性。

第三节　人格与健康

在生物—心理—社会医学模式指导下，人格与躯体疾病的关系已经逐渐被重视，且研究也越来越多，如心血管科、神经科、消化科、内分泌科、肿瘤、妇科、儿科等相关疾病的患者均具有明显的人格特征。人格在心理疾病的发生、发展、转归和预后等各个环节都可能发生作用，有些时候甚至是至关重要的决定性作用；另一方面，心理疾病的产生也会影响甚至改变一个人的

人格特征。

一、人格与健康

人格与健康存在着密切的关系，现代医学认为，健康乃是一种在身体上、精神上、社会上的完满状态。其中精神上、社会上的完满状态很大程度上受制于一个人人格的完整性。一个人格有缺陷的人，其精神状态不会是良好的，在社会适应方面也存在各种各样的问题，他们难于与人交往，行为不被社会所接纳，其本身就是不健康的表现，另外，人格对躯体健康也会有不同程度的影响。人格影响躯体健康的有关因素，人是作为人格的整体体现者表现自己的。人格是心理行为的基础，人格影响到人们对外界的认识过程，影响到调节机制、应对方式的运用，控制着情绪的反应状况，即一个人的人格特征在很大程度上决定了一个人如何对外界刺激做出反应及反应的强度、方向、效果。人的一切心理行为都是人格与环境相互的产物。所有这些都会影响到一个人得病的概率，患病的性质，病程的长短，预后效果等。所以说，人格是外界压力与躯体健康的中介变量。同样的压力条件下有的人安然无恙，有的人却积忧成疾，原因在于他们有不同的人格结构，这种人格差异可以概括为“坚韧性”，它对高度压力所带来了消极后果起到了抵御作用。那些对于发生在生活中的事件有着控制感的人比无能为力的人、那些能置于各种活动领域的人比那些隔绝于世的人那些把变化视为挑战的人比那些视变化为威胁的人更能保持身心协调和健康。不同的人格特征对健康的影响有很大的差异，情绪是发病的基础，而人格特征是影响发病基础的重要因素。因为人格特征稳定地存在于一个人身上，总是以自己独特的方式去认知、体验紧张刺激，总是根据自己的人格特点对紧张事件做出反应，同样的生活事件作用于不同的个体之所以产生不同的结果，原因即在于此。人格特征的不同，可以使人在主观上对同样紧张事件加以放大或缩小。由此可见，人格特征与健康之间有着极大的相关性。

二、人格与疾病

人格与心身疾病的研究表明，许多疾病特别是心身疾病都有相应的人格特征。如哮喘，过分依赖、幼稚、希望受人照顾、暗示性高；癌症，自我克制、情绪压抑、倾向于防御与退缩反应等。美国学者费力得曼研究心脏病时把人的行为类型分为两类：A 型和 B 型。其中 A 型者的典型特征为动作快，明显缺乏耐心，易激动，好争强，雄心勃勃，讲究效率，追求完美，时间观念强，日程安排得紧，整天忙碌，这些人的另一个特点是说话坦率、言不择辞，往往有口无心，极易得罪人，又习惯于指手画脚甚至挥舞拳头，给人以咄咄逼人之感。而 B 型正好相反，表现为竞争性低，进取心和主动性不强，节奏缓慢，反应平静，无紧迫感，处世有耐心，宽容厚道，喜欢娱乐，没有敌意，随遇而安。A 型人格特征与心身健康密切相关，由于 A 型人格具有明显行为模式，如攻击性，醉心于工作，时间观念特别强，因此心理上经常处于急躁，情绪反应强烈，从而影响心身健康，易患心血管疾病、失眠、偏头痛、影响消化系统的功能。当今世界威胁人类生命和健康的头号大敌是心血管系统的疾病，进一步研究发现，心理因素同遗传、生理、生化、病原、免疫等因素一样，是高血压、冠心病的重要病因。美国中央卫生研究院宣布，A 型人格特征与过去公认的高胆固醇、吸烟和高血压并列为心脏病四个危险因子。

综上所述，人格特点和行为方式与疾病有着密切联系，它既可以作为许多疾病的发病基础，又可以产生不同病感和改变疾病的过程

【故事导读】阿尼玛和阿尼姆斯(荣格的分析心理学的重要原型)

集体无意识这个概念的提出是荣格对于心理学发展重要的贡献之一。荣格认为人在出生后就具有思维、情感、知觉等方面的先天倾向，比如人不需要通过先天经验就存在对于黑暗和蛇的恐惧，这些先天倾向的存在是不需要亲身经验的，但是却需要外界的刺激才能显现出来。荣格把人类具有的这种先天倾向称为集体无意识。集体无意识的内容被称为原型，原型是一种没有内容的形式，需要意识经验的填充才能够显现出来。阿尼玛和阿尼姆斯就是这样一种存在于人类集体无意识之中的重要原型。

阿尼玛原型是男性心理中女性的一面，阿尼姆斯原型则是女性心理中男性的一面。荣格认为人的情感和心态总是同时兼有两性倾向，这种倾向也保证了两性之间的沟通与了解。温柔体贴的男人更受女人的欢迎，就像坚强果断的女人更受男人的青睐一样。男人与女人千百年来的相互交往，使他们都具有了对方的特征。在与异性交往的时候，无意识中存在的异性特征受到刺激时就会显现出来，例如男人与女人在一起时要具有绅士风度，这种温文尔雅的绅士风度正是阿尼玛原型的一种体现。但是很多女性在和自己心仪的男性在一起时，反而表现出了比平时更加细腻的女性特质，比如更加敏感、细心、软弱等，因为每一个人的气质特点必须达到一定的平衡，现代社会中女性的地位得到了极大的提高，大量“女强人”式的人物涌现出来，女性人格中的阿尼姆斯原型在工作中已经得到了极大的满足，所以当和自己的男性伴侣在一起时，更强烈的女性气质就会发挥出来了。

阿尼玛原型对于男人选择女性伴侣也具有决定性的作用。荣格认为：“每个男人心中都携带着永恒的女性心像……由于这种心像本身是无意识的，所以往往被不自觉的投射给一个亲爱的人，它是造成情欲的吸引和拒斥的主要原因之一。”也就是说每一个男人的无意识之中都会有一个关于女性的标准，这种标准会极大地影响他对女性的选择。由于阿尼玛的第一个投射对象一般都会是自己的母亲，所以阿尼玛原型也是产生“恋母情结”的重要原因之一。同样的过程发生在阿尼姆斯身上就会产生“恋父情结”。由此也可以看出，虽然每一个人的无意识之中都存在着阿尼玛和阿尼姆斯原型，但是当它们以意识和行为的形式表现出来的时候，就会体现出个体差异来了。因为不同种族的集体无意识是有区别的，所以不同种族的阿尼玛和阿尼姆斯原型也是不同的，进一步表现就是不同种族对于男性和女性应具有的气质特征有不同的理解。

同性恋现象也可以用阿尼玛和阿尼姆斯原型理论来解释。因为要想人格得到平衡，男性人格中的阿尼玛和女性人格中的阿尼姆斯在其意识和行为中必须得到展现。如果这两种原型得不到发展，就可能造成它们以一种极端的方式表现出来。在社会生活中，男人身上的女人气和女人身上的男人气都会受到人们的歧视。人从出生开始，大人们总是希望自己的孩子成为符合社会标准的男人或女人，从而压抑阿尼玛和阿尼姆斯两种原型的发展。男人在总是展现其男人阳刚、坚强的一面的同时，他无意识中的女性气质就受到了压制，从而处于未开化的面貌，所以一个表面上十分男人气的男人，其内

心往往是十分敏感和软弱的。当这种不平衡达到一定程度时，阿尼玛原型就会以一种极端的方式表现出来。例如一个男人会表现得十分的女性化，喜欢模仿女人的动作与语言，总是穿一些鲜艳的女性化服装，有的甚至成为女人气的同性恋者。女性无意识中的阿尼姆斯原型同样会以极端的方式表现出来，使女性成为男人气的同性恋者。

随着社会的进步和人们观念的更新，很多新的社会现象不断表现出来，而且逐渐被人们所接受。人们发型、着装时尚的改变，乃至流行音乐、电影等传媒文化的发展，无不促进了男性人格中阿尼玛原型和女性人格中阿尼姆斯原型的外显。像许多反映同性恋题材的电影的出现，例如王家卫导演的《春光乍泻》、关锦鹏导演的《蓝宇》、麦婉欣导演的《蝴蝶》等，这些影片给世人揭开了“同性恋”的神秘面纱，同时这些电影被人们接受本身就表明了人们观念的转变与进步。阿尼玛原型和阿尼姆斯原型在人们意识和行为中适当地表现，对于人们心理的健康发展是有益处的。但是这种表现一定要适度，而且要受到必要的限制，否则肯定会造成极其不好的结果。

第四节 大学生常见的人格偏差

大学生既要适应时代发展的需要，又要符合社会对人才的需求。高等教育必须着眼于21世纪的发展和要求，把促进个人发展与推动社会进步的功能结合起来，努力造就身心和谐、人格健全的优秀人才。

一、大学生健全人格的标准

(1)具有远大而稳定的奋斗目标，有科学的世界观和人生观，具有强烈的道德责任感，正确处理生活和工作中的各种关系，具有正直诚实、谦虚谨慎等良好品质。

(2)具有正确的自我意识和良好的情绪调控能力。能够正确地认识自己，客观地评价自己，自尊、自信、悦纳自己；能够自我监督，自我调节，努力发展身心潜能；能够与环境保持平衡；经常保持愉快、开朗、乐观的心境，能合理地宣泄、排解消极情绪。

(3)具有良好的社会适应能力，和谐的人际关系。能够正确观察和了解社会现象，关心社会发展变化，使自己的思想和行为跟上社会发展的主流，对新环境具有较强的适应能力。在人际关系中能够相互沟通相互理解，尊重信任他人，同时也能接受他人的尊重和接纳。

(4)具有乐观向上的生活态度，健康、崇高的审美情趣。对前途和生活充满希望和信心；对学习和工作抱有浓厚的兴趣，并充分发挥自身潜能，勇于面对困难和挫折，并设法克服困难、振作精神。有正确的审美理想、审美态度和对美的正确追求；抵制低级趣味和各种腐朽思想的侵蚀。

二、大学生常见的人格偏差

1. 懒惰拖拉

懒惰是不少大学生为之感到苦恼并难以克服的一种人格偏差，是意志活动无力的表现，懒惰是影响大学生积极进取、张扬青春活力的天敌。处于懒惰状态的大学生往往想得多而做得少，缺乏毅力。拖拉是指可以完成的事而不及时完成，今天推明天，明天推后天。导致拖拉的原因，一是试图逃避困难，二是目标不明确，三是惰性作怪。拖拉一方面耽误学习、工作，另一方面并没有使人因此而轻松些，却往往会导致心理压力，引起焦虑，总觉得有事情没完成，干别的事时也难以安心。

2. 偏狭虚荣

偏狭即常说的“小心眼”，主要表现为心胸狭窄，容不得人，凡事斤斤计较、耿耿于怀，挑剔、嫉妒。心胸狭窄往往影响人际关系，伤害他人感情，也给自己带来烦闷、苦恼，影响自己的情绪以及在他人心目中的形象。偏狭是一种有百害而无一利的人格特征，不是与生俱来的，而是后天习得的。虚荣反映在大学生身上具有普遍性，虚荣心强的大学生一般情感脆弱、多愁善感，过分介意别人的评论与批评，与人交往时总有一种防御心理，且常会千方百计地抬高自己的形象，壮大真实自我。

3. 抑郁焦虑

抑郁是大学生常见的困扰，是一种感到无力应付外界压力而产生的情绪体验，常伴有厌恶、痛苦、羞愧、自卑等体验。抑郁人皆有之，对于大多数人来说，抑郁只是偶尔出现，时过境迁，很快会消失；但那些性格内向、多疑多虑、不爱交际、生活中遭遇意外挫折的人更容易长期处于抑郁状态，甚至产生抑郁症。抑郁的大学生的主要表现是：情绪低落、郁郁寡欢、闷闷不乐、思维迟缓、兴趣丧失、缺乏活力、反应迟钝，干什么都打不起精神，体验不到快乐。焦虑是个体主观上预料将会有某种不良后果产生或模糊的威胁出现时的一种不安感，并伴有忧虑、烦恼、害怕、紧张等体验。适度的焦虑对于保持生命活力是必要的，这里所说的焦虑主要是指不适当的高度焦虑。被焦虑困扰的大学生常表现出烦躁不安、思维受阻、行动不灵活、身体不舒服等症状。

4. 自卑怯懦

自卑是自我评价过低的心理体验，在心理学上又称为自我否定意识。主要表现为对自己的能力、学识、品质等自身因素评价过低，心理承受能力脆弱，经不起较强的刺激，谨小慎微、多愁善感，常产生猜疑心理，行为畏缩、瞻前顾后。怯懦主要表现为缺乏勇气和信心，害怕可能面临的困难和挫折，在挫折、困难面前常常畏难而退，甚至不战而败。

三、大学生常见的人格障碍

人格障碍(personality disorder)是指明显偏离正常且根深蒂固的行为方式，具有适应不良的性质，其人格在内容上、质上或整个人格方面异常，由于这个原因，病人遭受痛苦或使他人遭受痛苦，或给个人或社会带来不良影响。人格的异常妨碍了他们的情感和意志活动，破坏了其行为的目的性和统一性，给人以异乎寻常的特异感觉，在待人接物方面表现尤为突出。人格障碍通常开始于童年、青少年或成年早期，并一直持续到成年乃至终生。

大学生常见的人格障碍主要有以下几种。

1. 偏执型人格障碍

这类人格障碍以猜疑和偏执为特点，始于成年早期，男性多于女性。表现：①对周围的人或事物敏感、多疑、心胸狭窄，容易害羞，自尊心过强，对他人对自己的“忽视”深感羞辱，满怀

怨恨，人际关系往往反应过度，有时产生牵连观念；②经常无端怀疑别人要伤害、欺骗或利用自己，或认为有针对自己的阴谋，对别人善意的举动做歪曲的理解，总认为他人不怀好意，怀疑他人的真诚，警视四周；③遇到挫折或失败时，易于埋怨、怪罪他人，推诿客观。将自己的失败归咎于他人，不从自身寻找主观原因；④容易与他人发生争辩、对抗。尤多意见，常有抗议，单位领导常觉得这类人员难以安排；⑤常有病理性嫉妒观念，怀疑配偶和情侣的忠诚，限制对方和异性的交往或表现出极大的不快；⑥易于记恨，对自认为受到轻视、不公平待遇等耿耿于怀，引起强烈的敌意和报复心；⑦易感委屈；⑧自负、自我评价过高，对他人的过错不能宽容，给人以得理不饶人的感觉，固执地追求不合理的利益或权利；⑨忽视或不相信与其想法不符的客观证据，因而很难改变其想法或观念。

2. 分裂人格障碍

以观念、行为和外貌装饰的奇特、情感冷漠及人际关系明显缺陷为特点，男性略多于女性。表现为：①性格明显内向（孤独、被动、退缩），回避社交，离群独处，我行我素而自得其乐；②缺乏热情和温柔体贴，缺乏幽默感，对人冷漠，缺乏情感体验，对于批评与表扬及别人对他的看法等漠不关心；③常不修边幅、服饰奇特、行为怪异，其行为不合时宜，不符合当时当地风俗习惯或目的不明确；④言语结构松散、离题、用词不妥、繁简失当，表达意思不清楚，但并非智能障碍或文化程度受限所致；⑤爱幻想或有奇异信念（如相信特异功能、第六感觉等），有时思考一些在旁人看来毫无意义的事情，但有些人在从事抽象思维的领域可能有成就；⑥有牵连、猜疑、偏执观念，或奇异感知体验，如一过性的错觉或幻觉等不寻常的知觉体验。

3. 反社会型人格障碍

以行为不符合社会规范、经常违法乱纪、对人冷酷无情为特点，男性多于女性。这种人无论是在需要、动机、兴趣、理想等个性倾向性以及自我价值观念等方面均与正常人不同，他们往往缺乏正常的人间友爱、骨肉亲情，缺乏焦虑和罪恶感，常有冲动性行为，且不汲取教训，行为放荡，无法无天。本类病人往往在童年或少年期（18 岁前）就出现品行问题，如：①经常说谎、逃学、吸烟、酗酒、外宿不归、欺侮弱小；②经常偷窃、斗殴、赌博；故意破坏他人或公共财物；无视家教、校规、社会道德礼仪，甚至出现性犯罪行为；或曾被学校除名或被公安机关管教等。成年后（指 18 岁后）习性不改，主要表现行为不符合社会规范，甚至违法乱纪，如经常旷课、旷工；对家庭亲属缺乏爱和责任心，待人冷酷无情；③经常撒谎、欺骗，以此获私利或取乐；④易激惹，冲动，并有攻击行为；⑤缺少道德观念、对善恶是非缺乏正确判断，且不汲取教训；⑥极端自私与自我中心，以恶作剧为乐，故使其家庭、亲友、同事、邻居感到痛苦或憎恨。

4. 冲动型人格障碍

以情感爆发，伴明显行为冲动为特征，男性明显多于女性。常表现：①情绪不稳，易激惹，易与他人发生争执和冲突，冲动后对自己的行为虽懊悔，但不能防止再犯，间歇期正常；②人际关系强烈，但时好时坏，要么与人关系极好，要么极坏，几乎没有持久的朋友；③情感爆发时，对他人可能有暴力攻击，可能有自杀、自伤行为；④在日常生活和工作中同样表现冲动、缺乏目的性与计划性，做事虎头蛇尾，很难坚持需要长时间才能完成的事情。做事往往事先没有计划或不能预见可能发生什么事情。

5. 表演型(癔症型)人格障碍

以过分的感情用事或夸张言行吸引他人的注意为特点。这种人人格不成熟,情绪不稳定,暗示性、依赖性强。表现:①情感体验肤浅,情感反应强烈易变,感情用事,喜怒哀乐皆形于色,表情丰富但矫揉造作,爱发脾气;②爱表现自己,行为夸张、做作,渴望别人注意,或在外貌和行为方面表现过分;③过于喜欢表扬,经受不起批评,爱撒娇、任性、心胸狭窄,以情感相要挟,作弄别人如扬言自杀或威胁性自杀,达到目的方才罢休,设法操纵他人为自己服务;④自我中心,强求别人满足其需要或意愿,不如意时则表现强烈不满;⑤暗示性强,容易受他人影响或诱惑;⑥富于幻想,常有自欺欺人之言,凭猜测和预感做出判断,有时用幻想与想象补充事实,言语内容不完全可靠;⑦喜欢寻求刺激而过分地参加各种社交活动,甚至于卖弄风情,喜爱挑逗,给人以轻浮的感觉。

6. 强迫型人格障碍

以过分的谨小慎微、严格要求与完美主义,内心的不安全感为特征。男性多于女性 2 倍,约 70% 强迫症病人病前有强迫型人格障碍。这种人以十全十美的高标准要求自己,总是对自身的工作和生活难以满意,因而感到紧张、焦虑和苦恼。他们常常过分地自我克制,过分地自我关注和责任感过强,平时拘谨,小心翼翼,唯恐出现差错,思想得不到放松,具体表现为:①对任何事物都要求过高、过严、按部就班、常拘泥细节,犹豫不决,往往避免做出决定,否则感到焦虑不安;②好洁成癖,过分讲究清洁卫生,其家人有时也觉得和患者共同生活深感劳累和疲惫;③常有不安全感,往往穷思竭虑,对实施的计划反复检查、核对,唯恐疏忽或差错;④主观、固执,要求别人也按其方式办事,否则即感不快,对别人做事很不放心,即使担任领导职务,往往事必躬亲,事无巨细;⑤过分节俭,甚至吝啬;⑥过分沉溺于职责义务与道德规范,过分投入工作,业余爱好少,缺少社交往来,工作后缺乏愉快和满足的内心体验,反而常有悔恨和内疚而检查自身存在哪些缺陷,工作什么地方没有完善,缺乏创新和冒险精神。

7. 焦虑型人格障碍

以一贯感到紧张、提心吊胆、不安全及自卑为特征,总是需要被人喜欢和接纳,对拒绝和批评过分敏感,因习惯性地夸大日常处境中的潜在危险,而有回避某些活动的倾向。

【心灵对话】

你曾经试着改变自己的不良性格吗?如果尝试过,遇到哪些困难?列举最难克服的几项:

1. ____________ 2. ____________ 3. ____________

性格的优化,依你看来,应该从哪些方面入手?

____

____

____

____

第五节　大学生人格的优化与完善

一位学者曾经说过："有些人生来就有与人交往的天性，他们无论对人对己，处世待人，举手投足与言谈行为都很自然得体，毫不费力便能获得他人的注意和喜爱。可有些人便没有这种天赋，他们必须加以努力，才能获得他人的注意和喜爱。但不论是天生的还是努力的，他们的结果，无非是博得他人的善意，而那获得善意的种种途径和方法，便是'人格'的发展。"

在一个人成长的过程中，知识的掌握比较简单，它主要靠记忆来实现，是一种层次较低的智力活动，所以人们把长于记忆、懒于思考的人讥为两脚书橱。但是人格的养成却相当复杂，它不仅需要丰富的知识，还需要健康的体魄、良好的教养、广泛的兴趣、高尚的情操和真正的智慧。因此健全的人格应该是自由思想、独立精神、诚实作风、仁爱品德的综合体现。只有健全的人格，才能获得人们的喜爱和合作。因此，世间凡是智者贤人，常把人格的特征极力地表现出来。

一、培养良好的认知结构，全面地认识自我

要有自知之明，明智地对待和处理问题，对自己的生理状况、容貌、能力、兴趣、气质、经济状况、个人角色都要接受下来，实事求是地认可和对待。个人的需要、动机、信念、理想等都要以现实为基础，切不可想入非非，以免碰壁。

二、丰富人生经验，提高认识水平，增强对挫折的抵抗能力

抵抗能力主要是和人的认识水平有关，一个人对外部事件有充分理智的认识时，就可以相对减弱刺激的强度。人的生活经验也是认识的积累过程，因此丰富人生经验同样会增强这种抵抗能力。

三、建立和谐的人际关系

人际关系最能体现一个人人格的健康程度。尤其是与拥有良好健康人格的人交友，对于大学生自身来说也是一种提高。孤独有害于心理健康，要搞好人际关系，要交几个知心朋友，积极参与校园文化活动，要在集体活动和社会活动中增强集体感，培养欢乐情绪和开朗性格。

四、提高情商，保持良好心情

情绪控制管理能力，是衡量一个人情商高低的标准，当今时代，需要的是高情商的人才。提高情商有利于人际关系的发展，同时，良好的情绪控制管理能力有利于心理健康，健康的心理对于健全和完善人格很有必要。因此，提高情商，有利于大学生人格的发展。

五、培养乐观向上的生活态度，积极主动

乐观的人常常能看到生活的光明面，对前途充满希望和信心，即使在遇到困难和挫折的时候也能不畏艰险，勇于拼搏。

作为一名当代大学生，每个人都想追求健全的人格，人人都在努力塑造健全的人格。只有

这样才能保持愉快、自信的心情，对生活充满希望；更重要的是具有管理自我情绪以及适应环境的能力，才能将个人的聪明才智发挥到最大限度，从而实现人生价值。只要坚持不懈，就一定能使自己的人格更加健康完善。

【心灵对话】人格大盘点

你认为自己的哪些人格特征有利于自身的发展？请列举5种：

1. ________ 2. ________ 3. ________

4. ________ 5. ________

你认为自己的哪些人格特征有碍于自身的发展？请列举5种：

1. ________ 2. ________ 3. ________

4. ________ 5. ________

你认为自己的人格定型了吗？还有改变的可能吗？为什么？

____

____

你认为自己是有人格魅力的人吗？为什么？

____

____

具有人格魅力的性格特征表现在如下方面：

第一，在对待现实的态度或处理社会关系上，表现为对他人和对集体的真诚热情、友善、富于同情心，乐于助人和交往，关心和积极参加集体活动；对待自己严格要求，有进取精神，自励而不自大，自谦而不自卑；对待学习、工作和事业，表现得勤奋认真。

第二，在理智上，表现为感知敏锐，具有丰富的想象能力，在思维上有较强的逻辑性，尤其是富有创新意识和创造能力。

第三，在情绪上，表现为善于控制和支配自己的情绪，保持乐观开朗、振奋豁达的心境，情绪稳定而平衡，与人相处时能给人带来欢乐的笑声，令人精神舒畅。

第四，在意志上，表现出目标明确，行为自觉，善于自制，勇敢果断，坚韧不拔，积极主动等一系列积极品质。

【心理测评】A型、B型性格测验

请您根据自己的情况回答下列问题。凡是符合您的情况的就记“是”，不符合则记“否”。每个问题必须回答，答案无所谓对与不对，好与不好。请尽快回答，不要在每道题目上太多思索。回答时不要考虑“应该怎样”，只回答您平时“是怎么样的”就行了。

1. 我总是力图说服别人同意我的观点。 是 否
2. 即使没有什么要紧的事，我走路也快。 是 否
3. 我经常感到应该做的事太多，有压力。 是 否
4. 我自己决定的事，别人很难让我改变主意。 是 否

5. 有些人和事常常使我十分恼火。 是 否
6. 在急需买东西但又要排长队时，我宁愿不买。 是 否
7. 有些工作我根本安排不过来，只能临时挤时间去做。 是 否
8. 上班或赴约会时，我从来不迟到。 是 否
9. 当我正在做事，谁要是打扰我，不管有意无意，我总是感到恼火。 是 否
10. 我总是看不惯那些慢条斯理，不紧不慢的人。 是 否
11. 我常常忙得透不过气来，因为该做的事情太多了。 是 否
12. 即使跟别人合作，我也总想单独完成一些更重要的部分。 是 否
13. 有时我真想骂人。 是 否
14. 我做事总喜欢慢慢来，而且思前想后，拿不定主意。 是 否
15. 排队买东西，要是有人加塞，我就忍不住要指责他或出来干涉。 是 否
16. 我觉得自己是一个无忧无虑、自由自在的人。 是 否
17. 有时连我自己也觉得，我所操心的事远远超过我应该操心的范围。 是 否
18. 无论做什么事情，即使比别人差，我也无所谓。 是 否
19. 做什么事我也不着急，着急也没有用，不着急也误不了事。 是 否
20. 我从来没有想过要按自己的想法办事。 是 否
21. 每天的事情都使我精神十分紧张。 是 否
22. 就是逛公园、赏花、观鱼等，我也总是先看完，等着同来的人。 是 否
23. 我常常不能宽容别人的缺点和毛病。 是 否
24. 在我认识的人里，个个我都喜欢。 是 否
25. 听到别人发表不正确的见解，我总想立即就去纠正他。 是 否
26. 无论做什么事情，我都比别人快一些。 是 否
27. 当别人对我无理时，我对他也不客气。 是 否
28. 我总觉得我有能力把一切事情办好。 是 否
29. 聊天时，我也总是急于说出自己的想法，甚至打断别人的话。 是 否
30. 人们认为我是个安静、沉着、有耐性的人。 是 否
31. 我觉得在我认识的人之中，值得我信任和佩服的人实在不多。 是 否
32. 对未来我有许多想法和打算，并总想都能尽快实现。 是 否
33. 有时我也会说人家的闲话。 是 否
34. 尽管时间很宽裕，我吃饭也快。 是 否
35. 听人讲话或报告如讲得不好，我就非常着急，总想还不如我来讲。 是 否
36. 即使有人欺负了我，我也不在乎。 是 否
37. 我有时会把今天该做的事拖到明天去做。 是 否
38. 人们认为我是一个干脆、利落、高效率的人。 是 否
39. 有人对我或我的工作吹毛求疵时，很容易挫伤我的积极性。 是 否
40. 我常常感到时间晚了，可一看表还早呢。 是 否
41. 我觉得我是一个非常敏感的人。 是 否
42. 我做事总是匆匆忙忙的，力图用最少的时间办尽量多的事情。 是 否

43. 如果犯有错误,不管大小,我全都主动承认。 是 否
44. 坐公共汽车时,我常常感到车开得太慢。 是 否
45. 无论做什么事,即使看着别人做不好我也不想拿来替他做。 是 否
46. 我常常为工作没有做完,一天又过去了而感到忧虑。 是 否
47. 很多事情如果由我来负责,情况要比现在好得多。 是 否
48. 有时我会想到一些说不出口的坏念头。 是 否
49. 即使领导我的人能力差、水平低,不管怎么样,我也能服从和合作。 是 否
50. 必须等待什么的时候,我总是心急如焚,缺乏耐心。 是 否
51. 我常常感到自己能力不够,所以在做事遇到不顺利时就想拖延。 是 否
52. 我每天都看电视,也看电影,不然心里就不舒服。 是 否
53. 别人托我办的事,只要答应了,我从不拖延。 是 否
54. 人们都说我很有耐性,干什么事都不着急。 是 否
55. 外出乘车、船或跟别人约定时间办事时,我很少迟到。 是 否
56. 偶尔我也会说一些假话。 是 否
57. 许多事本来可以大家分担,但我喜欢一个人去干。 是 否
58. 我觉得别人对我的话理解太慢,甚至理解不了我的意思似的。 是 否
59. 我是一个性子暴躁的人。 是 否
60. 我常常容易看到别人的短处而忽视别人的长处。 是 否

结果解释:以上问题答“是”的请计1分,答“否”计0分,把答“是”的分数加起来,就是你的总分。

如果你的得分超过30分,你就是一个A型性格的人,你有必要在日常生活和工作中改变急躁的习惯,适当放慢一点节奏;

如果你的得分为48分以上,你就属于A+型性格的人,你需要接受一定的心理指导,调整你对生活和工作的认知方式,进而调整你的情绪状态,改变你的行为方式。

【互动训练】良好人格品质的培养

活动一:举手仪式

活动道具:秒表一只。

活动程序:

(1)全体同学按体操队形站立,每个人的两只手臂伸直向胸前平举,身体不准晃动,坚持10分钟(教师可根据学生实际情况选择时间长短),看谁能坚持到最后;

(2)团体分享:

①当时间过了一半的时候,你有什么感受?________________

②当你坚持到最后的时候,你有什么感受?________________

③在坚持的过程中遇到了哪些困难,你是如何克服的?____________

④你觉得这个游戏对你的学习与生活有什么启发?____________

注意事项：

(1)若在室外，注意避开高温或极冷天。

(2)主持人本人最好也参与这个游戏，和学生一起体验，给学生树立一个榜样。

(3)游戏过程中，为了打发难捱的时间，主持人可在学生举手的时候播放一些激励性的歌曲或音乐，主持人本身也可给他们喊一些激励的口号等。等时间到的时候，主持人要给予那些坚持到最后的同学以鼓励，此时游戏还可继续做下去，可把时间再拉长一分钟，看还有哪些同学能坚持。若有些同学能坚持到最后，主持人应当在全班同学面前大力表扬，以鼓励他们的耐力和毅力。

活动二：突出重围

活动程序：

(1)以15～20人为一组，所有同学手拉手围成一个圈，这个圈被称为“包围圈”。

(2)主持人讲解游戏规则：

假定你被敌人包围了，情况十分危急，包围圈是由许多人手拉手围圈而成。要求你尽快想办法冲出围圈。可采取钻、跳、推、拉、诱骗等任何方式(以不伤害人为原则)，力求突围挣脱，冲出包围圈；其他同学则站立，手拉手围成一个包围圈；外围的同学必须要尽全身气力、心计，绝不让被围者逃出；若圈内的同学从某两个同学手拉手的缝隙中逃出，则这两个相邻的同学双双要进入圈内作为被包围者。

(3)游戏开始：

主持人可通过随机抽学号的方式，让一名同学站在包围圈团体中央开始游戏。倘若被围的同学灰心失望，一时冲不出“包围圈”，则主持人可增加两名同学到圈内作为“突围者”，其他的同学可鼓励他继续努力。一段时间后，换其他成员。

(4)分享其突围的感受。

闯关突围会令人想起什么？________________________________

突围者成功了几次，失败了几次，为什么会失败？________________________________

____

突围者在游戏中感觉如何？单兵作战容易吗？________________________________

____

注意事项：

(1)注意场地安全。有人称这个游戏为“暴力游戏”，游戏的场地最好在草地上而不要在坚硬的水泥地面上。在做游戏的时候，一定要向学生讲清楚可能会发生的碰撞以及跌倒等问题，要同学们做好预防，事先须注意移去危险器物。

(2)有健康顾虑者(如先天性心脏病、心脏功能欠佳者等)不要参加，以防意外发生。

(3)突围方式以不伤害别人为原则。这个游戏虽然可以允许圈内突围者采用钻、跳、推、拉、诱骗等任何方式，但有一点要提醒学生，不可以对外围的同学进行过分的暴力攻击，如用脚踢对方的腿或手等地方。

(4)包围圈男女同学的搭配问题。这个还有一个用途，那就是用于异性交往中。男女同学的身体接触在日常生活中一般是不被允许的，是没有什么机会的。而在这个游戏中，男女同学手拉手围成一个圈,是游戏的需要并且大家都这样做,一般就不会觉得害羞了。在包围圈的形成过程中,教师可根据班级的实际情况,让男女同学交叉站立,然后手拉手围成一个圈;如果学生们比较保守,不愿意的话,则先可先分为男女各一个包围圈,过一段时间,将两个包围圈合并为一个,同样可达到目的。

活动三:护蛋行动

活动道具:生的鸡蛋。

活动程序:

(1)主持人宣布游戏规则与要求:主持人让每个同学准备一个生鸡蛋。这个道具“生鸡蛋”在这里被当作一个小生命,要求学生每天护送鸡蛋从寝室到班级,到班级时,把鸡蛋带到主持人这里,由主持人作一次标记。然后再把鸡蛋带寝室,每次作的标记都不同,并且要保护好鸡蛋,使它完好无损。若鸡蛋破损,则要受到适当的惩罚,比如重新开始游戏时,必须带两个鸡蛋或三个鸡蛋等。整个游戏时间为一星期、一个月、两个月或一个学期均可,看哪一位同学能坚持到最后。

(2)主持人和同学按游戏规则实施游戏;

(3)活动体验分享,通过本次活动,我的体会和感受是________________________

____

____

____

【推荐阅读】

1. Jerry M. Burger. 人格心理学[M]. 北京:中国轻工业出版社,2014.

2. 西格蒙德·弗洛伊德. 自我与本我[M]. 上海:上海译文出版社,2011.

第七章

大学生的人际交往

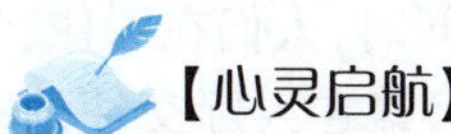

【心灵启航】

1. 你有自己的朋友吗?
2. 你对自己的人际关系满意吗?
3. 你认为影响大学生人际关系的因素有哪些?
4. 你会处理人际关系吗?

人的自然属性,也称为人的生物性,它是人类在生物进化中形成的特性,主要由人的物质组织结构、生理结构和千万年来与自然界交往的过程中形成的基本特性,如食欲、性欲、自我保存能力等。

但是,正如马克思所说:“人的本质并不是单个人所固有的抽象物。在其现实性上,它是一切社会关系的总和。”人是社会性的动物,不能离开群体而单独存在着。亚里士多德曾说:“能够独自生活、独立生活的人,不是野兽就是上帝。”在社会中,人们几乎每天都在与人打交道,有人估算,每天除了 8 小时睡眠以外,其余 16 小时的 70% 都用在了人际交往中,毫无疑问,人际交往是我们人生活动的重要内容。

第一节　人际交往概述

一位哲人说过:“没有交际能力的人,就像陆地上的船,永远到不了人生的大海。”人们学习知识、进入社会、了解自我、获得爱情等,都是在人际交往中发生的,没有良好的人际交往能力,既无法取得成功,也不会得到生活的幸福和身心的健康。对于大学生来说,面对当今社会竞争的日益激烈以及对人才能力要求越来越高的现状,其综合素质已成为众多企业和用人单位关注的焦点,而在综合素质里面,最重要的当属大学生的交际能力了。即使是在学校里面,人际交往能力也一样重要,它是形成和塑造自身健康个性品质的基础。

一、人际交往的含义

人际交往又称为社会交往,是指人们在社会生活中,互相交流、互相沟通、互相作用,从而在心理上和行为上发生相互的影响。

人际关系是人与人之间在活动过程中直接的心理上的关系，或心理上的距离，它反映了个人或群体寻求满足其社会需要满足的心理状态。与他人建立良好的人际关系是人类社会生活中最为重要的任务之一。

二、形成人际关系的前提

任何具体人际关系的形成或确立，都需要具有人与人的相互接触，都需要对于接触的人加以选择。在选择交往对象的过程中相互近似、相互补充、相互悦纳能够产生较强的人际吸引力，成为结交关系的基本条件。

1. 相互接触

距离的接近能为建立人际关系提供方便条件。

距离接近是指如果暂不考虑其他因素的影响或者其他因素的影响相同时，人们在居住、学习和工作场合上空间距离越小，就越容易接近并建立起人际关系。这一因素在人际交往的早期特别明显。

2. 相互近似

相互近似是指双方交往主体如果意识到彼此在个人特性方面具有相近、相似之处，则容易相互吸引并建立人际关系，而且两者越相似，则越能相互吸引，产生亲密感。态度、信仰、政治思想观念等是最主要的相似特点。

3. 互相补充

美国社会心理学家的研究表明，对于短期伴侣来说，互补性是关系发展的主要推动力。

心理学家们曾经把人际关系的适应模式按照人的性格分为主动型和被动型，将互相补充的情况分为包容、控制、感情三种类型。感情深厚的夫妻和配合默契的上下级，一般具有相似的追求互补的动机，具有相似的处事态度和价值观念。

4. 相互悦纳

悦纳即喜欢，相互悦纳即相互喜欢。相互悦纳的具体条件主要有优美、回报和得失。

第二节　人际关系的发展

人际关系的发展具有正负方向的区别。正向发展就是逐步建立人际关系的过程，这需要在相互接触的基础之上经历注意、吸引、适应、融合、依附五个阶段。负向的发展就是人际关系的恶化过程，这需要漠视、冷淡、疏远和分离四个阶段。

一、建立人际关系的时间条件

人际关系的建立和发展有一定的规律，可以沿着预计的轨道发展。通常人际关系的建立会经历五个阶段：

1. 注意阶段

两个人互相注意，并可能以对方作为知觉对象和交往对象时，这就说明，双方已进入了人

际关系的注意阶段(准备阶段)。注意阶段的时间可能非常短暂,产生注意的原因也许出于偶然,但这却是人际关系发展的必经阶段。作为注意阶段,既可能成为建立良好人际关系的开端,也可能因为对方缺乏吸引力而未与其发生交往,也就不会建立关系。

2. 吸引阶段

吸引阶段是建立人际关系的初级阶段,即交往对象彼此之间进入了角色性接触和交往。一般来说,导致双方相互吸引的因素有三种:其一是相似,其二是互补,其三是诱发。所谓诱发吸引是指由于某一刺激因素的偶然出现,引起双方的交往兴趣而导致的相互吸引。

3. 适应阶段

适应阶段的主要表现是交往双方能够互相合作,在合作过程中能够互相帮助,共同完成某项活动。

4. 融合阶段

这一阶段的主要表现是:如双方在一起时,表现为在服饰方面力图使对方感到满意,应对方的要求而改变某些不良习惯等。在情感上产生了依赖感。

5. 依附阶段

依附阶段是人际关系发展的高级阶段或最高层次。双方表现出强烈的情感依恋,彼此间无话不谈、心心相印、唇齿相依,相互的了解达到了"知心"程度。孟子说:"人之相识,贵在相知,人之相知,贵在知心。"两颗心紧紧地结合在一起,情感上已经达到融合的程度,生活上已经具有依赖的明显迹象。

人际关系可以建立在任何一个阶段上,是否从一个阶段发展到下一个阶段取决于关系的双方。由于大多数人只有有限的时间和精力去加强关系,因此大多数人只是把人际关系保持在第二和第三阶段。在前三个阶段,人们建立友谊和正常的社交活动,而第四和第五阶段要求我们有更多的承诺,通常存在于非常特殊的相互关系中。

在人际关系中,每一方对来自对方的反馈保持敏感是很重要的,由于第三阶段首次出现自我袒露,所以,在第二阶段向第三阶段发展时特别敏感。

许多对人际关系的研究都认为,无论是配偶之间、家庭成员之间、朋友之间,把人们联结在一起的共同基础是承诺和沟通。

二、人际关系恶化的过程

尽管人们都渴求美好的友谊和人际关系的亲密,但事实上和逻辑上都存在着人际关系的负向发展,即人际关系的恶化或破裂。显然很有必要了解这种与我们的期望相悖的情感历程。

人际关系的恶化一般经历以下四个阶段:

1. 漠视阶段

人际关系恶化开始于漠视,漠视就是对对方表现出一种漠不关心的态度。具体表现为转移了对对方的注意力,扩大双方的交往距离,不再与其说话、合作等。

2. 冷淡阶段

冷淡是在漠不关心的基础上表现出更多的否定态度和行为。比如,在某个社交场合,你不想穿过拥挤的人群去向某个朋友打招呼，这属于漠视；而当那位朋友走过来想同你说话，你却显得没有兴趣，甚至不予理睬，这便属于冷淡。

3. 疏远阶段

疏远阶段就是双方力图避免接触，即使偶尔交往，往往也是不愉快的接触。从体态语言方面来看，有意扩大交往距离，表情上明显具有不乐意、不情愿交往的表现。

4. 分离阶段

分离阶段是人际关系恶化的最后阶段。这时双方处于完全失去联系的状态。

别人为什么愿意跟你相处?

第一，你有德。对人真诚，为人厚道，心地善良，有规矩，有方圆，有礼貌，有爱心，别人与你相处感到温暖、放心。

第二，你有用。你能带给人家实用价值。

第三，你有料。跟你相处能打开眼界，放大格局。

第四，你有量。你能倾听别人的想法并发表有价值的见解。

第五，你有容。能充分认可别人的价值、欣赏别人的特色。

第六，你有趣。能带给人家愉快的心情，和你在一起不闷。(请牢记以上几点，做到让更多人愿意与你为友。若有下一点，你会吸住更多人才的。)

第七，你有心。懂得用情用心交朋友、人脉必然成金脉，正面能量无限。遇事，知道的不必全说，看到的不可全信，听到的就地消化。筛选过滤沉淀，久而久之，气场自成！能量强大！必成大事！

第三节　人际交往时的心理效应

一、首因效应

在人际交往心理学的人际交往活动中，我们会很重视开始接触到的信息(包括容貌、语言、神态等)，至于后面的信息就显得不是那么重要了，这种心理称之为首因效应。首因效应在人际交往中对人的影响较大，是交际心理中较重要的名词。人与人第一次交往中给人留下的印象，在对方的头脑中形成并占据着主导地位，我们常说的“给人留下一个好印象”，一般就是指的第一印象，这里就存在着首因效应的作用。因此，在交友、招聘、求职等社交活动中，我们可以利用这种效应，展示给人一种极好的形象，为以后的交流打下良好的基础。首因效应启迪我们一方面要给他人留下良好的第一印象，另一方面又要在以后的交往中纠正对他人第一印象的不全面的认识。当然，首因效应在社交活动中只是一种暂时的行为，更深层次的交往还需要你的“硬件”完备。这就需要你加强在谈吐、举止、修养、礼节等各方面的素质，不然会导致另一种效应的负面影响，那就是近因效应。

二、近因效应

近因效应与首因效应相反，是指交往中最后一次见面给人留下的印象，这个印象在对方的脑海中也会存留很长时间。一次交往留下的印象，往往是最深刻的印象。一般而言，在熟人之间的交往中，近因效应会发挥较大的作用，因此我们平时应该注意给人留下良好的印象。例如多年不见的朋友，在自己的脑海中的印象最深的，其实就是临别时的情景；一个朋友总是让你生气，可是谈起生气的原因，大概只能说上两三条，这也是一种近因效应的表现。利用近因效应，在与朋友分别时，给予他良好的祝福，你的形象会在他的心中美化起来。有可能这种美化将会影响你的生活，因为，你有可能成为一种“光环”人物，这就是光环效应。

三、光环效应

当你对某个人有好感后，就会很难感觉到他的缺点存在，就像有一种光环在围绕着他，又称晕轮效应，是指在交往的过程中，我们往往会从对方的某个优点而泛化到其他有关的方面，由不全面的信息而形成完整的印象。光环效应往往对恋爱的双方起更明显的作用，正所谓“情人眼里出西施”。情人在相恋的时候，很难找到对方的缺点，认为他的一切都是好的，做的事都是对的，就连别人认为是缺点的地方，在对方看来也是无所谓，这就是光环效应的表现。光环效应有一定的负面影响，在这种心理作用下，你很难分辨出好与坏、真与伪，容易被人利用。所以，我们在社交过程中，“害人之心不可有，防人之心不可无”，具备一定的设防意识，即人的设防心理。

四、设防心理

在两个人独处的时候，我们不时地会有些防范心理；在人多的时候，你会感到没有自己的空间，担心自己的物品是否安在；你的日记总是锁得很紧，这是怕别人夺走你的秘密。为了这些，你要设防。这种设防心理在交往过程中会起到一种负面作用，它会阻碍正常的交流。

五、投射效应

投射效应是指在交往的过程中，我们总是假使他人和自己有相同的倾向，即把自己的特性投射到他人身上，从而形成对他人的印象。有时候，我们对他人的猜测，无形中透露的正是自己。所以，我们不要瞎猜别人的坏处，不要那么小心眼。

六、刻板效应

刻板效应是社会上对于某一类事物或人物的一种比较固定、概括而笼统的看法。在人际交往中，我们有时会把对某一类人物的整体看法强加到该类的每一个个体上而忽视了个体特征。刻板效应有利于总体评价，但对个体评价会产生偏差。比如，农村来的同学认为城市来的同学见识广，而城市来的同学认为农村来的同学见识狭隘。

第四节　大学生人际交往

大学和我们之前上过的小学、初中、高中完全不同，可以这么说，原来仅仅是在一个学校，而现在就置身于一个小社会了。人际交往并非七拼八凑的，而是依据一定的指导思想，并在一定原则支配下进行的。

一、人际交往的基本原则

1. 平等交往

平等，主要指交往双方态度上的平等，我们每个人都有自己独立的人格、做人的尊严和法律上的权利与义务，人与人之间的关系是平等的关系。在交往过程中，如果一方居高临下、盛气凌人、发号施令、颐指气使，那么他很快便会遭到孤立。坚持平等的交往原则，就要正确估计自己，不要光看自己的优点而盛气凌人，也不要只见自身弱点而盲目自卑，要尊重他人的自尊心和感情，而不能"看人下菜碟"。

2. 尊重他人

每个人都有自己的人格尊严，并期望在各种场合中得到尊重。尊重能够引发人的信任、坦诚等情感，缩短交往的心理距离。一般来说，大学生的自尊心都较强，因此在人际交往中尤其要注意尊重的原则，不损伤他人的名誉和人格，承认或肯定他人的能力与成绩。否则易导致人际关系的紧张和冲突。

3. 真诚待人

真诚是人与人之间沟通的桥梁，只有以诚相待，才能使交往双方建立信任感，并结成深厚的友谊。坚持真诚的原则，必须做到热情关心、真心帮助他人而不求回报，对朋友的不足和缺陷能诚恳批评。对人、对事实事求是，对不同的观点能直陈己见而不口是心非，既不当面奉承人，也不在背后诽谤人，做到肝胆相照、赤诚待人、襟怀坦白。

4. 互助互利

人际关系以能否满足交往双方的需要为基础。如果交往双方的心理需要都能获得满足，其关系才会继续发展。因此，交往双方要本着互助互利原则。互助，就是当一方需要帮助时，另一方要力所能及地给对方提供帮助。这种帮助可以是物质方面的，也可以是精神方面的；可以是脑力的，也可以是体力的。坚持互助互利原则，就要破除极端个人主义，与人为善，乐于帮助别人。同时，又要善于求助别人。别人帮助你克服了困难，他也会感到愉快，这也可以进一步沟通双方的情感交流。

5. 讲究信用

信用是成功的伙伴，是无形的资本，是中华民族古老的传统。信用原则要求我们在人际交往中要说真话，言必行，行必果。答应做到的事情不管有多难，也要千方百计、不遗余力地办到。如果经再三努力而没有实现，则应诚恳说明原因，不能有"凑合""对付"的思想。守信用者能交真朋友、好朋友；不守信用者只能交一时的朋友或终将被抛弃。坚持信用原则，要做到

有约按时到,借物按时还,不乱猜疑,不轻易许诺、信口开河,让对方空欢喜。

6. 宽容大度

人际交往中往往会产生误解和矛盾,这就要求我们在交往中不要斤斤计较,而要谦让大度、克制忍让,不计较对方的态度,不计较对方的言辞,并勇于承担自己的行为责任,做到"宰相肚里能撑船"。宽容克制并不是软弱、怯懦的表现。相反,它是有度量的表现,是建立良好人际关系的润滑剂,能"化干戈为玉帛",赢得更多的朋友。

二、人际交往的其他法则

在人际交往中,除了掌握基本的人际交往原则意外,我们还要了解和掌握一些人际交往的其他有效法则。这些法则主要是黑铁法则、白银法则、黄金法则、白金法则和 3A 法则。

1. 黑铁法则

典型表现:"他人怎样对待我,我亦这样对待他人。"这个法则的中性表述是"来而不往非礼也",客气一点是"投我以桃,报之以李",不客气一点则为"以其人之道还治其人之身",更直白一点,则是圣经旧约中的"以眼还眼,以牙还牙"。例如,北京街道每公里的平均小车拥有率不及伦敦的五分之一,但道路堵塞的严重程度却有过之,这常常是"自作孽"引起的——人人唯恐礼让就是吃亏,争抢的结果却是大家都走不了,这是黑铁法则的最有力证据。

在生命的漫长进化中,黑铁法则发挥着基本的作用,促成了当今人类所谓的"自利基因",在生存的竞争里,无视黑铁法则的物种恐怕早已被湮灭。进化伦理的学说告诉我们,黑铁法则是人类互动行为的基本法,奠定了人类独有的"公平竞争"的基础。这个基于"报复"的法则,或许显得不够文明和宽容。首先,黑铁法则不主张主动侵害他人,对处于"强势"的一方,即有能力主动出击的一方来说,不主动出击已经展示出"利他行为";其次,黑铁法则要求"一报还一报",即"报复"要有限制。在"利他"和"报复"均在有相应制约的基础上,"公平的生存竞争"才能够展开。在人际交往中,如果使用黑铁法则,需要做到"做事不必俗同,亦不宜与俗异;做事不必令人喜,亦不可令人憎。"

2. 白银法则、黄金法则

白银法则的典型表现:"我不愿意他人加诸我的事情,我也不加诸他人。"黄金法则的典型表现:"你想人家怎样待你,你也要怎样待人。"白银法则和黄金法则一般放在一起,虽然表述不同,但是表达的是一个意思。我国古语有"己所不欲,勿施于人""己之所欲,乐施于人",就是有关白银法则和黄金法则的最早阐述。与黑铁法则相比,白银法则和黄金法则无论是对社会群体还是对个体都提出了更高的要求,也是人类在人际交往中所追求的目标。然而白银法则和黄金法则也并不完美,它们基本上是从消极方面着手的。它们着力于避免矛盾纠纷,它们关心的是人与人交往的底线是否被遵守,如果要进一步开拓我们的人际关系,仅做到这一步还是很不够的。因此,人际交往的白金法则就是这样发展出来的。

【案例分析】一封来信

老师：

你好！

我是一名大一学生。上大学快半年了，有个问题一直困扰着我，就是感觉和同宿舍的人关系不太亲密，我感到自己收到了排挤，他们不愿意与我做朋友。我想调换寝室。

我们宿舍的同学都是很爱玩的那种，平时除了上课以外很少学习。他们回到宿舍就上网，唠嗑或者看电视剧，对考试也不是很重视，关于未来也没有什么想法和志向。因此我们之间的作息时间有很大差异。而我把很多精力放在了学习上，因为我有目标，很多时候都泡在自习室里。回到宿舍我因为很累就上床休息，但他们总会很晚回来或者到了晚上也不休息，一起唠嗑打闹玩游戏，从来不顾及我的感受。其次我愿意起早，早上跑完早操他们都选择上床睡觉，而我总是会洗漱过后收拾好自己的寝室卫生，然后出去学习，他们说我太孤僻，因为类似的问题，我们总是有意见的分歧甚至是发生争吵。久而久之，就和他们疏远了，上课吃饭都是一个人。虽然表面上和他们都过得去，但是没有真心朋友。

我很迷茫，不知道自己的坚持是否正确，感觉很矛盾。如果融入他们，自己的想法不知是否还能继续；如果坚持自己的想法，难免会形单影只，上大学连个真心朋友都交不到，也是一种遗憾。

所以我想换寝室，继续在这个宿舍里生活的话，我们之间心里一直有疙瘩，我感到很难受。请问我该怎么办？

如果是你，你会怎么办？________________

____

____

____

3. 白金法则

典型表现："别人希望你怎样对待他们，你就怎样对待他们。"

"白金法则"指导人们根据他人的性格特征、兴趣爱好，采取相应的行动，能够使你的人际关系获得极大的成功。白金法则有三个要点：第一，行为合法，不能要什么给什么，你做人做事都需要底线。第二，交往应以对方为中心，对方需要什么我们就要尽量满足对方什么。第三，对方的需要是基本的标准，而不是说你想干什么就干什么。在人际交往时，平等永远是相对的，当你为别人服务时就是要有求必应，不厌其烦。在与人交往的时候要端正态度，有什么样的心态就有什么样的生活和工作，简言之，心态决定一切。善待自己，善待他人。一个人懂得善待自己，他的工作与生活才有质量，他才能得到别人的尊重。

4. 3A 法则

为什么叫3A法则呢？在英文字母中A排名老大，人们往往把A当作好的代名词，A在许多方面都是人们希望得到的最好结果，在人际交往中的3A法则，它囊括了在人际交往中受人

欢迎的所有秘密。美国学者布吉林教授等人曾经提出了3A法则,其基本含义是:在人际交往中要成为受欢迎的人就必须善于向交往对象表达善良、尊重、友善之意。3A法则的具体内容是:一是接受对方(accept),二是重视对方(appreciate),三是赞美对方(admire)。

具体说来,在我们日常生活交往中,首先要做到的就是接受、容纳对方,不要自以为是;在生活中,要尽量站在对方的角度思考问题,学会接纳不同的意见,接受对方的观点,接受对方的风俗习惯,接受对方的交际礼仪;在与人交往时我们要重视别人,欣赏别人;学会赞美别人,要以欣赏的态度肯定对方,要实事求是地赞美别人的长处。这是人际交往中一个重要实用的技巧。

【互动训练】我的眼里你最美

活动准备:将团体内同学平均分组,每组5~10人。

活动程序:

1. 随机点某个同学,请大家赞美他(她)。
2. 请他(她)说出自己被赞美后的感受。
3. 共同体验:赞美传递——被别人赞美、赞美别人。

按照前面的分组进行。每组的第一个同学向你前面的同学说:"你真不错,因为……"。

要求讲出你喜欢他的原因,称赞他的优点。可以从学习、衣着、特长、助人为乐以及其他品质方面去赞美,赞美时不能乱赞美,要符合事实,不能开玩笑。

第一个同学向第二个同学称赞后,第二个同学向第三个同学称赞,以此类推,直至全组成员都接受了他人的赞美。

当别人获得赞美时,作为旁观者的你有什么感受?____________________

____

你最欣赏哪种赞美人的方式?____________________

____

(提示:赞美别人时要微笑;要注视对方;用词要准确;不能夸大其词;要发自内心……)

第五节 人际沟通

人际沟通是指人们之间的信息交流过程,也就是人们在共同活动中彼此交流各种观念、思想和感情的过程。这种交流主要通过言语、表情、手势、体态以及社会距离等来表示。

一、人际沟通的社会距离

(1)公众距离,可以到360厘米那么远。一般适用于演讲者与听众、彼此极为生硬的交谈及非正式的场合。在商务活动中,根据其活动的对象和目的,选择和保持合适的距离是极为重要的。

(2)社交距离,大概是120～360厘米,就像隔一张办公桌那样。一般工作场合人们多采用这种距离交谈,在小型招待会上,与没有过多交往的人打招呼可采用此距离。

(3)个人距离,大概从45～120厘米,就像伸手碰到对方那样,虽然认识,但是没有特别的关系。这是在进行非正式的个人交谈时最经常保持的距离。和人谈话时,不可站得太近,一般保持在50厘米以外为宜。

(4)亲密距离,从45厘米到零距离,一般是亲人、很熟的朋友、情侣和夫妻才会出现这种情况。当无权进入亲密距离的人闯入这个范围时,会令人不安。在拥挤的公共汽车、地铁和电梯上,由于人员的拥挤,亲密距离常常遭到侵犯。于是,人们尽可能地在心理上保护自己的空间距离。

二、人际沟通中个人形象的优化

人际沟通中个人形象的优化主要是指个人道德品质的优化。其内容不仅包括遵守人际沟通的基本原则,还包括宽容待己,宽容待人。良好的个人形象不仅可能增强个人信心,还可以获得他人信任,稳固人际关系。

1.悦纳自己,克服自卑心理

要想协调好人际关系,让别人接纳和喜欢自己,首先要悦纳自己。一个人自卑、缺乏自信往往与对自己没有形成正确的认识和评价有十分紧密的联系。我们与他人进行社会比较时,一是要注意比较的标准,不能以己之短去比别人之长,这样势必导致比较的误差。二是比较时必须注意要客观,千万不能认为自己某一方面不如他人就什么都不如人。要善于发现自己的优点和长处。只有这样,才能对自己有一个客观公正、符合实际的自我认识与评价。

2.真诚待人、尊重他人是人际沟通的基本原则

大学生在认识交往中真诚待人,需要澄清若干错误的认识,需要分清真诚、正直、直率、正言四者间的关系。真诚是指一个人待人的态度,是一个人发自内心而不是虚情假意地对他人的关心和尊重。人与交流时,应该讲究方式方法,尤其在表达不满时更是要考虑到交往对象的接受程度,以便于工作能够优化人际关系,减少人与人之间不必要的冲突和摩擦。要做到对他人的尊重,面带微笑、认真倾听。尊重他人是人际交往中的“绿灯”。每个人都有自己的人格尊严,并期望在各种场合中得到尊重。尊重能够引发他人的信任、坦诚等情感,缩短交往的心理距离。

3.平等待人是人际交往的基础

人际交往中应遵循一条互敬互尊的原则,或者叫作等价原则。平等待人的原则意味着一种对一个人基本人权的尊重。同时平等待人的原则也意味着一个人基本人格的独立,意味着对人与人之间人身依附关系的否定。在生活中要把握平等交往的原则,一方面要一视同仁,平等待人;另一方面,也要平等待己,克服自卑心理。

4.宽诚待人

大学生们的自尊心是非常强的,不允许别人轻易地冒犯自己,这是可以理解的,但有时也要学会忍耐。有些学生在日常生活中一点亏也不吃,一触即跳,点火就着,本来要维护自己的自尊,但往往会适得其反。

5. 掌握人际沟通的技巧和语言艺术

人际沟通中，语言是土壤，非语言技巧是雨衣阳光。将有效将语言和非语言沟通技巧有机地结合并在现实沟通中最大化地加以运用，是当代大学生必备的能力之一。对别人的称呼要得体，对长辈的称呼要尊敬，对同辈的称呼要亲切、友好，对关系密切的人可直呼其名，对不熟悉的人要用敬辞。要学会适度地称赞对方，避免争吵。

三、大学生提高人际沟通能力的技巧

由于社会交往少、沟通面不大且置身于一个充满竞争的学校或社会环境，同学间产生矛盾在所难免。一般来说，同学间的矛盾主要表现为妒忌、背后议论、误会这三方面。处理不当会对同学的人际关系造成不良影响。所以，正确处理同学间的矛盾是同学间沟通的重要环节。

1. 调整心态对待同学的妒忌及背后的议论

妒忌是面对他人的某种优势而产生的不愉快的情感。

走自己的路，不为别人的冷嘲热讽所分心，当一两次考试成绩超过人，别人可能认为是偶然的，嫉妒的只是你的“运气”；然而，当你的成绩稳定在比别人高的水平上时，别人就会心悦诚服地佩服你是名副其实的优等生。此时，你就不再成为他们妒忌的对象了。那么，如果是我们嫉妒别人怎么办呢？

【案例分析】被撕碎的作品

小 A 与小 B 是某艺术院校大三的学生，同在一个宿舍生活。入学不久，两个人成了形影不离的好朋友。小 A 活泼开朗，小 B 性格内向，沉默寡言，小 B 逐渐觉得自己像一只丑小鸭，而小 A 却像一位美丽的公主，心里很不是滋味，她认为小 A 处处都比自己强，把风头占尽，时常以冷眼对小 A。大学三年级，小 A 参加了学院组织的服装设计大赛，并得了一等奖，小 B 得知这一消息先是痛不欲生，而后妒火中烧，趁小 A 不在宿舍之机，将 A 的参赛作品撕成碎片，扔在小 A 的床上。小 A 发现后，不知道怎样对待小 B，更想不通为什么她要遭受这样的对待？

原因分析：

小 A 与小 B 从形影不离到反目为仇的变化令人十分惋惜。引起这场悲剧的根源，关键是一个词——嫉妒。

解决方法：

既然嫉妒心理是一种损人损己的病态心理，严重影响自己的身心健康，那么如何克服呢？

1. 认清嫉妒的危害

如前所述，嫉妒的危害一是打击了别人，二是伤害并贻误了自己。遭到别人嫉妒的人自然是痛苦的，嫉妒别人的人一方面影响了自己的身心健康，另一方面由于整日沉溺于对别人的嫉妒之中，没有充沛的精力去思考如何提高自己，恰恰又继续延误了自己的

前途，一举多害。认清这些是走出嫉妒误区的第一步。

2. 克服自私心理

嫉妒是个人心理结构中“我”的位置过于膨胀的具体表现。总怕别人比自己强，对自己不利。因此，要根除嫉妒心理，首先根除这种心态的“营养基”——自私。只有驱除私心杂念、拓宽自己的心胸，才能正确地看待别人，悦纳自己，正如我们常说的“心底无私天地宽”。

3. 正确认知

客观公正地评价别人，也要客观公正地评价自己。别人取得了成绩并不等于自己的失败。“人贵有自知之明”。强烈的进取心是人们成功的巨大动力，但冠军只有一个，尺有所短，寸有所长，一个人不可能事事都走在人前，争强好胜也不一定能超越别人。一个人只要客观地认识自己的优势和劣势，现实地衡量自己的才能，为自己找到一个恰当的位置，就可以避免嫉妒心理的产生。

4. 将心比心

将心比心，这是老百姓常说的一句俗语，在心理学上叫“感情移入”。当嫉妒之火燃烧时，不妨设身处地地为对方着想，扪心自问，“假如我是对方又该如何呢?”运用心理移位法，可以让自己体验对方的情感，有利于理解别人，有利于抑制不良的心理状态的蔓延，这是避免嫉妒心理行为有效的办法之一。

5. 提高自己

嫉妒的起因就是看不惯别人比自己强。如果能集中精力，不断地学习、探索，使自己的知识、技能、身心素质不断得到提高，那么，也可以减少嫉妒的诱因。而且，丰富多彩的课余生活将自己的闲暇时间填得满满的，自然也就减少了“无事生非”的机会，这是克服嫉妒心理最根本的方法之一。

6. 完善个性因素

但凡嫉妒心理极强的人，都是心胸狭窄、多疑多虑、自卑、内向、心理失衡、个性心理素质不良的人。努力完善自己的个性因素，提高自己的心理素质，以健康的心态面对生活。

7. 树立正确的竞争意识

以公平、合理为基础的竞争是向上的动力，对手之间可以互相取之所长；还必须建立正确的竞争意识。嫉妒是人类心灵的一大误区，希望所有的大学生朋友自觉克服嫉妒心理，走出心灵误区，成为身心健康的栋梁之材。

2. 及时消除同学间误会

同学间各种各样的误会经常发生。有些误会本是小事一桩，时间一长也就忘记了。可有些误会，若不加以说明，会使人牢记在心，如鲠在喉。对于这类误会，是要设法加以消除的。否则，不仅会影响同学间的团结，而且对人的身心健康也会产生不利的影响。

3. 注意使用非语言技巧

(1)眼睛——心灵的窗户

人们用身体各部分的动作来表达丰富的感情,眼睛是其中最重要的一种,有时甚至可以成为主要的信息来源,其感觉领域几乎涵盖了所有感觉的70%以上。人们常说“眼睛是心灵的窗户”“眼睛会说话”就是因为眼睛在人们的感情交流方面起着言语和手势不可替代的作用,人们在社会生活中,如果内心有什么欲望或情感,必然会表露于视线上。真正的目光交流正是引起并保持人们注意力的最直接方式。

在人际交往中,不同性格、不同修养、不同民族的人,运用眼睛相视的方式也各不相同。在我国,习惯在交谈中不时地注视对方的眼睛和面部,以表示真诚的倾听和交往,同时也表明尊重对方。

(2)微笑——通向世界的护照

在交往过程中,微笑是最常见的面部表情。有人说微笑是通向世界的护照,是打动心弦最美好的语言。在人际交往中,微笑是不可缺少的润滑剂,它能使得者获益,使给者无损。正像诗人所形容的那样:微笑是一种无声的亲切的语言;微笑是一种无声的动人的音乐;微笑是人类一种高尚的表情;微笑永远是生活里明亮的阳光。只要心中有了微笑,我们就能穿过世事的云烟,沉着应变,耕耘心田,结交更多的朋友,走向成功的彼岸。

(3)手势——人的第二张脸

当你与人握手、手持酒杯或一边谈话一边做手势时,可曾注意到你的或者别人的内心秘密正通过双手暴露出来。人们有沉默不语的时候,却很少见到手部完全僵直不动的情景。一个人尽管能很好地控制语言,面部表情也显得若无其事,但他的一些下意识的姿势动作会把心中的秘密暴露出来。手势语几乎时时伴随着言语交际,忠实地充当着言语的“帮工”,有时甚至“喧宾夺主”,一马当先,独立地在言语交际中“冲锋陷阵”,所以说手是人的第二张脸。

【心灵对话】身体语言应注意的几个方面

有些身体语言会带给别人愉快舒适的感觉,但有时却常常会在不自觉中引起别人的反感,因此在社会交往中要风度翩翩,富有魅力,在用身体语言与人沟通时,必须注意以下几项礼貌:

(1)眼睛要和对方的眼光接触,这就是所谓的“眉目传情”的意思。眉目可以传达喜、怒、哀、乐各种不同的情绪,双方眼光的接触,能够促成情意的交流,表示尊重、谅解、关怀等意。人们可以借着眼神交会的一刹那,迸发出温暖人心的火花。

(2)脸上要有表情,脸上的肌肉要放松、自然。这样平日就会养成唇角、眉梢微微上扬的微笑表情,散发出亲切、温馨的魅力,脸色千万不可僵直、冷漠,让人退避三舍。静听别人说话时,表情要配合对方话语的内容,做出恰当的反应。

(3)善于讲究身体的方向。与人说话时,身体的方向要正面对着对方,上身微微向对方倾斜,以显示对方的吸引力。在同人交谈中,如果把身体的侧面或背面对着对方,

只把脸转过去，那是一种不尊重对方的肢体语言，千万要注意避免，否则就容易被人误解为傲慢无礼。

(4)指人或示物时要掌心朝上，用手指人或示物时，不要用食指指示，因为那样会使人觉得你轻率，对人不尊重，从而产生反感。指人或示物，掌心朝上要用整只手掌，以请的方式来表示，才会使人有被尊重的感觉。

人际沟通，是人类交往的技能，与人的行为密切相关。要建立良好的人际关系，就应当努力去调整自己的行为，以良好的行为使对方做出良好的反应，这样才有利于确立良好的人际关系。

【心理测评】情绪智力测试

下面的选项，从“非常不符合”到“非常符合”，对于每一项请根据你的实际情况评价。

题号	内容	非常不符合	不太符合	一般	比较符合	非常符合
1	令人高兴的事情发生时，我会表达自己的愉悦之情	1	2	3	4	5
2	预期目标实现时，我会对自己感到满意	1	2	3	4	5
3	我会为自己的成功雀跃	1	2	3	4	5
4	参加聚会时我会尽情表达自己的快乐	1	2	3	4	5
5	孤独时我能够让自己远离沮丧	1	2	3	4	5
6	面对尖锐的批评，我能够不气馁	1	2	3	4	5
7	未获应得的赞赏时，我能够减轻心中的失落感	1	2	3	4	5
8	面对困难，我能够不气馁	1	2	3	4	5
9	受到父母或其他重要人物斥责时，我能够控制自己的消极情绪	1	2	3	4	5
10	当别人故意找我麻烦时，我能够避免恼火	1	2	3	4	5
11	碰到败兴的事情后，我能够很快摆脱恼怒的情绪	1	2	3	4	5
12	当我生气时，我能避免勃然大怒	1	2	3	4	5

【互动训练】沟通与交往

活动一：让我记住你

活动准备：卡片、笔。

活动程序：

(1)填写自己的兴趣爱好：每个成员分别把自己的姓名以及主要的兴趣爱好填写在各自的卡片上，然后小组成员之间任意选择伙伴做1分钟的简短交流，以使各成员尽快地融入这个团体。(可选择一些简单的问题诸如：你的兴趣爱好是什么？为什么喜欢××？)

(2)玩滚雪球:小组成员围圈就座,首先选取一个人作为组长,老师与其简短交流后让其宣布游戏规则,从其中任意一个人开始,每人用一句话介绍自己的姓名,格式为:我是××。规则是,每一个人在介绍自己的时候必须将之前已经做过自我介绍的人的姓名也要一次全部讲出来。例如:我是坐在××旁边的××旁边的……旁边的××。如果其中有一位成员没有记住其他成员,他将受到来自被他忘记的人的一个惩罚,惩罚由被他忘记的人确定。

活动二:同舟共济

活动准备:写好各个成员姓名及主要兴趣爱好的卡片。

活动程序:

1. 记住兴趣爱好

(1)全体围坐成圈,每个成员拿着写好自己姓名以及兴趣爱好的卡片。

(2)每个成员把自己手中的卡片按逆时针顺序传下去,然后每一个成员都要记住每一张到手卡片上的兴趣和爱好,并按照上面的名字对号入座。

2. 选择最了解自己的TA进行沟通交流

(1)将所有成员分成两组,围成两个同心圆圈。

(2)往相反方向转动两个圈,当主持人喊“停”时,成员停止转动,此时每个外圈成员都与一个内圈成员一一对应。

(3)相对应的两个人分别说出对方的兴趣爱好,若都说对了,则两个人出圈到旁边进行深层次交流;若兴趣爱好说错了,则进行下一轮的搭配。

(4)继续进行下一轮搭配,步骤同上述步骤(2)和(3)。直到所有的成员都有搭档则停止游戏。

(5)交流一段时间后,每人进行一下简单的总结,并给自己的搭档提一些好的建议。

活动感言:

在此过程中,你如何使自己更好地与他人进行沟通交流?______________________________

____

如何与他人交往?____

____

自己与他人沟通过程中的缺点和优点分别是什么?____________________________

____

活动结束时自己的感受如何?____

____

活动三:解开人际千千结

活动过程:

将全体成员以10人左右为一组分成不同组,手拉手站成一个圈,让小组成员看清楚自己的左右手是谁,确认后松手。然后小组成员可在圈内自由走动,直到领导者喊停。要求小组成员手拉手以钻、跨、绕的形式还原成最初的一个圈。

小组讨论：

(1)一开始面对这个“结”的时候，感觉是怎样的？______

______

通过解开这个“结”，你的感觉变了吗？你觉得成员间的关系发生了什么变化？(未解开时提问：当努力了很久“结”都没有解开，你的感觉是怎样的？想到放弃了吗？)______

______

(2)在现实生活中，你是否也有这样的心“结”？你的心态是怎样的，如果很久都无法处理矛盾，你会怎么办？______

______

(3)大家运用了哪些方法来解开这个“结”？联系现实生活，这对你解决人际矛盾有何启示？______

______

活动四：路上有你

活动准备：可用于放松训练的背景音乐、音乐《友谊地久天长》、音响、心形祝福卡每人1张。

活动程序：

1.“祝福留言卡”

给每位成员发一张心形的祝福卡，每人在卡的右下端写上自己的名字。然后依次向右传，每位成员都写下自己对其他成员的祝福、鼓励或建议。写完后，每位成员仔细阅读他人写给自己的祝福，并与他人握手表示深深的感谢。

2.“最后大团圆”播放《友谊地久天长》

所有成员站成一个大圈，面朝圆心，将两手分别搭在左右成员的肩膀上，然后随着《友谊地久天长》的背景音乐有节奏地左右摇摆，并一起轻声哼唱，使全体成员在温馨甜蜜的气氛中告别团体。

全体成员采用轮圈发言的形式，请每位成员将下列句子补充完整。

(1)我印象最深刻的团体活动是______

因为______

(2)我觉得在这个团体中最大的收获是______

(3)我觉得团体可以改进的地方是______

【推荐阅读】

1. 靳西. 卡耐基人际关系学[M]. 北京：北京燕山出版社,2008.

2. 李度. 不抱怨的世界[M]. 北京：中国华侨出版社,2015.

3. 肖悦. 心理密码：泄露内心秘密的体态语言[M]. 北京：中国妇女出版社,2009.

第八章

大学生的校园爱情

【心灵启航】

1. 你有过爱的经历吗？你的爱情是从什么时候开始的？
2. 在你眼里爱情究竟是什么？
3. 大学生如何正确地对待爱情？
4. 爱情是甜蜜的还是忧伤的？如何面对爱情当中的困扰？
5. 如何培养自己爱的能力？

【故事导读】《十诫诗》

第一最好不相见，如此便可不相恋。
第二最好不相知，如此便可不相思。
第三最好不相伴，如此便可不相欠。
第四最好不相惜，如此便可不相忆。
第五最好不相爱，如此便可不相弃。
第六最好不相对，如此便可不相会。
第七最好不相误，如此便可不相负。
第八最好不相许，如此便可不相续。
第九最好不相依，如此便可不相偎。
第十最好不相遇，如此便可不相聚。
但曾相见便相知，相见何如不见时。
安得与君相决绝，免教生死作相思。

——仓央嘉措

爱情是人际吸引的最高形式，是人类最微妙、最复杂、最浪漫、最美好、最忧伤、最无法用语言表达的一种情感……千百年来，人们尝试用世界上最美好语言来形容它。爱可以是甜的也可以是苦涩的，没一个人敢说自己的爱是100%的甜，也没有一种爱是100%的苦，没一个人的爱情没受过伤，或甜蜜过，也只有在受过伤后、甜蜜过后才能体会什么是爱情，爱情可以让你笑，也可以让你哭，也只有在笑过后、哭过后才能体会什么是爱情。

第一节　爱　　情

也许，定义爱情是天底下最困难的事，因为，有一千个人，就有一千个爱情故事，就有一千个不同的答案！

在柏拉图式看来，爱情，是一种理想式的爱，纯精神的而非肉体的爱，两人之间平等相似的爱。在这世上有，且仅有一个人，对你而言，她（他）是完美的，而且仅对你而言是完美的。也就是说，任何一个人，都有其完美的对象，而且只有一个。他认为人们生前和死后都在最真实的观念世界，在那里，每个人都是男女合体的完整的人，到了这世界我们都分裂为二。所以人们总觉得若有所失，企图找回自己的“另一半”。

莎士比亚认为，爱是一种甜蜜的痛苦，真诚的爱情永不是走一条平坦的道路的，在天底下再没有比爱情的责罚更痛苦的，也没有比服侍它更快乐的事了。用他的话说，暗恋不露，缘分不足。真爱之旅，绝无坦途。爱是挚友，爱是恶魔；善恶通体，爱神一个！

马克思说，真正的爱情是表现在恋人对自己的偶像采取含蓄、谦虚甚至羞涩的态度，而绝不是表现在随意流露热情和过早的亲昵。

张爱玲认为，爱情就是“我要你知道，这世界上有一个人是永远等着你的，不管是在什么时候，不管你是在什么地方，反正你知道，总有这样一个人。”

培根说，爱情就像银行里存一笔钱，能欣赏对方的优点，就像补充收入；容忍对方缺点，这是节制支出。所谓永恒的爱，是从红颜爱到白发，从花开爱到花残。

……

我们说，爱情，是人际吸引最强烈的形式，是身心成熟到一定程度的个体对异性个体产生的有浪漫色彩的高级情感。

爱情这种高级情感含有以下几个要素：

（1）吸引力和特殊的感觉：和所爱的人在一起时，会感受到特殊的感觉和吸引力。

（2）美好的感觉：当和所爱的人在一起时，会有种很美好的感觉，这种美好的感觉来源于两个方面，一方面来源于所爱的人的美好，另一方面来源于爱情生活本身的美好。

（3）兴奋和快乐：爱一个人，当和他（她）在一起时，会感到很兴奋和快乐。如果爱得很深，这种兴奋和快乐就不会随着时间和生活的重复而衰减。

（4）依恋和珍惜：爱得越深，依恋感越强，爱到极深，一秒都不想分开。

（5）关心：关心他（她）就是比他（她）自己更爱他（她）。对他（她）所有的喜怒哀乐感同身受。

（6）守护和奉献：一生守护着所爱的人，尽量不让所爱的人受到任何的伤害。

（7）专一：相爱中的两个人是爱情的全部。

（8）永恒：深爱一个人，会爱上他（她）年轻时的容貌，也会爱他（她）年老时的皱纹。

（9）宽容：爱一个人也会爱上他（她）的缺点，这就是宽容，宽容不是放纵。

（10）知心：情侣在一起久了，彼此的情感变得相像。很多时候，彼此知道对方心里在想什么，了解彼此就像了解自己一样。

(11)亲密:对于大多数人而言,情侣之间是最亲密的关系,因为彼此是生命中最爱的人、最需要的人、最重要的人。

(12)整体:相爱的两个人是一个整体,男人和女人各为其中的一半,爱情把这两半融合为一个整体。

(13)生活规划:好的爱情需要好的生活规划,要让他(她)觉得生活有意思,生活丰富多彩。

第二节　爱情三角理论

美国心理学家斯腾伯格提出的爱情理论,认为爱情由三个基本成分组成:激情、亲密和承诺,如图 8-1 所示。激情是爱情中的性欲成分,是情绪上的着迷;亲密是指在爱情关系中能够引起的温暖体验;承诺指维持关系的决定期许或担保。这三种成分构成了喜欢式爱情、迷恋式爱情、空洞式爱情、浪漫式爱情、伴侣式爱情、愚蠢式爱情、完美式爱情等七种类型。

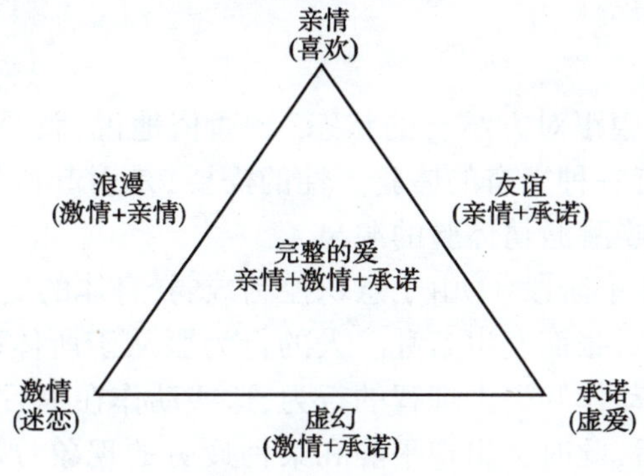

图 8-1　爱情三角理论

一、亲密

亲密,是两人之间感觉亲近、温馨的一种体验。简单说来,就是能够给人带来一种温暖的感觉体验。亲密包含 10 个基本要素:

(1)渴望促进被爱者的幸福。爱方主动照顾被爱方并促进他/她的幸福。一方面可能以自己的幸福为代价去促进另一方的幸福,但是也期望对方在必要时同样会这样做。

(2)跟被爱者在一起时感到幸福。爱方喜欢跟自己的情侣在一起。

(3)当他们在一起做事情时,他们都感到十分愉快,并留下美好记忆,这些美好时光的记忆能成为艰难时刻的慰藉和力量。而且,共同分享的美好时光会涌流到互爱关系中,并使之更加美好。

(4)尊重对方。情人必须非常看重和尊重对方。尽管情人可能意识到对方的弱点,却不能因此而减少自己对对方的整体尊重。在艰难时刻能够依靠对方。在患难时刻爱方仍感到对方跟自己站在一起。在危急时刻,爱方能够呼唤对方并能指望对方跟自己同舟共济。

(5)跟被爱方互相理解。情侣应互相理解。他们知道各自的优缺点并对对方的感情和情绪心领神会,懂得以相应的方式互相做出反应。

(6)与被爱方分享自我和自己的占有物。爱方应乐意奉献自己、自己的时间以及自己的东西给被爱方。虽然不必所有的东西都成为共有财产,但双方在需要时应分享他们的财务,最重要的是分享他们的自我。

(7)从被爱方接受感情上的支持。爱方能从被爱方得到鼓舞和支持,感到精神焕发,特别是在身处逆境时尤其应该这样。当你感到似乎一切都在跟你作对,但只有一件事不会出问题——你的配偶始终跟你站在一起,这时你就知道你们的关系具有这一因素。

(8)给被爱方以感情上的支持。在逆境下,爱方应与被爱方在精神上息息相通,并给予感情上的支持。

(9)跟被爱方亲切沟通。爱方能够跟被爱方进行深层次和坦诚的沟通,分享内心深处的感情。当你为自己所做的某件事感到困窘为难时,你仍能推心置腹地跟被爱方交谈,这时你所经历的就是这种沟通。

(10)珍重被爱方。爱方要充分感到对方在共同生活中的重要性。当你认识到你的配偶比你所有的物质财富都更为重要时,就知道你对被爱方具有这种珍重和珍爱。

二、激情

激情是一种“强烈地渴望跟对方结合的状态”。通俗地说,就是见了对方,会有一种怦然心动的感觉,和对方相处,有一种兴奋的体验。性的需要,是引起激情的主导形式,其他自尊、照顾、归属、支配、服从也是唤醒激情体验的源泉。

激情的发展大致经历3个阶段:①由于意识控制减弱,身体的变化和表情动作越来越失去控制,细微的动作由于高度紧张而发生紊乱。人的行为服从于所体验着的情感。②人失去意志的监督,发生不可控制的动作和失去理智的行为,这些动作在事后回想起来会感到羞耻和后悔。③出现在激情爆发之后,此时会出现平静和某种疲劳的现象,严重时会出现精力衰竭,对一切事物都抱着不关心的态度,有时还会精神萎靡,即所谓激情休克。

激情可以是积极的,也可以是消极的。积极的激情能激励人们克服艰险,攻克难关;消极的激情常常对正常活动具有抑制的作用或引起冲动行为。具有正确的思想认识、高尚的道德品质和坚强意志的人能控制自己消极的激情。

三、承诺

承诺由两方面组成:短期的和长期的。

(1)短期方面就是要做出爱不爱一个人的决定。

(2)长期方面则是做出维护这一爱情关系的承诺,包括对爱情的忠诚,责任心。也就是结婚誓词里说到的“我愿意!”,是一种患难与共、至死不渝的承诺。

两者不一定同时具备。比如决定爱一个人,但是不一定愿意承担责任,或者给出承诺;又或者决定一辈子只爱他/她,但不一定会说出口。

四、爱情类型

1.喜欢式爱情

只有亲密,在一起感觉很舒服,但是觉得缺少激情,也不一定愿意厮守终生。没有激情和

承诺，如友谊。显然，友谊并不是爱情，喜欢并不等于爱情。不过友谊还是有可能发展成爱情的。

2. 迷恋式爱情

只有激情体验。认为对方有强烈吸引力，除此之外，对对方了解不多，也没有想过将来。只有激情，没有亲密和承诺，如初恋。第一次的恋爱总是充满了激情，却少了成熟与稳重，是一种受到本能牵引和导向的青涩爱情。

3. 空洞式爱情

只有承诺。缺乏亲密和激情，如纯粹为了结婚的爱情。此类“爱情”看上去丰满，却缺少必要的内容，金玉其外，败絮其中。

4. 浪漫式爱情

有亲密关系和激情体验，没有承诺。这种“爱情”崇尚过程，不在乎结果。

5. 伴侣式爱情

有亲密关系和承诺，缺乏激情。跟空洞式“爱情”差不多，没有激情的爱情还能叫爱情吗？这里指的是四平八稳的婚姻，只有权利、义务却没有感觉。

6. 愚蠢式爱情

只有激情和承诺，没有亲密关系。没有亲密的激情顶多是生理上的冲动，而没有亲密的承诺不过是空头支票。

7. 完美爱情

同时具备三要素，包含激情、承诺和亲密。只有在这一类型中我们才能看到爱情的庐山真面目。

可见，激情、亲密和承诺共同构成了爱情，缺少其中任何一个要素都不能称其为爱情，正如三点确立一个平面，缺少任何一个点，这个唯一的平面就不存在。斯坦伯格之所以把具备三个基本要素的爱情称为完美式爱情，是因为建立一段稳定、持续的爱情需要恋爱双方耗尽毕生的精力去培育、呵护，那是一项贯穿人生的浩大工程。然而，具备三个要素并不意味着爱情就成为现实，爱情需要更多的努力来调节这三者的关系。爱情不是一件容易的事情，难怪有人认为爱是一种能力，并非天生就有，需要不断的锻炼和实践才能培养出来。爱是一种能力，被爱也是一种能力，而且还需要成为一种艺术。在这个连爱情都需要能力才能支撑的时代，艺术地谈一场真正的恋爱谈何容易！

或许，我们与爱情还有一段永远无法克服的距离，爱情对我们来说就是一个不断迫近的目标和不断改变的体验。这可能有点残酷，但如果事实如此，我们是否还有勇气去爱和被爱？

第三节　爱情的特征

爱情是人类特有的现象，是人类高度文明的体现，是基于一定的自然基础之上，并受制于社会物质和文化因素。

在爱情中，你能容忍你爱的人同时爱着别人吗？你在爱人面前是勇敢的吗？你有过一见钟情的感觉吗？这一切的解释来源爱情的特征。

一、爱情的特征

爱情具有排他性、冲动性、直觉性、隐秘性、平等性、道德性和持久性等特征。

(1)排他性：是爱情的最大特点。在其他各种爱当中，排他性都是不存在的。父母子女、同事朋友之间的爱不会因为各自还有其他的人际关系而互相疏远。但在爱情中，情况就不一样了，一旦二人成为恋人，双方都反对对方与其他异性发生恋情。

(2)冲动性：这种特性在其他人际爱中一般是不存在或不那么强烈的，大都能控制在适当水平，难以自已的情况较少出现，爆发强度和速度一般都远远低于爱情。人们形容爱情具有核动力，冲动性是爱情力量和魅力的重要表现。当爱情受到外来阻力时，对爱的强烈激情能使相爱的双方做出令人敬佩的勇敢和果断的抉择；但也会使当事人受感情的支配，做出丧失理智的行为。

【故事导读】罗密欧与朱丽叶效应

在莎士比亚的经典名剧"罗密欧与朱丽叶"中，罗密欧与朱丽叶相爱，但由于双方世仇，他们的爱情遭到了极力阻碍。但压迫并没有使他们分手，反而使他们爱得更深，直到殉情。这样的现象我们叫它"罗密欧与朱丽叶效应"。所谓"罗密欧与朱丽叶效应"，就是当出现干扰恋爱双方爱情关系的外在力量时，恋爱双方的情感反而会加强，恋爱关系也因此更加牢固。

为什么会出现这种现象呢？

这是因为人们都有一种自主的需要，都希望自己能够独立自主，而不愿自己是被人控制的傀儡。一旦别人越俎代庖，替自己做出选择，并将这种选择强加于自己时，就会感到主权受到了威胁，从而产生一种心理抗拒：排斥自己被迫选择的事物，同时更加喜欢自己被迫失去的事物。正是这种心理机制导致了"罗密欧与朱丽叶"的爱情故事一代代地不断上演。

心理学家的研究还发现，越是难以得到的东西，在人们心目中的地位越高，价值越大，对人们越有吸引力；轻易得到的东西或者已经得到的东西，其价值往往会被人所忽视。因此，当外在压力要求人们放弃选择自己的恋人时，由于心理抗拒的作用，人们反而更转向自己选择的恋人，并增加对恋人的喜欢程度。

(3)直觉性：爱情是异性之间的感情深化，源于彼此的好感。爱情具有明显的直觉性，一见钟情的产生就是直觉性在起作用。有时，直觉的相悦甚至可以主宰爱情的步伐，爱情的直觉性使爱情从一开始就具有给人快乐的特殊性能，这也是一见钟情的心理基础；但直觉性毕竟是肤浅和外在的，由直觉主导的爱情不能不带有盲目性和片面性。

(4)隐秘性：血缘爱、友爱、敬爱和抚爱都是公开的，其流露并不需要特定的条件。爱情中的性爱则不同，尤其是在它的初始阶段，相爱双方的行为带有明显的隐秘性。即使在热恋阶段，性爱的亲昵行为也是不愿让人看到的，使爱情的心理感觉在含蓄的体验中带有某种美好的诗意。

(5)平等性和依存性:爱情的平等性是以互爱为前提的,爱情的产生及发展得益于双方相互追求、相互爱慕并且在爱情中,双方相互吸引,彼此不离开对方。

二、爱情的发展阶段

【案例导读】爱情有保鲜期吗

【他是不是不喜欢我了】我和我男朋友是高中同学,以前我一直暗恋他,可是上大学之后就分隔两地了,可我还是一直很喜欢他。直到今年4月份左右,突然有一天我收到他的好友请求,然后我们从那天开始就一直聊天,天天都要聊很久,什么都能聊,然后,我们就在一起相处了,成了恋人。和他在一起一开始我真的觉得很幸福很开心,整天享受被爱的感觉,感觉一刻也不想离开他,我对他也很重要。可是,才过了那么一两个月,最近,发现他好像没有以前那么黏着我了,也少找我了,聊天也少了,我感觉有些孤单和难受,以前,每当我看手机都会看到他的短信,现在看手机,很少有他的信息,觉得时间过得很慢,每天就这样静静地等他,有时候实在受不了了就发条信息找他,这段时间真很难捱。我很苦恼,他到底是不是还喜欢我,我问过他,他说他没有变过,要我相信他,他说,他只是习惯了平淡,不是不爱我了。我知道我要信他的,可是,我看到这些变化,心里真的有点难受。难道热恋期就真的这么短吗?

【爱情能走下去么】晓君和文斌相恋一年多了。两人经历了不少次的分分合合、吵吵闹闹。恋爱中的女人总是感觉又甜蜜又痛苦,每当和文斌情投意合的时候,晓君就由衷地希望爱情能够永远;而一旦两人之间出现不愉快的场面,晓君就会退缩和逃避,动不动就叫着要分手;幸亏文斌是个心理比较成熟的男人,非常懂得如何安抚晓君那颗脆弱的心,因而他们的爱情经历风雨,仍然坚持了下来。在文斌的影响下,晓君也学会了不要轻易放弃。不过,晓君觉得自己对爱情的发展过程还是不够了解。是不是每对情人之间都会出现这样的情况呢?如果两人在谈恋爱的时候都要吵吵闹闹,那么结婚了,会不会更加不和谐呢?

看过以上这两个案例,有你熟悉的情况发生吗?______

你觉得他们的爱情出问题了吗?______

遇到这种情况应该怎么办?______

______

______

在网上有一幅著名的"爱情发展流程图",如图8-2所示。帖子一出,立刻引起了众多网友的广泛关注和讨论。笔者用错综复杂的箭头揭示了爱情从何而来,归向何处。

由图8-2中可以看出,第一种情况:认识,爱慕,然后失恋……两个人在一起时间久了,其中一方暗恋上对方,不敢表白,在痛苦中苦苦挣扎,时间长了,这段感情就黯然收场了。另一种情况是勇敢地表白了,然后被拒绝了,或苦撑一段时间后,选择结束这段感情,或直接放弃,与对方避而不见,在痛苦中结束。

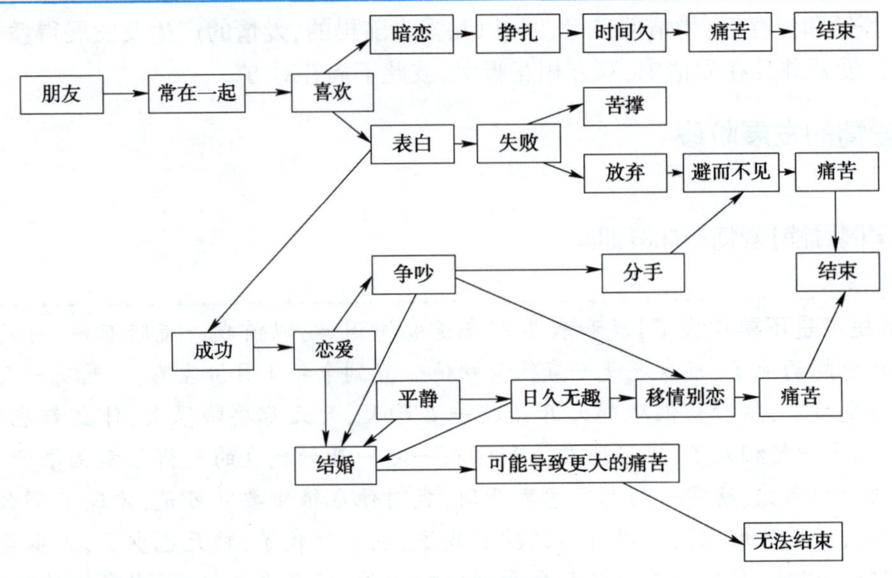

图 8-2 爱情发展流程图

第二种情况：认识，恋爱，然后失恋……恋爱后双方时常争吵，或者在有适合的解决办法的情况下选择分手，互不相见，在痛苦中让一份爱情消逝，抑或在争吵过程中移情别恋，结束一段感情。还有一种是双方恋爱后，陷于平静，日久无趣，移情别恋，痛苦收场。

第三种情况：认识，恋爱，然后结婚……首先最顺利的一种是：两个人是朋友，常常待在一起，慢慢就产生了爱慕之情，然后一方表白成功，确立了恋爱关系，顺利牵手步入婚姻殿堂。第二种是两个人在确定关系后，开始出现争吵，待双方磨合之后，顺利结婚。第三种是双方确定了恋爱关系后，开始了平淡的生活，一起领证继续平平淡淡的生活。最后一种则是，两个人在平静的生活中，日久无趣，最后选择了结婚。

结婚以后是什么？是无法结束的更大的痛苦……

以上能反应爱情真正的发展过程吗？你能在“爱情发展流程图”里找到自己的位置吗？爱情可能真的像这幅图一样，显示出的都是悲剧吗？爱情的发展阶段到底是什么样的呢？

1. 晕轮期

晕轮即“光环”，即你所迷恋的对象，身上闪烁着美丽的光芒，就像日月的光辉在云雾的作用下扩大到四周，形成了一种“光环”。在这种“光环”下，恋人把对方的形象整体美化，对方的缺点可以视而不见，甚至可以变成其闪光的优点。这种效应就是我们常说的“光环效应”。

恋爱中的“光环效应”又可以称为“情人眼里出西施”效应，在这个效应的作用下，恋人从头到脚、从里到外都是完美无瑕的，对方的一颦一笑、一举一动都可以让自己内心荡漾，激动万分。他(她)就是一切美好名词的化身，是给自己力量、温暖、信念的神，是可以托付，能够厮守的忠实伴侣。总之，一切都是那么美好，可以相互依偎，可以紧紧拥抱，可以并肩站立，可以一起看日出日落……

在这个时期，爱情之锤砸晕了双方，双方都晕倒在对方的怀抱之中，没有一丝的杂念，纯粹而干净，热烈和灵动。无私、利他、亲密得到了最好的体现，两个人结合在一起，心无旁骛，没有任何力量能拆散他们……

晕轮期是爱情中最美好、最值得珍惜的时期。一般这个时期会持续3~6个月，有的人会更长，但鲜有超过1年者。

2. 认知与磨合期

经过了轰轰烈烈的晕轮期，恋人的光环开始褪去，矛盾和冲突开始凸显，进入到爱情发展中的认知与磨合期。

在这个时期，随着双方的了解不断深入，双方的热情有所下降，缺点不断涌现，甚至原来的一些优点也被当作现在的缺点。后悔、无奈、痛苦、争吵成为常态，甚至一方或者双方提出分手。这个时期是爱情中最艰难、最痛苦的时刻，双方对此要有充分的认识，共同努力，经受住爱情的考验。

很多情侣分手是因为没有认识到磨合是爱情走向成熟的必由之路，简单地认为现在出现了问题是当初选择错了，对方不爱自己了，因此轻易地放弃了一段感情。

正确的态度是应该对磨合期有一个正确的认识，任何矛盾都是掩盖不了的，应该理解和包容对方，消除隔阂，把矛盾看成是恋爱发展的契机；注意沟通技巧，全面了解对方，不可以以主观臆测代替对方想法；以宽容的心态对待对方的不好；发脾气要适当，不能攻击对方的人格；学会换位思考，站在对方的立场考虑；相信自己，相信爱人；承认双方的差异，在差异中寻求平衡。

一般恋爱后一到三年为磨合期，有的甚至更长。如果数年都不能形成一定默契的，并且痛苦感大于幸福感，就需要重新审视一下自己的爱情了。

3. 理性与平淡期

用“铅华洗尽，平淡从然”来形容这个时期是再合适不过的，经过了长时间的磨合，双方对彼此知根知底，并且有了一定默契，情侣间的感情也比较稳定，初期的不合理、不切实际的想法已经被温情与平和取代。生活变得像白面粉一样，柴米油盐酱醋茶成了日常生活的节奏，情侣二人也能相濡以沫，相敬如宾，融为一体。

能进入这个时期的爱情是幸福的，它完成了由激情吸引到人格吸引的转变。两个人经历了风风雨雨，得到的果实也是甜蜜的。但是这个时期伴侣新鲜感和激情度降低，可能会出现一些新的问题，以后再做分析。

爱情这个东西，从来没有标准可循。并不一定所有人都要经历这三个阶段，有的伴侣不需要磨合，仍然与爱人厮守终身；有的伴侣激情常在，时刻与爱人亲密无间，实现了激情和人格吸引的完美结合；有的伴侣天生平淡，却能同甘共苦，相濡以沫。爱的奥秘，只能自己去探索。

第四节　校园里的爱情

象牙塔里的爱情故事，充满浪漫和忧伤，但却一直是大学校园里一道独特的风景线。大学生恋爱观的正确与否，对学生的学习、生活有着重要的影响。

一、大学生恋爱的特点

大学生恋爱，除了具有一般青年恋爱过程中所具有的排他性、冲动性、直觉性和依存性等特点以外，还具有自己独特的特点。

1. 恋爱的浪漫色彩浓厚

大学生谈恋爱,对爱慕之情、人生看法较多,而很少甚至根本不谈结婚、家庭等今后发展的具体问题。这是由大学生的客观条件所决定的。大学生恋爱的这种浪漫色彩,掩盖了理想和实际之间存在的矛盾,因此,爱情缺乏挫折的磨炼和必要的现实基础,比较脆弱,一旦遇到问题,容易破裂,这是大学生恋爱成功率较低的原因之一。

2. 恋爱的自主性较强

大学生谈恋爱,都是自己做主,个性特点强,不信奉什么统一的模式。社会上的青年在明确恋爱关系前,一般征求人家的意见;明确恋人关系后,双方家人来往密切,成人指导贯穿于各个环节。而大学生因离家住校独立生活,常常自己看准了对象就去追求,甚至确定关系后家长都不知道。

3. 恋爱的盲目性较大

大学生把在校期间谈恋爱作为一种取得生活经验的实践活动,或作为一种消遣但他们在与对方恋爱中究竟爱是什么、为什么爱都没有弄清楚。

4. 恋爱的公开化

随着西方文化和生活方式的冲击,传统观念覆盖下的两性关系的幕帘被揭开。过去许多高校禁止大学生谈恋爱。现在校方虽然没有明确赞同,但态度较过去宽松,所以大学生的恋爱活动由以前的地下转为公开。

5. 恋爱的情感随意性大,传统道德淡化

现在大学生恋爱一扫传统的含蓄、内在、深沉唯美的形式,与之相反的是在公开场合手拉手,肩并肩,整日形影不离,甚至搂搂抱抱,招摇过市,致使旁人不得不退避三舍,有的甚至对婚前性行为持认可和宽容的态度,传统的贞操观在大学生中逐渐淡化。

【故事导读】那些年,影响我们爱情观的人

关于爱情,有人向往“执子之手,与子偕老”,有人“不求天长地久,只需曾经拥有”。爱情是一种强大的力量,让人可以为之生为之死。那么,究竟是什么影响着我们对爱情的判断,令我们对爱情或沉溺或疏离?

“在茫茫人海中,时间的荒野里,遇到该遇到的人,不早一步也不晚一步,那么也没有什么别的可说,唯有轻轻地问一声‘哦,原来你也在这’。”张爱玲绝对是个聪明女子,在她笔下,人物的爱情是没有青春、幻想、热情和希望的,有的只是虚妄和苍凉。大多是不可避免却又看来极其自然的悲剧。她不敢向往未来无边的荒凉和恐怖,于是只能在眼前的一点欢乐中寻找避难所。

张爱玲的小说是极其精彩的,她小说里的爱情也是极其精彩的。可是这种精彩不是可以拿来玩味的。在她这里,你不能逃避人生的苍凉和爱本身的虚幻、悲苦,那些喜欢读张爱玲小说的女子,读多了她的小说,想必也不会对爱情抱有过高的幻想,不会不对其中女主人翁的盲目引以为戒了。

徐志摩的情诗，韵律谐和，比喻新奇，想象丰富，意境优美，神思飘逸，美好而不实际。在徐志摩生活的那个时期，他的诗更能突出作者对婚姻自由、纯洁的爱情的追求。所以往往带有很多美妙的遐思。

徐志摩短短的一生，影响的又何止一代人的爱情？

三毛笔下更多的是写婚后的爱情，写她和荷西的故事，两个人心心相印，朝朝暮暮，几乎每个细节都浪漫而温馨。比如，他们各自有自己的屋子，给对方留足够的空间，既可以相亲相爱，又可以相敬如宾。在一般人眼里和实际生活中，婚后的爱情基本上是种幻想，早晚被琐碎的事摩擦得支离破碎，维系而已，哪还敢奢望激情。然而身处撒哈拉大沙漠的三毛与大胡子荷西却过着童话一般美丽的婚后生活，仿佛他们一直在热恋……

三毛自杀了，她和荷西的爱情至今无人见证。也许，在许多喜欢三毛的人心里，他们始终愿意相信三毛的爱情就是那么美丽的。为什么不呢？为什么要在本已如此平庸无趣的生活中消磨掉对爱情的幻想。

琼瑶的爱情小说塑造了整整一代人的爱情观。在琼瑶笔下，爱情是无往而不胜的，可以依靠，可以寄托，可以创造，甚至惊天地泣鬼神。“只要有了爱，一切困难都是能够战胜的，一切梦想都是可以实现的。”这个观念在她的读者中缓慢却坚固地深入人心，使他们对爱情有了过高的评价和期望，在他们心中，仿佛整个世界都是为了那些美丽的爱情而设置的道具与背景，可实际上，一个人的整个爱情不过是世界上微不足道的一粒尘土，虽然它也曾经像一块剔透的钻石，然而用不了多久，就会被外界或自己污染——这才是它真实的命运！当一个少女从琼瑶的故事里走出来，经历了一场或几场恋爱后嫁为人妇，相夫教子，她会感到，她是被琼瑶骗了。可是想到自己疯狂读她的书的那段时光，想到因为受了她的影响而在恋爱中所做的种种蠢事，她还是会付之一笑，她只是不再相信了——仅仅不相信而已。

金庸的爱情故事是抚慰成年人疲惫灵魂的童话。其实和琼瑶一样，金庸笔下的爱情都是不现实的。不论讲武侠，还是讲爱情，金庸都是个童话作家。

所以当万念俱灰的杨过在十六年后跳下碧水寒潭，走进别梦依稀的茅屋，对镜感叹时光易逝，华发易生的时候，一只纤纤玉手搭上他的肩头：“不是你老了，是我的过儿长大了。”读到这里，小龙女的那只手搭在了多少读者的心头，在一瞬间，我们都会相信“爱情永恒”的谎言。

谁都知道王朔的爱情话本里，爱从来都不是生命的唯一。换一种庄重的表达方式，就是——在俗世物欲的喧嚣中，一滴爱的眼泪滴落尘埃，在被瓦解的“崇高和永恒”的垃圾堆里，还有一朵情爱的野花在摇曳着，不愿被摧折。我们明知这是个圈套，还心甘情愿地钻进去。因为我们知道，其实所有的爱情故事都是圈套，只是王朔明说了而已。

痞子蔡给了这个现代爱情很多有意思的嚼头。《第一次亲密接触》从网上走到网下，出了几个版本，争相购买的都是女人，女人开始都是爱情的宠物，后来又都变成爱情的奴隶，所以说女人在爱情中智商最低一点也不错。

这个故事很普通，但痞子蔡给了这个现代爱情很多有意思的嚼头，比如：“……如

果把整个太平洋的水倒出来,也浇不灭我对你的爱情的火焰。整个太平洋的水全都倒得出吗?不行。所以我并不爱你。"

王晶用类似古惑仔世的爱情,引导着新新人类的爱情观!王晶的电影,武侠片占大多数。但是他的武侠片中绝对少不了爱情,而且都是那种江湖中的恩爱情仇。崇拜偶像和善于模仿,是我们这代人最大的特点,因此这种影响到底反面多还是正面多,社会上也一直争论不休!

罗大佑的歌是爱情最高档的品牌。在他的情歌里,我们听到的不是深爱的倾诉,而是至爱的箴言,真爱的经典。从《闪亮的日子》到《滚滚红尘》,从《恋曲1980》到《恋曲2000》,从《爱人同志》到《沉默的表示》,那双"穿过黑发的手"抚摸了整整一代人沧桑的灵魂。那无法伴着卡拉OK演唱的长长的叠句,仿佛是为现代人短暂的爱情所做的漫长的注脚。实际上罗大佑所有的情歌都不单单在吟唱爱情,所以他所有的歌都可以当作情歌来唱。

二、大学生恋爱心理困扰

1. 我爱你吗?——喜欢还是爱情

人世间有种情感叫"喜欢",另一种叫"爱",而爱与喜欢又是深陷爱情中的男女纠结不清的问题。关于什么是爱什么是喜欢,爱与喜欢有什么关系,异性之间到底存不存在单纯的喜欢,很多人给出了答案,貌似正确,可还是让人分不清到底是喜欢还是爱。但是,喜欢是爱的前提,爱是喜欢的结果,这一点毋庸置疑。也许,通过鲁宾编制的爱与喜欢的量表(附后),会对你有一些帮助。

2. 我终于失去了你——失恋

失恋指一个痴情人被其恋爱对象抛弃,很多人即使和平分手,或者抛弃人的一方,也称作失恋。失恋以后,不同的人会有不同的反应,但是常常会出现如下几种情绪体验:

(1)悲伤、痛苦、愤怒与绝望。有的人突然失恋以后,在情感上首先会产生极大的悲伤和痛苦,随之而来的便是愤怒和绝望,很可能产生鲁莽的异常行为。如自杀、殉情、报复他人等。

(2)强烈的报复心。这种情况通常发生在一些感情受到欺骗、玩弄的失恋者身上。他们为了宣泄自己的愤怒和不满,可能采取非理智的极端行为,甚至干脆以自己的沉沦来报复社会和他人。

(3)强烈的自卑感。有的失恋者因自尊心受挫会产生强烈的自卑感,有的甚至从此拒绝爱情,性格变得孤僻、古怪,严重者有自杀念头或行为。

(4)迁怒于他人或事。失恋后,有的人易将消极的情绪迁怒于人或事物中去。如易发脾气,对任何事都觉不顺心,容易发怒,这种无端的迁怒常会导致行为偏激。

大部分失恋的人,其实很清楚这其中的原因,是自己的原因,还是恋人的原因,抑或是第三者的原因,需要先认清楚原因,用客观的想法去分析失恋的原因,这是减轻痛苦的第一步,当然,原因分析出来了之后你还是会痛苦的。在失恋以后,大学生应该做到"失恋不失态",不要马上开始另一段恋情。如果此时开始了第二段感情,可能会为以后带来更大的烦恼。正确的

做法是，在失恋后半年，或者一年之后，能够真正放开之前的感情了，再去考虑新的感情。同时要做到放纵适度，很多失恋的人会借酒精或者是其他的东西来麻醉自己，一醉方休，但是醒了以后，会又一次陷入痛苦之中。也就是说放纵不能解决问题，痛苦依旧，所以在放纵的时候，要适可而止，不要让自己留下太多的遗憾。

爱情是我们的一门必修课，那么其中一定有失恋的内容。这些内容是每个人都要经历，并且学会克服。从某种程度来说，只有学会走出失恋，才能更加珍惜拥有的感情。

【心灵对话】你失恋过吗？

你失恋过吗？＿＿＿＿＿＿＿＿＿＿＿＿＿＿＿＿

失恋后的心情可以有哪些词形容？＿＿＿＿＿＿＿＿＿＿＿＿＿＿＿＿

失恋后你用过哪些调节的方法？＿＿＿＿＿＿＿＿＿＿＿＿＿＿＿＿

你觉得失恋带给你什么成长？＿＿＿＿＿＿＿＿＿＿＿＿＿＿＿＿

3. 爱你在心口难开——暗恋

暗恋，也叫单相思、单恋，是指一方对另一方心存爱意或好感没有表现出来，通常不外乎胆怯、害怕被拒绝、其中一方或双方已有伴侣等原因，暗恋是几乎每个人都会有过的情感状态。暗恋是一种纯净古典的情感，是一种单纯、无私、深刻的爱。

暗恋是一个人爱情的准备阶段，也是一个人情窦初开时对于异性产生好感，并且开始有对爱情的懵懂理解。它是一种痛苦，同时又是让人黯然欣喜的事情。因为暗恋通常是一种没有回报的爱，暗恋者通常比其他恋爱来的痛苦，除了要忍受对方不知道的恋情之外，还要默默忍受暗恋所带来的种种痛苦。

有研究显示，暗恋的现象出现于广泛的年龄层中，不论是青年、少年、中年还是老年，其中以青少年出现情况较多，暗恋的现象在男性与女性身上出现的概率相等。

【心灵对话】暗恋来了，怎么办？

你有暗恋的人吗？＿＿＿＿＿＿＿＿＿＿＿＿＿＿＿＿

你敢于向他(她)表达吗？＿＿＿＿＿＿＿＿＿＿＿＿＿＿＿＿

你打算采取什么样的方式表达？＿＿＿＿＿＿＿＿＿＿＿＿＿＿＿＿

你预想过后果吗？＿＿＿＿＿＿＿＿＿＿＿＿＿＿＿＿

有暗恋你的人吗？＿＿＿＿＿＿＿＿＿＿＿＿＿＿＿＿

如何判断他(她)是否暗恋你？＿＿＿＿＿＿＿＿＿＿＿＿＿＿＿＿

第五节　培养爱的能力

爱的能力指和他人建立亲密关系的能力，它与人的一生发展有着重要的意义。恋爱过程也是培养爱的能力的过程。爱的能力包含多方面。

一、识别爱的能力

在爱情当中人们有时常常以为是爱才和对方走在一起,其实可能掺杂了许多其他心理因素与物质因素。也许是为了虚荣,或为了满足征服的欲望;也许有现实的利益,或仅仅因为性。识别自己内心世界的情感,其实也需要勇气。有识别爱的能力的人,是个自信也尊重别人的人,会自然地与别人交往,主动扩展交往的范围,珍惜友谊,会尽量多体验他人的感受。

二、表达爱的能力

爱真的需要勇气,爱需要表达,表达爱更是一种能力。爱是千里马,表达就是伯乐。其一表达爱需要勇气,需要信心;其二表达爱要选用恰当的方式和语言,其三表达爱是在表明爱一个人也是幸福,即使可能得不到回报;其四表达爱也就意味着要承担责任。

三、接受爱的能力

当期望的爱情来到身边时,并不是所有的人都有勇气接受。有的同学会因为对自己过低的评价,会觉得自己不配;有的认为自己不值得爱而不敢接受爱情;当然还可能怕因为怕自己受到伤害而不敢去拥有。能否有勇气接受爱情,很重要的一点是对自己的评价是否比较积极,以及不管爱情成功与否的自信。

四、拒绝爱的能力

神女有心,襄王无梦。有爱的能力的人并不是来者不拒的,拒绝爱的能力其一表现为对他人的尊重,要感谢对方对自己的感情;其二要态度明朗,表达清楚,即讲清和对方只能是什么样的关系,同学还是一般朋友,或什么都不是;其三要行动与语言一致。可能有些人怕对方受伤害,虽然语言上拒绝了对方,但行动上还是与对方有较亲密的接触,使对方容易误解,认为还有机会,还纠缠在与自己的情感中。

五、解决爱的冲突的能力

相爱总是简单,相处太难,相爱的人之间发生冲突是很自然的事情,冲突一方面可能来自日常生活中的不一致,或不协调;另一方面可能来自于性格的差异。爱需要包容、理解、体谅。学会用建议性的方式去解决。沟通是非常有效的方式。恋人间需要有效的沟通,表达清楚自己的思想、感受。伤害性的争吵或者冷战都不利于问题的解决。

六、面对失恋的心理承受力

失恋是人生中一个很大的挫折,考验的是人的耐受挫折的能力。培养承受失去爱的能力,其一是要学习正确看待失恋,有些人把失恋看成人生的一个巨大的失败,是一种自尊心的强烈受损,那就必然会有强烈的负性情绪体验;其二,在失恋中学习,把失恋作为一种人生的财富,人会在失恋中变得更加成熟;其三,失恋给人再恋爱的机会,一次失恋,不等于整个爱情生命的结束,人还会再恋爱,再体验美好的爱情,只要用心去体验、去建设、去学习和感受。

七、保持爱情长久的能力

人生若只如初见，只是一种美好的幻想。保持爱情长久的能力，其实需要上面多种能力的综合。爱需要两个人真正地关心对方，走进对方的内心世界，以对方的快乐为自己的快乐。要保持爱情的常新，需要智慧、耐力、持之以恒及付出心血，同时又要保持自己的个性，有自己的追求与发展(事业)。学习新的东西，善于交流，欣赏对方，是爱的重要源泉。

【故事导读】国王与女巫

年轻的亚瑟国王被邻国的伏兵抓获。邻国的君主被亚瑟的年轻和乐观所打动，没有杀他。并承诺只要亚瑟可以回答一个非常难的问题，他就可以给亚瑟自由。亚瑟有一年的时间来思考这个问题。如果一年的时间还不能给他答案，亚瑟就会被处死。

这个问题是：女人真正想要的是什么？

这个问题连最有见识的人都困惑难解，何况年轻的亚瑟，对于他这是个无法回答的问题。但总比死亡要好得多，亚瑟接受了国王的命题并要在一年的最后一天给他答案。

亚瑟回到自己的国家，开始向每个人征求答案：公主，妓女，牧师，智者，宫廷小丑。他问了所有的人，但没有人可以给他一个满意的回答。人们告诉他去请教一个老女巫，只有她才能知道答案。但是他们警告他，女巫的收费非常高，因为她昂贵的收费在全国是出名的。一年的最后一天到了，亚瑟别无选择，只好去找女巫。女巫答应回答他的问题，但他必须首先接受她的交换条件：

和亚瑟王最高贵的圆桌武士之一，他最亲近的朋友——加温结婚。

亚瑟王惊骇极了，看看女巫：驼背，丑陋不堪，只有一个牙齿，身上发出臭水沟般难闻的气味，而且经常制造出猥亵的声音。他从没有见过如此不和谐的怪物。

他拒绝了，他不能强迫他的朋友娶这样的女人而让自己背负沉重的精神包袱。加温知道这个消息后，对亚瑟说："我同意和女巫结婚，没有比拯救亚瑟的生命更重要的事了。"

于是婚礼宣布了。女巫于是回答了亚瑟的问题：女人真正想要的是主宰自己的命运。

每个人都立即知道了女巫说出了一个伟大的真理，亚瑟的生命被解救了。

于是邻国的君主放了亚瑟王并给了他永远的自由。来看看加温和女巫的婚礼吧，这是怎样的婚礼呀！亚瑟王在无法解脱的极度痛苦中哭泣，加温一如既往的谦和，而女巫却在庆典上表现出她最坏的行为：她用手抓东西吃，打嗝，说脏话，让所有的人感到恶心，不舒服。

新婚的夜晚来临了，加温依然坚强地面对可怕的夜晚，走进新房。是怎样的景象在等待着他呀！一个他从没见过的美丽的少女半躺在婚床上！加温惊呆了，问她到底是怎么回事。

美女回答说，因为当她是个丑陋的女巫时加温对她非常的好，于是她在一天的时间里一半是她可怕的一面，另一半是她美少女的一面。那么加温想要她在白天或夜晚是哪一面呢？

多么残酷的问题呀！加温开始思考他的困境：在白天向朋友们展现一个美丽的女人，而在夜晚，在他自己的屋子里，面对的是一个又老又丑如幽灵般的女巫呢？还是选择白天拥有一个丑陋的女巫妻子，但在晚上与一个美丽的女人共同度过每一个亲密的时刻？

如果你是加温，会怎样选择呢？

加温没有做任何选择，只是对他的妻子说："既然女人最想要的是主宰自己的命运，那么就由你自己决定吧。"女巫终于热泪盈眶："我选择白天夜晚都是美丽的女人，因为我爱你！"

于是女巫选择白天夜晚都是美丽的女人。

有时我们是不是很自私？以自己的喜好去安排别人的生活，却没有想过人家是不是愿意。而当你尊重别人，理解别人时，往往得到的更多。如果我们多一些爱心，多一点关怀给人，我们也会得到更多的回报。

我们只需要一个我真爱的人和真爱我的人在一起，我们的人生便圆满了。

【心灵对话】若是相爱，穿梭千年

"万法皆生，皆系缘分，偶然的相遇，蓦然的回首，注定彼此的一生，只为眼光交汇的刹那，缘起即灭，缘生已空"。前世的回眸，才有今生的擦肩；前世的错过，才有今生的相遇；前世的别离，才有今世的叹息！暮鼓城钟处的梵音，可否唤醒沉睡千年的菩提？穿梭千年的风雨，一路找寻你的足迹，翻越千重山万重山，只为与你相遇！

那一世的情长，今世的断肠，你别后的殇，我一人品尝，婆娑后的沧桑，都续写在脸上，折叠在光阴深处的旧梦，落墨尘封。三千繁花，我一人独守这红尘；三千旧梦，我一人独渡这轮回，默默虔诚，这相思之深，可否换得今生的等？

经年的风，吹散记忆的痛，经年的雨，洗尽过往沧桑。我在岁月流转处，低眉思量，那一世的我们，有着怎样的相逢，换我这一世，念之不忘，思之若狂！

你是我笔下，落墨的疼痛，笔尖流转处的盛放，是为你而开的模样，不管将你怎样安放，都是命运的捉弄，我的选择，逃不出缘分的魔掌，只想，为你掸去记忆里的尘埃，等你遇见我时，可以清晰地记起，那一世，我们的擦肩与回望！

想念的痕迹，刻在每个字里；思念的声音，与心跳齐鸣；那一句承诺，改变之后的命运！我的情，一直停在那里，不来不去；我的爱，一直葬在那里，不增不减；那一世的相许相惜，可还长眠于你的心里，不舍不弃？

伸出双手，触不到你指尖的温柔，感叹世事之变，起落不定。如果可以，来世，我愿做那经殿中暮鼓晨钟里的一曲梵音，不为聚散不定或悲或喜，不为离愁别绪茫然若失，不为生死棋局深深叹息，不被凡尘俗情所困。就在那一曲梵音里，吟唱那一世的相遇，婉转悠扬，声声不息！不为超度你，只为贴着你的温柔，不为修来世，只为遇见你！

是的，不为超度你，只是想贴着你的温柔，近一点，再近一点，耳畔回响的是你呢喃时的浓情蜜意，是你关怀时的真情意切，是你思念时的起落不定，是你无眠时的辗转反侧，是你目光里柔情细语，你刻在那里的爱，是我此生不忘的守望与等待！

不为修来世，只为遇见你，携手一起，赴一程青山绿水，听山水潺潺，鸟语清响；看落日余晖，晚霞满天；一支玉笛，一段轻舞，一缕云烟，一种人生；两两相依相守，彼此相惜相伴，天涯长路，一起放歌，这样的一天，每一天都是生命中的永恒！就这样，我卧在你怀里，你住进我心里，默然相爱，寂静欢喜！

天地悠悠，修一段缘，与你携白头，永相守；思之悠悠，修一份情，红尘有你，不离不弃！念之悠悠，安暖流年，一生相许！

——靘裳羽伊 原创

人的一生中最重要的不是名利，不是富足的生活，而是得到真爱。有一个人爱上你的所有，你的苦难与欢愉，眼泪和微笑。真爱是最伟大的财富，也是唯一货真价实的财富。

【心理测评】Zick Rubin 爱情与喜欢量表

请针对自己的实际情况对下列陈述做出判断，符合记 1 分，不符合记 0 分。如果你选的“符合”集中在第 1 项 ~ 第 13 项，表示你对他(她)的感情以“爱情”成分居多；如果你选的“符合”集中在第 14 项 ~ 第 26 项，表示你对他(她)的感情以“喜欢”成分居多：

1. 他(她)情绪低落的时候，我觉得很重要的职责就是使他(她)快乐起来。
2. 在所有的事件上我都可以信赖他(她)。
3. 我觉得要忽略他(她)的过失是一件很容易的事。
4. 我愿意为他(她)做所有的事情。
5. 对他(她)，有一点占有欲。
6. 若不能跟他(她)在一起，我觉得非常不幸。
7. 假使我很孤寂，首先想到的就是要去找他(她)。
8. 他(她)幸福与否是我很关心的事。
9. 他(她)不管做什么，我都愿意宽恕他(她)。
10. 我觉得他(她)得到幸福是我的责任。
11. 当和他(她)在一起时，我发现我什么事都不做，只是用眼睛看着他(她)。
12. 若我也能让他(她)百分之百的信赖，我觉得十分快乐。
13. 没有他(她)，我觉得难以生活下去。
14. 当和他(她)在一起时，我发觉好像两人都有相同的心情。
15. 我认为他(她)非常好。
16. 我愿意推荐他(她)去做为人所尊敬的事。
17. 以我看来，他(她)特别成熟。
18. 我对他(她)有高度的信心。
19. 我觉得不管何人和他(她)相处，大部分都有很好的印象。

20. 我觉得他(她)跟我很相似。
21. 我愿意在班上或团体中,做什么事都投他(她)一票。
22. 我觉得他(她)是许多人中,容易让别人尊敬的一个。
23. 我认为他(她)是十二万分聪明的。
24. 我觉得他(她)在我所有认识的人中,是非常讨人喜欢的。
25. 他(她)是我很想学的那种人。
26. 我觉得他(她)非常容易赢得别人的好感。

比较前十三项于后十三项的分数,衡量爱情还是喜欢。

你选择的结果是:______________________________

【互动训练】爱情价值大拍卖

活动道具:爱情价值拍卖单。

活动程序:

(1)首先领导者在黑板上写下“爱情价值拍卖单”,有 n 种比较重要的爱情价值,可以让成员进行补充,分别是:温柔体贴、平淡踏实、足够富裕、才华横溢、相貌端正、正直善良、具备孝心、事业心强、有责任心、成熟稳重、心胸宽广、善解人意、共同语言、思想独立、能力强等。

(2)请每人就这项目,一人有 100 万元,由领导者进行拍卖,叫价以一万元为单位,至 15 项卖完为止。

(3)拍卖完,讨论下列题目:

①各买到何者。

②经何考虑而买到自己所得之项目?是自己所需或喜欢?

③依我们对每一伙伴认识,认为他会买该项吗?为什么?

④若重选一次,结果会相同否?如何选?

⑤若以人生目标来看,会和爱情价值观相同吗?工作、爱情、亲情、朋友、嗜好,何者最重?

活动感言:

通过本次活动,我的体会和感受是______________________________

____

____

____

【拓展阅读】

1. 奥斯丁. 傲慢与偏见[M]. 哈尔滨:北方文艺出版社,2012.
2. 钱钟书. 围城[M]. 北京:人民文学出版社,2012.
3. 叶芝. 当你老了[M]. 北京:北京理工大学出版社,2015.

第九章

大学生的性心理健康

【心灵启航】

1. 什么是性?
2. 你了解自身性的发展吗?
3. 大学生如何维护性健康?

【心灵对话】关于“性”的联想

听到性这个词,你会想到什么?请把所有你能想到的写下来:

____

____

____

一个人从生到死,“性”始终伴随着他的一生。性,能给人以欢乐,也能给人以痛苦;可以引人走向崇高的境界,也可以诱人误入歧途深渊。因此,每一个人都有权利通过正规的渠道获得有关性的知识,了解人类各种性行为的发生发展规律,了解人类异常性行为的常见表现,学会正确认识和处理性心理问题,消除性烦恼,完善人格。

第一节 什么是性

人的性是生物、心理、社会三重因素共同作用的结果。因此全面的理解性,就要从这三面说起。

一、人的性本能——性的自然属性

性的自然属性,即性的生物学基础。性的自然属性是指人类生命的诞生、性成熟、性繁衍等性生理属性。这种自然属性在受生物本能的制约上与动物无异,但又有别于生物的一般本性。在生物进化过程中,性别的产生是与生殖进化密不可分的,从无性繁殖到有性繁殖,生命进化经历了一次关键性转折,增强了生物的适应能力。

繁殖是生命最重要的特征之一,从形成最简单的单细胞生物开始,就有了细胞的分裂繁殖。生命由简单到复杂朝着多细胞生物的方向进化,多细胞生命的特点是细胞分化成许多具有不同功能的细胞群,互相配合,构成复杂的高等生命,其中也分化出了生殖细胞。有性繁殖通过不同性别生殖细胞的基因结合,提高了生物的适应能力,对于物种进化具有重要意义。性欲的产生由于细胞分化形成两性生殖细胞,不同性别的性细胞分别属于两个生命体,自然选择决定了性成熟后的动物两性个体互相吸引,并使生殖器官产生交接的驱动力,这就是性欲。这种把两性结合在一起的驱动力,使雌雄两性在发情期能够互相吸引,并实现性交,从而使雌雄性细胞结合在一起,完成繁殖后代的使命。由于繁殖后代事关动物物种的生死存亡,自然选择保留了那些性欲足够强烈、有能力完成繁殖使命的个体,代复一代,就形成了动物的强烈性欲,性欲驱使动物在发情期不顾一切地要和异性结合。

人类从动物进化而来,具有动物的生物学本质。人类的性活动也具有动物的共性,其目的也是为了满足性欲,体验由此带来的强烈快感。性欲是驱使动物通过追求接触异性身体,最终达到两性生殖器官直接交合,并从中获得强烈快感的动物本能欲望。性欲的生物学意义是促使动物完成繁殖使命,但人之所以为人,是因为人具有自我意识,只有人才能认识到性活动的实质是繁殖后代,而不是追求快感本身,从而使得人类的性活动不仅具有生物学意义,而且具有社会学意义。

【心灵对话】了解我们的身体

你了解自己身体的隐私之处吗?______

青春发育期给你带来了身体上哪些变化?______

如果有下辈子,你愿意当男人还是当女人?为什么?______

二、人的性本质——性的社会属性

性的社会属性是人类性行为的本质,人类性行为的生物属性也总是通过其社会属性表现出来的。人类通过长期的生产和生活实践,逐渐认识到性行为的方式和后代体质强弱有着密切的关系,因此社会对人类性关系的干预和限制也越来越严格。在原始社会,人类毫无限制地群婚杂交。随着生产力的发展,先是限制父母辈与子女辈的性交,再限制兄弟姐妹间的性交,以后是近亲不婚等,直至发展到近代社会的"一夫一妻制"。

人类的性行为本身就是一种社会文化现象,正像人们的饮食、饮水有许多规矩、礼仪和科学知识一样,性行为也同样有许多社会规范、礼仪和科学知识,并且受到人们的道德观念的影响。人的性需要,不仅包括生理性需要,更重要的是也包括社会性需要。例如,择偶的要求不仅是寻找一位异性,而且还要满足个人审美的需要、爱的需要、个人生活幸福与自我发展的需要,需要考虑对方的兴趣、爱好、学历、职业、家庭等社会因素。人的性行为必须通过婚姻、经济、法律、道德关系的规范才能够实现。人的意识支配行动,人类的性行为是有意识的社会性行为,所以,这种意识是一定社会条件下的产物,因此,人类的性行为是可以自我控制的,能够做到使人们的性行为适应社会规范的要求,在社会规范允许的条件下满足自己的生理与心理

的需要，同时从中获取幸福和欢乐。

三、性的自然属性和社会属性的统一——性的心理属性

人类的性从本质上看是一种心理现象，因此性有其心理属性。性的心理属性表现在以下几个方面。

1. 性别

性是指男女两性在生物学上的差别。性别则是指男女两性在心理学上的差异。主要表现在性格、气质、感知觉、情感和智力等方面。男女在心理发展上、智力上是有差异的，但仅仅是差异，而不存在谁优谁劣的问题。美国斯坦福大学出版社于1974年出版了《性差心理学》（马可比和杰克林著），该书评述了历来认为的男女心理特征的差别在50种以上，而他们将其差别归纳为10项：①女孩的语言表达能力较好；②男孩的视觉和平衡能力较强；③男孩的数学能力较强；④男性更为好斗；⑤女孩的触觉更敏感；⑥男孩在交友方面更主动；⑦女孩更容易表露和叙述害怕、焦虑等行为和体验；⑧男性更富于竞争性；⑨男性更喜欢支配他人；⑩女性更倾向于顺从。显然，这些性差别主要是由社会环境、教育和家庭影响所造成的。随着社会的进步，男女在心理上的共同性逐渐增多。

2. 性别同一性

一个人在生物学上的性，与他在心理学上的性别、社会学上的性别角色，并不总是一致的。在性心理学上，把人们在体质、性格、能力和行为等表现特征抽象出来，即为男性度和女性度两大类。目前性别同一性的危机包括性别表现的中性化、性别表现的双性化和同性恋等。

3. 性欲

性欲是人的一种基本欲求和需要。虽然性欲是由激素的分泌产生的，但是它受到人的社会性、文化观念的制约，主要成为人的情感的强烈表现，所以它是心理现象。

4. 性爱

人的基本情绪和情感可分为喜、怒、哀、惧、爱、恶、欲7种。其中的“爱”就包括性爱，性爱是人的道德感、理智感、美感等高级社会性情感的集中表现。

5. 性行为

性行为是人的有意识的活动，必然受到人的心理活动的支配和调节。性行为本身是由做爱过程的动作系列和内心的情绪两部分有机结合而成。从动作系列来看，性行为有本能的成分，但是人的性行为已经超脱于本能之上，而区别于其他动物。在一定时间或环境中，是否适合发生性行为，以何种方式实施性行为，必然受到个人的文化观念、性态度、行为习惯和情绪体验等诸多心理因素的制约。

6. 性变态

偏离常态的性欲和性行为模式就是性变态。性变态的原因虽然很复杂，但心理因素起关键作用。儿童在心理发展过程中，有一个性别自认的重要阶段，在这个阶段出现心理偏差，常常是酿成性变态的根源。

7. 性功能障碍

人类特有的疾患。根据国内外性科学专家的研究，性行为功能的某种缺损或不全，即性功能障碍有 85% ~90% 都是心因性的，即由心理因素造成的。夫妻关系不和睦、情绪紧张、焦虑、忧郁等是引起性功能障碍的主要原因。所以，进行必要的心理治疗，可使 80% 以上的性功能障碍者康复。

第二节 大学生性心理发展

随着生理发育的基本完成，大学生的性意识也开始明朗和迅速发展起来。大学生已不再为“第二性征”的出现感到羞涩或反感了，而是通过各种形式展现性的魅力。随着性生理的成熟，大学生的性心理也有了很大程度的发展。他们对性知识有浓厚的兴趣，有着强烈的性冲动，渴望与异性交往。虽然大学生的性心理正处渐趋成熟期，但是大学生还缺乏对其性心理的正确认识、分析和解决两性问题的能力，他们的性心理具备一些特有的特征和矛盾。

一、大学生性心理发展上的特点

1. 性心理的本能性和朦胧性

相当一部分大学生，尤其是低年级大学生的性心理，尚缺乏深刻的社会内容，主要还是生理发育成熟带来的本能作用，好像情不自禁地对异性发生兴趣、好感和爱慕。加上不少学生不了解性的基本知识，对性有较浓厚的神秘感，使得这种萌动又罩上了一种朦胧的色彩。大学生由于性生理和性心理日趋成熟，希望与异性交往，他们喜欢探索异性的心理秘密。正是在此基础上，在朦胧纷乱的心理变化中，大学生的性意识逐渐强烈和成熟起来。

2. 性意识的强烈性与表现上的文饰性

大学生对性的关心程度明显强于中学生。他们十分重视自己在异性心目中的形象，十分看重来自异性的评价，并常按照异性的要求和希望来进行自我评价和塑造自己的形象。从大学生宿舍中每晚的卧谈会中我们不难看出，大学生对性的关心程度之高，表现出明显的对性的强烈渴望。同时我们可以看到，尽管大学生心理上对性问题和异性都很关注、很敏感，但在行为上却表现得拘谨、羞涩和冷漠，具有明显的文饰性。

3. 性心理的压抑性和动荡性

青春期是人一生中性欲最旺盛的时期。但不少大学生心理不够成熟，尚未形成稳固的道德感和恋爱观，自控和自制的能力有限，他们的性心理极易受外界各种因素的影响而显得动荡不安，表现出明显的动荡性。而且大学生并不具有通常意义上的满足性冲动的伴侣，容易导致过分的焦虑和压抑，少数人还可能以扭曲的、不良的、甚至是变态的方式表现出来。

4. 性心理的性别差异性

大学生的性心理存在着明显的性别差异性。在对于异性感情的流露上，男生显得较为外显和热烈，女生往往表现的含蓄而温存；在内心体验上，男生更多的是新奇、神秘和喜悦，女生则常是羞涩、敏感和不知所措；在表达方式上男生比较主动和直接，女生更喜欢采取暗示的方

式;男生的性冲动易被性视觉刺激唤起,而女生则易在听觉、触觉刺激下引起性兴奋。不过,这种差异近年来有缩小的趋势。如在表达方式上,女生变得较为主动的情况也是越来越常见。

二、大学生性心理的矛盾冲突

1. 生理成熟与心理不适的矛盾

大学生的性生理与整个身体的发育已基本成熟,但性心理的发展滞后。由于受传统伦理观念的影响,性的问题一直被蒙上神秘的面纱,大学生一直难以获得系统、完整、科学的性生理、性心理、性道德等方面的知识。由于科学的性知识的缺乏,使得健全的性心理在大学生身上尚未完全确立。大学生走向独立的、全面的、成熟的时间相对推迟了。由于对性的好奇和无知导致性困惑及性犯罪行为等都与这种矛盾有关。

2. 性意识的强烈性与社会规范的矛盾

大学生随着性机能的成熟,在青春期就出现的性欲望和性冲动此时会表现得更加强烈,这是身体发育中正常的生理和心理现象。但人不仅是生物的人,更是社会的人;性也不仅具有自然属性,更具有社会属性。社会道德和法律的要求、学校纪律的约束,使得大学生无法以社会认可的合法婚姻形式获得性满足。性的生物性需求与性的社会性要求的矛盾使不少学生感到不安和压抑。由于个体的性欲望有其隐曲性的特点,大学生的这种性压抑往往以多种形式宣泄出来。如谈论有关性的话题、“桌面文学”“厕所文学”中表现出性的内容,有时以非理智、非文明的方式宣泄,都可能与性压抑有关。

3. 传统性观念与开放性观念的矛盾

在中国传统的性观念中,孔孟的“男女授受不亲”、老庄的“存天理,灭人欲”,对性强调“非礼勿视、勿听、勿言、勿动”,把性看作是“万恶之源”。改革开放以来,西方所谓的“性解放”“性自由”等思想大量涌入,传统的性观念与开放的性观念之间产生了巨大的反差和矛盾冲突,使大学生性心理的发展处于多种矛盾的相互作用之中,一些大学生无法处理好这些矛盾,从而使性心理的健康发展出现了偏差。有的大学生对性冲动持否定、抵制的态度,采取压抑的方式,性压抑的结果不仅有碍性心理的健康发展,严重的会导致性变态或性过错。与此相反,有的大学生对性持放纵态度,性意识受到错误强化,沉湎于谈情说爱之中,甚至发生性过失、性犯罪。

第三节 大学生与性有关的困惑

一、性生理的困惑

1. 性体象的困扰

体象是指个体对自己容貌、形体、性别等外在身体特征的感知和印象。进入青春期后,男生和女生的体象发生了很大变化。男生希望自己身材高大,体魄强壮,音调浑厚,拥有男性磁力,以吸引女生;女生则希望自己容貌美丽,体型苗条,乳房丰满,音调柔美来显示女性魅力,以吸引男性。然而,当他们的体征不如己意时,就常出现烦恼和焦虑。在心理咨询中常常见到一

些男生因自己个子矮而烦恼，一些女生因体态胖而自卑。也有人因为对自己的阴茎或乳房等生理发育不满意而感到焦虑。

2.遗精恐惧与月经困扰

遗精是指男性在无性交状态下的射精现象，是青春期男子常见的正常生理现象，是性成熟的标志。过去传统观念往往把遗精看得很严重，认为这种行为会伤元气。青少年常因此而焦虑不安，惊恐失措。实际上精液由精子和黏液组成，一次排放的数毫升精液中99%是水分，其余是蛋白质、糖等，其营养物质对人体微乎其微。认为遗精就是“泄阳”的想法是不科学的，这种想法会引起紧张焦虑的情绪，对身心健康产生不利影响。

女性的月经期及来月经的前几天是女性生理曲线的低潮期，身体的耐受性、灵活力下降，易疲劳。这些都是正常的生理反应，但确实会给女性带来一些不适的感受，这的确是一个需要加倍体贴的“特殊时期”。有些女生过于担心经期的不舒服，这些消极暗示会加重自身情绪的低落和躯体的不适感，甚至造成恶性循环。

二、性心理的困扰

1.性别认同困扰

正常儿童3岁左右即可识别自己的性别，随后知道性别是跨时间稳定的，喜欢与同性幼儿一起玩，自然而然地遵从着内在的性角色要求，表现出行为上的性别差异，男孩通常表达出男性的行为，女孩表现为女性行为，刘达临教授在对全国大学生的调查中发现有一定比例的学生不喜欢自己的性别。其中，男性大学生不喜欢自己性别的占2.6%，女性大学生不喜欢自己性别的占15.6%，正好是男生的6倍。近年另一项关于大学生性心理的一项调查显示，90%以上的男生对于自己的性别满意度较高，而有超过1/4的女生表示在可能的情况下愿意改变自己的性别。这一结果显然是由“重男轻女”的封建传统观念所致。这种性别自贱的心理都是不正常的，如果这种心理发展到严重的程度，就会对大学生的成才发展带来不利的影响。

2.性交往的不适

与异性交往的心理从刚进入青春期时就开始萌发，“对异性的兴趣—和异性交往的渴求—恋爱—结婚”是一个人必然经历的生理、心理和社会行为的发展变化过程。“少男钟情，少女怀春”这是青春期性心理的正常表现。大学生们渴望与异性交往的愿望非常强烈。但是由于传统的“男女授受不亲”观念的影响，以及缺乏与异性交往的方法，许多人羞于与异性交往，常常拒异性于千里之外，在异性面前表现得非常紧张。

3.性的白日梦与性梦

当大学生对与异性交往强烈的渴求不能径直实现时，性的白日梦就有可能发生。性的白日梦又叫性幻想。性幻想是指在某种特定因素诱导下，自编、自导、自演与性交往的内容有关的心理活动过程。它可以幻想出在日常生活中不能满足的与异性一起约会、接吻、拥抱、性交等性活动。这种白日梦可以导致生理上的性兴奋，偶尔也会出现性高潮。这在一定程度上可以缓解人们的性需求，是一种普遍的心理现象。但是，性幻想不能过头，如果成天沉溺其中，甚至把幻想当成现实，那就会成为病态，就会有碍于青年的健康成长。

性的白日梦是人为的幻想,而性梦则是真正的梦。性梦是指在睡梦中发生性行为。人们通过梦的方式部分达到自己白天被社会规范限制的性冲动的满足,从而缓解性紧张。性梦也是青少年性心理较为普通的一种表现。一些大学生由于缺乏对性梦知识的了解,常为自己有过性梦的经历而焦虑和自责。

4. 手淫引起的心理困惑

手淫是指用手或工具刺激生殖器而获得性快感的一种自我刺激,它是一种青少年获得性补偿和性宣泄的行为。对于手淫,传统的性观念认为手淫是邪恶的,是有罪的,是不道德的。在这种传统的"手淫有害"论的影响下,一些青少年常常为自己有过手淫行为而自责,甚至产生心理障碍。其实,手淫是一种自然的、正常的性行为,手淫是对性冲动的缓解。但是,过分沉溺于手淫,靠频繁的手淫来缓解性紧张是不健康的表现。

5. 性骚扰的恐惧

常见的性骚扰有故意擦撞异性身体的某个部位,故意贴近别人,故意谈性的问题,用色情语言进行挑逗,用暧昧目光打量别人,或强行要求发生性行为等。由于缺乏自卫心理,一些同学常常面对性骚扰时惊慌失措、恐惧万分,甚至长时间地自责,认为自己不"干净",心理困扰长时间不能解脱。

三、性行为的失当

1. 身体亲密代替心理亲密

过多的身体亲昵,会加剧性冲动,有时会使自己的行为失去控制。大学生对恋爱中亲昵程度的限度认识情况是:超过半数的人认为可以有拥抱和接吻,男生中仅有26%左右、女生中仅有7%的人认可恋爱中可抚摸身体最敏感和最隐蔽部位甚至可以性交。这说明大学生中的主流对于恋爱中发生亲昵行为的态度还是严肃的。

2. 婚前性行为

对于婚前性行为,一些大学生认为只要双方愿意就可以发生,有的甚至相识不久就发生性关系,有的在校外租房同居。他们常常不能对自己的性冲动进行理性的控制,不能对自我和他人负起性行为后果的责任。在对大学生婚前性行为的态度调查项中,半数以上的学生认为婚前性行为是可以接受的。年轻的大学生们没有真正意识到自己还在读书,没有工作,在不能担负起独立的经济责任和社会责任的情况下,性行为对于自己的现在和将来究竟意味着什么。

有的女生因婚前性行为多次做人工流产,给身心都带来无可挽救的创伤。有的人手术后引起炎症,导致输卵管堵塞;有的人多次人流手术后,导致终身不育;过早性生活和流产还会导致宫颈癌发病率大大提高。

3. 性心理障碍

由于个人的经历及家庭社会的影响,大学生中有少数人存在着较严重的性心理障碍。最为常见的性行为障碍有性指向障碍、性偏好障碍和性身份障碍。

(1)性指向障碍

性指向障碍指的是其性欲对象与常人相异,如同性恋(对同性产生性爱或性行为者)。

同性恋，又称同性爱或同性吸引，男同性恋和女同性恋为同性恋的两种种类，是指个体只对同性产生爱情和性欲的现象。

性取向是一个复杂的问题，各种性取向并无优劣之分。关于性取向的产生有很多种理论，当今绝大多数科学家、心理学家、医学专家认为性取向是先天决定的，美国心理学协会（American Psychological Association，APA）发表的一篇科学文献表明：长期的实验记录证明，同性恋是无法被“矫正”的，性取向无法改变。

许多研究人员早已得出了较为一致的看法：同性恋有深厚的生物医学基础，同性恋者的性取向是由同性恋基因决定的，无法通过后天改变，不是一种选择，也不是自己可以控制的。

部分同性恋者在12岁时，就已经清楚地意识到自己的性取向了，另一部分同性恋者要在12～16岁的阶段继续探索自己的性取向并逐步确定下来，绝大部分同性恋者在20岁的时候都能清晰地知道自己的性取向。但是也有一些同性恋者可能在40～50岁时，才突然意识到自己的性取向。

这些情况都是正常的，同性恋者意识到自己性取向的早晚，与个人经历、所处的社会和文化环境，有很大的关联。这是因为异性恋在数量上占据碾压性的优势，同性恋者很难在周围充满异性恋者的环境下，像异性恋者一样从小认知自己的性取向。年幼的同性恋者充其量只会疑惑自己为什么不像周围人一样对异性感兴趣，但不会发觉自己是同性恋。这就是“后天同性恋”的由来，实际上这些“后天同性恋”只是过晚意识到自己性取向的同性恋者罢了。当然，前提是这些人从未对异性产生过爱情和性欲，否则就是过晚意识到自己性取向的双性恋者了。

在角色分工上，同性恋者并非如人想象般扮演“夫妻”“男女”角色，而是根据兴趣、能力来平等分担责任和义务，且并不喜欢角色扮演。

（2）性偏好障碍

性偏好障碍指的是性心理和性行为都带有儿童性活动的特点，即以幼年的方式求得性满足，如易装癖（以穿着异性服装和戴异性饰物来激起性兴奋获得性满足），露阴癖（在不适当的场合裸露自己的生殖器），窥阴癖（窥视异性的裸体和他人的性活动）。

（3）性身份障碍

性身份障碍指的是从心理上否认自己的生理性别和服饰，强烈希望转换成异性，即异性癖。

如果出现了上述任何一种症状，将会严重影响到大学生的生活和学习，影响今后的发展，所以应当及时向有关人员进行咨询，予以治疗。

第四节　大学生维护自身性心理健康

1974年，世界卫生组织（World Health Organization）在一次关于性问题的研究会上，对性健康的概念作了如下论述：“所谓健康的性（sexual health），是融和了有关性的生理面、情绪面、知

识面及社会面，亦以此提升人格发展、人际沟通和爱等。”❶由此可见，性健康涉及性生理、性情感、知识和社会，并把与社会有关的整体表现与是否积极增进人际交往和情爱作为性健康的标准，为我们认识性心理健康及标准提供了概括的依据。性心理健康是指个体具有正常的性欲望，能够正确认识性的有关问题，并且具有较强的性适应能力，能和异性进行恰当交往，在免受性问题困扰的同时，还能使之增进自身人格。

一、性心理健康的标准

根据性心理健康的内涵，个体的性心理健康应该符合以下标准。

1. 能够正确认识自我，愉快地接纳自己的性别

一个性心理健康的人，能够正视自己性生理的发育，性心理的变化，会自觉地把自己融于社会这个大背景下认识自我，能客观的评价自己和他人，并乐于承担相应的性别角色。

2. 具有正常的性欲望

性欲是能够获得性爱和性生活的前提条件。因此具有正常的性欲望首先就得具有性欲望，一个人如果没有性欲望，就不会有性爱和和谐的性生活，性心理健康就无从谈起。同时，它又是正常的性欲望，性欲望的对象是指向成熟的异性而不是同性或其他物品等替代物。

3. 性心理健康的个体性心理特点和性行为符合相应的性心理发展年龄特征

在生命发展的不同年龄阶段，人的心理发展表现出不同的质的特征，性心理的发展也同样呈现出阶段性的特点。如果一个人的性心理与大多数同龄人格格不入，就绝不是健康的性心理。

4. 性心理健康的人具有较强的性适应能力

性适应是指个体在生长和发育过程中，性活动(包括性欲、性意识、性观念及相应的情感、品质和性行为)和所处的社会环境和文化形态之间形成的一种和谐关系，也就是性生理、性心理、性社会的三要素在性生活过程中交互作用而显示出的一种协调状态，即性适应就是个体的性活动与外界形成的一种和谐关系。性适应能力就是个体的性活动与外界形成和谐关系的能力。性适应能力的获得是一个漫长的复杂的过程，它是伴随着个体的性生理从不成熟到成熟的过程而逐渐建立的。它表现为个体性的自我同一性的建立；能够正确对待性生理成熟所带来的一系列身心变化；在出现性冲动后，能够正确地释放、控制、调节性冲动，使之符合社会规范的要求等。

5. 性心理健康的人能和异性保持和谐的人际关系

随着性生理和性心理的发展与成熟，希望与异性交往，并能保持良好的关系，是个体自然而正常的性要求。性心理健康的个体，能够在日常的学习生活中，与异性进行自然的、符合社会规范要求的交往，在彼此的交往过程中，保持独立而完整的人格，有自知之明，不卑不亢，做到相互尊重、相互信任、自然有礼。

---

❶ 晏涵文：《性教育》，台湾大专性教育教材，第444页

6. 性心理健康的人的性行为能增进社会风尚的文明

性心理健康的人具有一定的性知识和性道德修养，能自觉去分辨性文化的精华与糟粕、淫秽与纯洁、庸俗与高雅、谬误与真理，自觉抵制腐朽没落性文化的侵蚀，并以自己文明的性行为、性形象去为整个社会的性文明构筑一道亮丽的风景线。所以，健康的性心理不仅表现为个体身心的健康，也表现为在健康性心理作用下的性行为的健康，从而构建整个社会的性心理健康。

二、大学生培养健康的性心理的途径

1. 科学的认识大学生的性权利

性权利是指人人享有的与性别有关的合法权利。对于大学生来说，因为没有婚姻生活，似乎就没什么性权利可言。但实际上，性权利不仅是婚内夫妻性生活的权利，更涉及生理、心理和社会生活中的诸多方面。但在不同的成长阶段和不同的生活环境下，人们有着不同的性权利。青少年普遍享有八项基本的“性权利”：

(1)性平等权

男女平等是我国的基本国策。女性与男性享有同样的人身权利。无论在家庭，还是在社会，无论是求学、就业还是参政，女性与男性有着法律所赋予的平等权。不能因为性别的差异而受到任何歧视。

(2)性教育权

青少年享有受到性教育的权利。子女有权利在家长那里获取到相应的性知识，这对家长来说，就是对子女有进行性教育的义务。孩子最初的性启蒙教育应该由家庭来完成。我国相关的法律规定，学校有对青少年进行性健康教育的义务。这种义务，对青少年来说就是一种权利，受到性教育的权利。

(3)性表达权

对性及情感的认知和感受有表达的权利。女生总喜欢打扮成男性化，这是对性心理的一种表达，是一种权利。找人倾诉、记录或者发表自己对性方面的态度、观点和感受，这也是一种自由表达的权利。遇到喜欢的人，表达自己的爱，这也是每个人的权利。

(4)性保护权

有保护自己不受性侵害的权利。可以采取自卫、求助、逃脱等办法。保护自己不受侵害是法律赋予每个人的权利，而侵害者正是法律所制裁的对象。

(5)性健康权

有维护性健康的权利，任何可能对自己造成性健康损害的行为，都有权利阻止或拒绝。对有可能出现的性健康问题，未成年子女有权利要求家长给予就医诊治。

(6)性拒绝权

对与性有关的不喜欢或不认同的方方面面都有拒绝的权利。比如拒绝恋爱，拒绝引诱，拒绝亲吻、拒绝拥抱、拒绝浏览不良信息等。只要我们不愿意、不喜欢，都有权利说“不”。这些对自己可能带来影响或不利的任何与性有关的事情，我们都有权拒绝。

(7)性隐私权

隐私权不得侵犯，性隐私权更是如此。

(8)性缓压权

在不损害自己和影响他人的情况下,有权利采取恰当的方式缓解性压抑、释放性能量。如自慰。

以上这八种性权利,是每个青少年所具有的性权利。我们主张青少年要认识到自己所享有的性权利,并要维护自己的性权利。恰当地行使性权利,对个人的生存、健康和发展,甚至对社会的和谐稳定,都有着重要的意义。

2. 正确处理婚前性行为

大学生婚前性行为是没有配偶的异性或同性之间在未履行结婚登记手续的情况下发生的非单方面性行为。大学生婚前性行为产生的主观因素有如下几种:①恋爱中双方过于亲昵,无法抑制性的冲动;②恋爱期间一方恐怕另一方变心,有意造成性关系的事实以便达到与另一方结婚之目的;③出于好奇心和性体验心理。婚前性行为没有绝对的支持者和反对者,对于大学生来说,结婚前相处可以提前演练以后的婚姻生活,避免出现“相爱容易,同住难”的情况,最终因为生活上不能迁就,以分手离婚收场;同时性生活是否和谐是婚后生活稳定的一个重要因素,婚前性行为可以让对方测试性能力,以及性生活是否和谐。但是对于所有的大学生来说,婚前性行为一定要对自己的健康负责。第一,男女都要学会自我保护,做好安全措施,正确使用安全套,预防传染疾病。第二,要树立正确的性心理及性道德观,对自己的行为负责,对婚前性行为负责。第三,要有正确获取性知识的途径,学习正确的性爱知识。

3. 培养健全的人格

具备自尊、自立、自信、不断向幸福进取的素质。需要、动机、兴趣、爱好、智慧、才能、理想、信念、性格、气质、人生观、世界观和价值观都向健康的方向发展,能及时调整自我与外部世界的关系;能正确处理人际关系,发展异性友谊,既不随波逐流,也不孤芳自赏,能够使自己的行为与他人协调一致;能够把自己的智慧和能力有效地用到能获得成功的事业上去。大学生在学习和工作中被强烈的创造动机和热情所推动,并能和其能力有效地结合起来,使他们敢于创造,善于创造,经常有所发现、有所发明、有所建树。具备良好的意志品质,文明适度的与异性交往。

【心理测评】趣味性向测试

很多人的自然性别和心理性别是不一样的,不想知道你的心理性取向是什么吗?做个性取向心理测试看看吧。

1. 你最喜欢的颜色

A. 红色/黄色系→3 分

B. 紫色/粉色系→5 分

C. 绿色/青色系→1 分

2. 挑选朋友的时候,你会?

A. 并不仔细挑选朋友→1 分

B. 很认真的挑选异性的朋友→3 分

C. 很认真的挑选同性的朋友→5 分

3. 你是一个在自己的性别中显得比较?

A. 比较刚强→5 分

B. 非常平凡→1 分

C. 比较柔弱→3 分

4. 你对自己的同性朋友经常有什么样的想法?

A. 想亲他/她一下→5 分

B. 想掐他/她脸玩→1 分

C. 想照顾他/她→3 分

5. 你有过长时间和很好的知心朋友交换日记或者交换信件的经历吗?

A. 曾经有过这样的经历→3 分

B. 现在还在做这样的事情→5 分

C. 今后不会排斥这样的事情→1 分

6. 在爱情中的你?

A. 会很容易有背叛的行为→5 分

B. 绝对不会背叛自己的恋人→1 分

C. 对自己的爱情信仰不是很有把握→3 分

7. 哪种花会让你更爱自己的恋人?

A. 百合→3 分

B. 玫瑰→1 分

C. 仙人球→5 分

8. 你习惯于哪个类型的接吻方式?

A. 非常激情的→5 分

B. 安静且温柔的→3 分

C. 只是简单亲一下就结束的→1 分

9. 回家的路上,突然下了很大的雨,但是你没有带雨具,这时你会?

A. 飞奔回家→3 分

B. 找个地方先避雨→1 分

C. 悠然自得的淋雨走回家→5 分

10. 在生活中,你最经常用以下哪个词语称呼你的恋人?

A. 我的 BF/GF→3 分

B. 我的老公/老婆→1 分

C. 我的 ××(特殊且奇怪的昵称)→5 分

查看结果:

总分数小于 17 分　A 型、恋爱冷淡

总分数 18 至 26 分　B 型、异性恋

总分数 27 至 34 分　C 型、双性恋

总分数 35 至 42 分　D 型、同性恋倾向

总分数大于 42 分　E 型、同性恋

【互动训练】大学生两性心理

活动一：我说你剪

活动道具：每人两张 16 开的稿纸，分两次分发。

活动程序：

(1)助理主持人给每位参与活动者发一张稿纸。

(2)主持人讲解游戏规则：接下来的活动中，请大家闭上眼睛，相互之间不要讲话，按照主持人指令折纸：(折纸过程不允许提问、不允许讨论，独立完成。)①把纸向上折、向下折，撕去一个等腰三角形。②向左折、向右折，撕去一个等腰三角形。③展开撕剩的纸，互相交流。

(3)助理主持人发第二张稿纸。

(4)主持人讲解第二次活动规则：所有学生在自己的小组位置中坐好，以小组为单位完成。仍要求大家把眼睛闭上，但小组内部可以相互交流与讨论，争取以最快的速度使小组成员所撕出来的纸的形状达到尽可能的一致。

(5)开始第二轮游戏。主持人带领，小组内部讨论。①把纸向上折、向下折，撕去一个等腰三角形。②向左折、向右折，撕去一个等腰三角形。③展开剪剩的纸，互相交流。

(6)讨论交流，两次剪纸过程最大的区别是什么，从中得到的启示是什么？________________

____

活动二：用你的耳朵赢得他人的真心

活动过程：

(1)成员“1”“2”报数，将成员分为两个小组。

(2)助手将其中“1”组成员先带出教室，安排任务，接下来的五分钟内要求成员向自己的伙伴讲述一件自己有趣的事情。

(3)“2”组成员由辅导老师安排任务，接下来的五分钟内，要求成员认真倾听伙伴的话，当辅导老师发出一个口令，比如咳嗽时，不再认真倾听伙伴的讲述，并做出各种不耐烦或者不愿倾听的表现。

(4)活动结束后，由“1”组成员谈谈自己的感受：

自己在对同伴讲述的时候，同班的表现怎么样？________________

自己的讲述是否顺利？________________

有没有感受到同伴中间有没有变化？________________

如果有，那是怎样的变化？________________

他的变化对自己的讲述有没有影响？________________

如果成员没有感受到同伴在倾听中的变化，请“2”组成员告诉“1”组成员自己的任务，以及自己是怎么完成的。

(5)分享和讨论：怎么做一个好的倾听者？________________

行为、语言、表情等应该注意些什么？________________

活动三：爱的路上我和你

热身活动：心有千千结。

活动过程：

(1)首先，全体成员拉起手围成圈，记住自己的左右手拉的是谁的手。

(2)全体成员一起松手在圈内自由走动，离自己原来的位置越远越好，指导者喊“停”，站立不动，再拉起原来的左右手，打成结。

(3)在不松手的情况下，手恢复到原来的样子。

正式活动：我欣赏的男生和女生。

活动过程：

(1)全体同学随机分为3组，每组6~7人。

(2)以小组为单位，每组一张“我欣赏的男生和女生”练习表，小组内进行头脑风暴，一人负责记录，其他人一起开动脑筋想欣赏什么样子的男生和女生，想到的所有结果都记录下来，中间不加任何评论。

(3)然后由每组选派出一名成员向全体成员介绍自己小组讨论的结果。让成员有机会说出自己眼中欣赏的是什么样子的男生、女生，男生和女生之间对欣赏的男女生哪些是相同的，哪些是不同的？从而帮助他们做一个受欢迎的人。

(4)所有同学随机抽签，男女成员两人一组，面对面站好。

(5)主持人宣布规则：①每组同学首先由男生邀请女生约会、吃饭或跳舞，或其他活动，另一方要予以拒绝。有必要的时候给出拒绝理由，要求目光直视对方，时间为3分钟。②互换角色，由女生邀约男生。

活动分享：

(1)在这个活动中，你有什么感受？________________

(2)你能接受什么样的邀约方式和拒绝方式？________________

(3)该不该主动交往？该不该拒绝？________________

【推荐阅读】

1. 李银河. 中国人的性爱与婚姻[M]. 北京：中国友谊出版公司，2002.

2. 哈夫洛克·埃利斯. 性心理学(汉译文库)(精)[M]. 北京：北京联合出版社，2013.

3. 许智权. 现代人类性心理研究[M]. 安徽：安徽师范大学出版社，2016.

第十章

大学生的压力应对

【心灵启航】

1. 你有压力吗？
2. 有压力是什么感觉？
3. 你知道什么是压力吗？
4. 你有减轻压力的方法吗？

压力(stress)一词，源于物理学的一个概念，20 世纪中叶加拿大生理学家 Hans Selye 将压力的概念引进医学和心理学。在他的研究中“压力”是指令个体紧张的威胁性事件、突如其来的危险刺激情境。可见，这里的压力概念其实是对压力源的描述，主要指重大的突发应激事件。

社会学取向的压力研究，以 Mayee 为代表，主要研究“生活事件”与身心疾病之间的关系。因此，压力与生活事件相联系，通称为“生活事件压力”。这里的压力也代表压力源，但非 Selye 的压力范围。

在心理学的研究取向中，最具代表性的人物是美国的心理学家 Lazarus。Lazarus 是世界上第一个从心理学角度系统建构和发展压力理论的学者，他提出第一个完整的、用以解释压力基本过程的心理学模型——“压力认知交互作用模型”。他认为所谓心理压力(psychological stress)是指“被个体评价为可能威胁身心健康，需要动员自身资源承载或逾越的，个体与环境间的特殊关系”。

当 stress 成为一个心理学专业术语后，我国心理学词典和教科书中出现“紧张”“应激”“压力”和“心理压力”等多种翻译。压力理论从 20 世纪到今天在不断发展着，但是压力的概念本身并没有一个确定的答案。

第一节　压力概述

在心理学的学术教科书中，压力(stress)一词有三种解释：①指环境中客观存在的某种具有威胁性的刺激；②指具有威胁性的刺激引起的一种反应组型；③指刺激与反映的关系，个体对环境中具有威胁性的刺激，经认知其性质后所表现的反应。多数心理学的研究中的压力指第三种解释：压力是个人在面对具有威胁性情境时，一时无法消除威胁，脱离困境时的一种被

压迫的感受,这种感受经常因某些生活事件而持续存在,即演变成个人的生活压力。如此看来,所谓“压力”,事实上是指压力感的意思。

概括起来,压力是压力源和压力反应共同构成的一种认知和行为体验。人的内心冲突及与之相伴随的情绪体验是心理学意义上的压力。从心理学角度看,压力是外部事件引发的一种体验。

【心灵对话】你有压力吗?

下面有20道测试题,每题有【是、否】两种答案。选【是】加1分,选【否】不加分。测试完毕后,将所有分数相加得到总分。对照后面的测试结果分析,即可知道自己处于什么状态下了。

(1)站立时有头晕感觉。

(2)有口腔溃疡的现象,并且舌苔出现异常现象,如颜色加重、舌苔增厚等。

(3)有耳鸣现象出现。

(4)经常感到喉咙或咽喉疼痛,嗓子干湿不适。

(5)食欲下降,即使很饿或者面对喜欢吃的东西,也提不起胃口,并且进食后有难以消化的感觉。

(6)经常便秘或腹泻,并感觉腹胀、腹痛。

(7)肩膀、脊椎僵硬,并伴有酸痛感觉。

(8)常患伤风感冒等小毛病,并不易痊愈。

(9)感觉眼睛肿胀、干湿、容易疲劳。

(10)经常出现手脚冰凉现象。

(11)有心慌、心悸等感觉出现。

(12)常感觉胸闷气短、胸痛、呼吸困难、甚至有窒息感。

(13)常有头晕、眼花症状出现,并感觉头部沉重或大脑不清晰。

(14)体重下降。

(15)清晨起床困难,常有不愿起床的倦怠感。

(16)经常感觉疲劳,注意力下降,精神不集中。

(17)情绪烦躁、暴躁、易怒。

(18)不愿与人交际,甚至有厌倦感。

(19)出现鼻塞症状。

(20)睡眠质量不好,容易做梦,甚至做噩梦;醒来之后不易入睡。

将得的分数相加,低于5分者,说明你承受的压力很小;6~10分者,属于正常情况,说明压力在你的承受范围之内,没什么大碍;11~15分者,你的压力较大,已经给你的身体造成不适感,要及时进行防范和调整;16~20分者,你的压力太大了,已经处于严重的紧张状态之中,并对身体造成严重的危害,威胁到了健康,建议及时就医。

通过测试,你有压力吗?你想过自己的压力来源于什么吗?________________

第二节　压　力　源

压力源(stress)又称应激源或紧张源,是指任何能够被个体知觉并产生正性或负性压力反应的事件或内外环境的刺激。作为刺激被人感知到,或作为信息被人接收到,一定会引起主观的评价,同时产生一系列相应心理和生理变化,如果刺激需要付出较大努力才能进行适应性反应或这种反应超过了人所能够承受的适应能力,就会引起人的心理、生理平衡的失调即紧张状态反应的出现,这个使人感到紧张的内外刺激就是压力源。

压力按照来源分为:生物性压力源、精神性压力源和社会环境性压力源。

一、生物性压力源

这是一组直接阻碍和破坏个体生存与种族延续的事件。包括躯体疾病创伤或疾病、饥饿、性剥夺、睡眠剥夺、噪声、气温变化等。

二、精神性压力源

这是一组直接阻碍和破坏个体正常精神需求的内在事件和外在事件。包括错误的认识结构、个体不良经验、道德冲突及长期生活经历造成的不良个性心理特点等。

三、社会环境性压力源

这是一组直接阻碍和破坏个体社会需求的事件。分为两方面:第一类是纯社会性的,如重大社会变革、重要人际关系破裂、家庭长期冲突、战争、被监禁等;第二类是由自身状况,如个人精神障碍、传染病等造成的人际适应问题,如恐人症性、社会交往不良等社会环境性压力源。

我们将压力源分为三种类型,但这只是理论分析的需要,其实真实情况并非如此。因为纯粹的单一压力源在现实生活中极少,多数压力源都涵盖着两种以上的因素,特别是精神性压力源和社会性压力源,有时是浑然一体的状态。由于三种压力源之间有着不可分割的联系,所以我们在实践领域,特别是在分析求助者心理问题的根源时,必须把三种压力源作为有机整体加以考虑。

在日常生活中,每个人都会碰上各种各样的压力,而且有些压力是根本避免不了的。美国的心理学者托马斯博士,专门研究压力给人的肉体、精神带来的影响和侵害。他把各种压力标上度数(分数)。根据他的研究结果,一年之中人的压力在300分之内尚可容许,如果超过了300分,则被称之为“危机线”,会引起心脏停搏或精神崩溃等严重的身心疾病。

表10-1列出了生活压力事件及其压力指数,结果可参照表10-2。

生活压力事件评量表　　表10-1

事　件	压力指数	事　件	压力指数
配偶去世	100	入狱	63
离婚	73	亲近的家人去世	63
分居	65	本人受伤或生病	53

续上表

事　　件	压力指数	事　　件	压力指数
结婚	50	有法律上的问题	29
被解雇	47	杰出的个人成就	28
婚姻的调解	45	妻子/先生开始/结束工作	26
退休	45	入学或毕业	26
家人的健康状况改变	44	居住情况改变	25
怀孕	40	个人习惯改变	24
性的问题	39	与上司起冲突	23
增加新的家庭成员	39	工作时数或状况改变	20
工作的再适应	39	搬家/转学	20
经济状况改变	38	休闲/宗教活动改变	19
亲近的朋友去世	37	社交活动改变	18
工作性质改变	36	借款或抵押次要财产	17
与配偶争执次数改变	35	睡眠习惯改变	16
借款	31	家人相聚次数改变	15
抵押重要财产	31	饮食习惯改变	15
丧失抵押品赎回权	30	度假	13
工作责任改变	29	过年	12
子女离家	29	轻微违法	11

社会再适应量表(Social Re-adjustment Rating Scale,SRRS)　　表 10-2

生活压力指数	未来两年内罹患与压力有关的疾病的或然率
150 以下(低度压力)	很小
150~199(轻度压力)	30%
200~299(中度压力)	50%
300 以上(高度压力)	80%

第三节　压力反应

一、生理反应

一些研究显示,压力感能使患者新陈代谢出现紊乱,心率、呼吸频率增加,血压升高、头痛,易患心脏病。压力感与生理症状的关系尚不明确,如果有关,也很不稳定,这是因为各种症状都很复杂,很难进行客观测量。因此,对于这方面的研究重点是行为和态度。

19 世纪 20 年代,美国哈佛大学生理学家坎农可说是第一位经科学方法研究身体对压力

反应的科学家。他研究人类与动物对危险的反应,发现面对危险状况时,个体之神经系统与腺体会进行一系列活动,使身体产生充分的能力对抗危险或是逃避危险。坎农称此种双重反应为“反击或逃离”的并发症状。

这种压力的原始反应中心是大脑的下视丘,下视丘又被称为“压力中心”,因为遇到紧急状况时它具有下列两种功能:一为它可控制自主神经系统的活动;二为它可促进脑下腺的分泌。以下分别针对这两种功能叙述。

二、心理反应

压力的情绪反应是多样化的,从较正面的精神振奋到普遍的负向情绪,如愤怒、暴躁、忧郁、焦虑、沮丧等。而大部分压力所带来的多为负面的情绪反应。以下笔者将谈及忧虑、倦怠、创伤后的心理失调这三个情绪反应及其有关的压力情境。

1. 忧虑

失去挚友、爱人、亲人等生活中的重大变动,常会使个体造成忧虑;个体若正面临一连串的压力事件,也会产生忧虑的情绪反应。

2. 倦怠

倦怠是一种情绪性衰竭的症状。社会服务人员长期处于持续性的紧张状态,日积月累,便会出现倦怠的现象,使得他觉得无法再关心求助者,甚至不想见这些人。此时工作者需要休息一段时间,并且让工作人员调换一下工作或选择放假时间。

3. 创伤后的心理失调

当个体经历非常可怕的经验后,如空难事件、战争、被强暴等,在情绪上会有一种创伤后的心理失调反应。这种反应会让个体不知不觉在梦中或在“瞬间回顾中”,再去经历这个创伤事件,特别是再去体验当时恐怖、震撼、战栗的感觉。除此之外,其对日常生活事件的情绪反应相当迟钝、麻痹,与他人疏离,而这些情绪上的痛苦会导致个体产生失眠、对生存的价值怀疑、无法集中注意力,并且有夸张的惊吓反应。

慢性压力:失眠

现代临床医学科学对失眠的认识存在局限性,但是,临床医学家们已经开始根据临床研究,2012 年中华医学会神经病学分会睡眠障碍学组根据现有的循证医学证据,制定了《中国成人失眠诊断与治疗指南》,认为失眠是指患者对睡眠时间和(或)质量不满足并影响日间社会功能的一种主观体验。

失眠按病因可划分为原发性和继发性两类。

原发性失眠

通常缺少明确病因,或在排除可能引起失眠的病因后仍遗留失眠症状,主要包括心理生理性失眠、特发性失眠和主观性失眠 3 种类型。原发性失眠的诊断缺乏特异性指标,主要是一种排除性诊断。当可能引起失眠的病因被排除或治愈以后,仍遗留失眠症状时即可考虑为原发性失眠。心理生理性失眠在临床上发现其病因都可以溯源为某一个或长期事件对患者大脑边缘系统功能稳定性的影响,边缘系统功能的稳定性失衡最终导致了大脑睡眠功能的紊乱，失眠发生。

继发性失眠

包括由于躯体疾病、精神障碍、药物滥用等引起的失眠，以及与睡眠呼吸紊乱、睡眠运动障碍等相关的失眠。失眠常与其他疾病同时发生，有时很难确定这些疾病与失眠之间的因果关系，故近年来提出共病性失眠的概念，用以描述那些同时伴随其他疾病的失眠。

失眠患者的临床表现主要有以下方面：

(1)睡眠过程的障碍

入睡困难、睡眠质量下降和睡眠时间减少。

(2)日间认知功能障碍

记忆功能下降、注意功能下降、计划功能下降从而导致白天困倦，工作能力下降，在停止工作时容易出现日间嗜睡现象。

(3)大脑边缘系统及其周围的自主神经功能紊乱

心血管系统表现为胸闷、心悸、血压不稳定，周围血管收缩扩展障碍；消化系统表现为便秘或腹泻、胃部闷胀；运动系统表现为颈肩部肌肉紧张、头痛和腰痛。情绪控制能力减低，容易生气或者不开心；男性容易出现阳痿，女性常出现性功能减低等表现。

(4)其他系统症状

容易出现短期内体重减低，免疫功能减低和内分泌功能紊乱。

三、行为反应

面对压力时个体会有各种行为的变化，而这些变化决定于压力的程度、个体的特质、环境的可能性。压力程度可分为轻度、中度和重度。

轻度压力会增强一些生物性的行为，如进食、攻击和性行为。在人类生活史上，过度进食是某些人用来应付日常压力最典型的行为反应。就像一位不快乐的肥胖妇人所报告的：“有时候我认为自己完全不感到饥饿，我只是为某些得不到的东西感到沮丧。而食物是最容易得到并可使自己觉得舒服美好的东西。”而对动物所进行的研究发现，当动物面临各种压力来源时，如受到电击、隔离或过度拥挤，则会出现攻击的行为反应。若将一对动物关在一个无法逃离的笼子中给予电击，则电击开始或结束之后不久，它们会打起架来。若仅有一只动物被关起来，同样的电击，则会引起它吃食的行为。

第四节　压力的调节因素

在同样的情境下，接受同样的刺激，个体的反应却不同，说明在压力产生的时候，有调节因素存在。这些调节因素的存在，在一定程度上影响压力反应的严重程度，对个体的健康起重要的保护、缓冲和调节作用。

主要有四项个体差异性因素起着调节作用：个人认知、工作经验、社会支持、人格特点。

一、个人认知

一个人对现实所形成的隐蔽的态度以及外在行为反应，是基于他对现实的认知所形成的观点、看法，而不是基于现实本身。因此，个人认知是调节压力源与压力体验和反应的一个最重要的调节变量，压力感取决于个体对压力因素的理解而不取决于压力因素本身。

二、工作经验

工作经验与工作压力成反比关系。面对同一个问题，有经验的人就不会感到有压力，一个人在工作中感到压力较大，他将选择主动退却，即离职或流动。因此留下来的人都是抗压素质较高的人或适应此工作的人。

三、社会支持

指一个人与同事、上级、家人、朋友的融洽的关系，表现为：信任支持，即关于个体被信任和接受的信息；信息支持，即有利于问题事件的理解和应对的支持；社会成员身份的支持，即能够与他人共度时光的支持；工具性支持，即提供财务与服务的支持。社会支持主要在两个环节上起到缓冲作用：一是社会支持影响着个体对潜在压力事件的知觉评价，因为个体认为能够得到应对压力情景所需要的各方面的资源，因此没有把潜在的压力源视为压力事件；二是在压力知觉后，足够的社会支持能够导致压力的再评价、抑制或消解不良反应，从而减轻了压力反应。

【心灵对话】毕淑敏：我的支持系统

支持必须是一个立体的系统，而不是简单的平面。

选择一条喜爱的人生路线比较容易，创造一个由知心朋友构成的称心的生活圈子却很困难。

支持系统是我们的隐私，是情感阁楼最隐蔽和强有力的支撑结构。

内无自主的人格支持，外无良好的沟通方式，这是很多现代人的生存困境。

我的支持系统：

(1)朋友——以我的性格，我的朋友都是真正谈得来的，因为我很慢热，基本上能跟我谈的深的朋友，已经是非常可以了解我的了，而且是跟我很合拍的了，否则，就是很淡淡的，想起来问候一声的朋友。

我是一个很喜欢学习和好奇心很强的人，所以我的朋友各行各业都有，当然可以交心的不多。

(2)亲人——是我最大的支持系统，但真正遇到事情我基本上不会让亲人知道，免得担心。我都会搞得定，闲暇的时候拿这些事与亲人当个谈资随便聊聊。

(3)同事——有一些是很好的朋友，但同事仅限于工作，有一些是在工作方面很聊得来的，经常探讨一下。还有一些是比较八卦的，聊一些趣闻，八卦，化妆，穿衣，哪里有打折消息一类的事情，呵呵，调节生活嘛……

(4)网友——有很多的猎头,HR的同仁,畅享网的朋友,还有一些群里面的,都是可以对自己有帮助的资源。

(5)老上级——以前公司的一些老板,还保持着持续的联络。

(6)同学——一些中学、大学的同学都快失去联系了,能联系到现在的已经肯定是一直以来的知己。

(7)蓝颜知己——3~4人,是可以随便讲我所有的苦恼的人,男生哦,但我不把他们当男人,他们也没把我当女人。

最好的支持系统,是当你哭泣的时候,他会默默地递上纸巾。

在你没有停止流泪的时候,他不会问你缘故。

如果你不说,他会尊重你,如果你说下去,他不会打断你。

最好的支持系统,是你们也许天各一方久不相见,一旦重逢,马上拾起上次分别时中断的话题,潺潺流水倾谈下去。

这不是因为特别好的记忆,或是刻意的精心,只因为你在他心中独立成档。一看到你,杂事摒去,所有的储存都在瞬时复活。

最好的支持系统,是在你忘乎所以的时候,兜头泼下一桶夹着冰碴的水。

锥心刺骨的同时,猛一激就想起了自己的本分。

你能描述自己的支持系统吗?____________________

____

你能很好的做别人的支持系统吗?____________________

____

四、人格特点

个人的人格特点也是一种重要的调节因素,许多人格维度、特点与压力有关,这里主要分析控制点、自我效能感、A型人格、自我吹毛求疵。

(1)控制点:是一种基于信念的人格特征,是指个体对于自己掌握命运的认知和信念。主要有内控型和外控型。内控型:认为自己是命运的主人,自己得到的结果不论好坏,都取决于自己的行为。外控型:认为自己受命运的控制,自己得到的结果受控于机遇、运气、有影响力的人或组织。内控型的人比外控型的人压力感较弱。内控型的人积极采取行动以控制事态的发展,外控型的人倾向于消极放手,屈从于压力的存在。

(2)自我效能感:是压力源与压力结果之间的一个重要的调节变量,是人们对自己是否有能力完成某种工作的信念。其影响效果主要表现在行为选择、应对方式与情绪反应、努力程度及坚持性、预测绩效等方面。它还会影响个体应对压力的行为方式。自我效能感高的人对自己有更大的信心,采取积极的方式应对压力。

(3)A型人格:特征为长期的时间紧迫感,总想在最短时间内完成最多事情;极具竞争性和好胜心,几乎具有敌意倾向;急躁、缺乏耐心,对很多事情感到不耐烦;讨厌懒惰;情绪易波动,容易产生愤怒情绪等。他们更易产生压力感。相反B型人格的特征则为从容、随和、较少

敌意和攻击性行为,相对压力感较小。

(4)自我吹毛求疵:是一种认知和对待自己的方式,也是一个与压力相关的人格特质。这些人是完美主义者,对自己总是处于不满意状态之中,因此,当面对压力因素时,总是追求更好、更高、更快,总是认为应该更好、更出色,从而产生较大的压力。

第五节 大学生的压力与调节

一、大学生的压力源

高校学生,特别是大学新生,处于过渡性质的大学生活,是一组特别容易发生压力的人群。综合以往的调查,大学生压力的来源主要有以下几方面。

1. 学习与生活的压力

大部分大学生都曾感到过学习的压力,但如学不会释放压力,精神就会长期处于高度紧张的状态下,极可能导致强迫、焦虑甚至是精神分裂等心理疾病的出现。目前,中国高校在校生中约有20%是贫困生,而这其中5% ~7%是特困生。调查表明,70%以上的贫困生认为自己承受着巨大的学习、生活压力,这些压力对他们造成了较大的心理困扰,而贫困生们并不懂得该如何去化解。

2. 情感困惑和危机

大学生对情感方面的问题能否正确认识与处理,已直接影响到大学生的心理健康状态。大量个案表明,大学生因恋爱所造成的情感危机,是诱发大学生心理问题的重要因素,有的人因此而走向极端,甚至造成悲剧。

3. 对独生子女教育不当造成的后遗症

独生子女群体已成为当前大学生的主体,对他们教育不当而造成的后遗症是导致大学生心理问题频发的又一诱因。专家指出,任性、自私、不善交际、缺乏集体合作精神等不良习性,不但易使大学生诱发心理疾病,还会使人产生暴力倾向和行为。

4. 角色转换与适应障碍

该情况频频出现在大一新生中间,这种不适应如果得不到及时调整,便会产生失落、自卑、焦虑、抑郁等心理问题,有的学生还会因长期不适应而退学。

5. 交际困难造成心理压力

“风声雨声读书声,我不吱声;家事国事天下事,关我何事。”“宿舍里面不吭气,互联网上诉衷肠。”这些顺口溜实际上反映了相当一部分大学生的交际现状。现代大学生的交际困难主要表现为不会独立生活,不知道如何与人沟通,不懂交往的技巧与原则。有的同学有自闭倾向,不愿与人交往;有的同学为交际而交际,不惜牺牲原则,随波逐流。

6. 家庭及外界环境的不利影响

家庭及外界环境的不利影响也会成为诱发大学生心理问题的因素,比如,不当的家教方式、单亲家庭环境及学校环境的负面影响、消费上的浪费攀比、对贫困生的歧视、学习节奏过于紧张等。

7. 就业压力

近几年来，由于社会竞争的加剧，就业市场的不景气，大学生找工作或找比较理想的工作越来越困难。这对大学里众多高年级学生造成很大的精神心理压力，使他们因焦虑、自卑而失去安全感，许多心理问题也随之产生。

二、正确地应对压力

压力存在于我们的工作、生活中，它对我们的影响有好有坏，面对压力，我们不是被动的，我们有能力去调整，将其变成一种推动我们前进的动力。应对压力，可以从多方面进行调整。

在生活中，经常看到有人通过击打、服用药物、饮酒、吸烟等方式进行减压，效果并不理想。我们需要的，不是寻求如何去减轻压力，而是学会增强内心的力量，轻松地应对压力。良性的应对模式是一种建立在人性"成长—自由—责任—良性"循环基础上的个人和社会的共同发展，才能有效地应对压力。

1. 正确认识压力

首先你要对压力有一个正确的认识。没有压力的生活是不存在的，也是可怕的，没有压力也就没有动力，适当的压力是我们前进的能量，让我们有目标，有方向。虽然很多时候，过多的压力确实让我们透不过气来，但我们可以通过自我调整来使压力恢复到一个适当的水平。

2. 改变你的认知和思维模式

当压力产生的时候，你脑子里想的是什么？也许你会觉得："天哪，为什么会这样？""这很糟糕""我无法应对"。这样的想法只会让你在压力面前寸步难行，试着换一种思维模式："这很难，但我可以去尝试""虽然很不容易，但是这是一个机会，通过它我可以学到更多的东西"。这些想法是否会让你更加有动力去行动呢？我们的行动是受我们的思维影响的，从思维上开始改变，你会发现行动起来其实也没有那么难。

3. 调整你的行动

因为压力，你觉得累，觉得辛苦，想着"让我再歇一会吧"。没错，压力会让你的信心有所消减，但是你如果只是停留在原地埋怨、放出负面情绪，你只会感觉到越来越多的压力。动起来，你走一步，就是前进了一步。如果现在的工作步骤你觉得效率太低了，那么就换一种形式，改变你的工作方式，有时候会有意想不到的效果。

4. 营养上的调整

当我们的身体感觉到压力时，体内的各种激素会发生一系列的变化，进而影响我们的身体感受和心理感受，通过营养的调整，让体内激素恢复到一个正常水平，有助于我们减少对压力的感受。保持三餐规律，并加强维生素、蛋白质、钙质的摄入，会对缓解压力有所帮助。

5. 让生活变得有规律

规律的生活会让我们在处理各种事情的时候心态更加稳定，避免过多意外情况的干扰，减轻我们的压迫感。规律的生活，除了指规律的饮食及日常作息之外，更指生活的有松有紧，松紧结合，才能让我们的身体和心理都达到一种平衡的状态，让身心得到休息，自然有助于我们

更好地应对压力。

6. 利用运动帮助解压

通过运动，能够将身体的一些负面能量宣泄出去，让身体重新获得活力。选对时间做运动，每天下午四五点到傍晚的时间做运动的话，既能帮助消除一整天的疲劳感，还能为晚上的睡眠做好准备，适量的运动是可以帮助睡眠的。

7. 让优质睡眠为我们补充能量

很多年轻人不注重睡眠的质量，以为年轻就可以为所欲为，但是，不良的睡眠习惯会影响我们日常的工作及生活。成年人每天需要7~8小时的睡眠时间，过多或过少都不合适，睡眠过多或过少的死亡率会明显增加。养成自己舒适的睡眠习惯，能为你每一天的工作提供更多的能量，让你的生活和工作都更加有效。

【心灵对话】失眠的认识与调节

失眠是指无法入睡或无法保持睡眠状态，导致睡眠不足。表现为入睡困难，断断续续不连贯，或过早地醒来，醒后不能再继续睡，有睡眠不足，全身乏力，倦怠感觉，多因健康情况不佳，疼痛、感觉不适，生理节奏被打乱，睡眠环境影响等，也有怕睡眠而失眠的。

按失眠的周期进行分类，可以分为短暂性失眠、短期性失眠和长期失眠。

短暂性失眠（小于一周）：在经历到压力、刺激、兴奋、焦虑时；生病时；在高海拔的地方；或者睡眠规律改变时（如时差；轮班的工作等）都会有短暂性失眠障碍。这类失眠一般会随着事件的消失或时间的拉长而改善，但是短暂性失眠如处理不当，部分人会导致慢性失眠。

短期性失眠（一周至一个月）：严重或持续性压力，如重大身体疾病或开刀、亲朋好友的过世、严重的家庭变故、工作或人际关系问题等可能会导致短期性失眠。这种失眠与压力有明显的相关性。

长期失眠（大于一个月）：慢性失眠，亦可维持数年之久，有些人面对压力（甚至仅仅为正常压力）时，就会失眠，就像有的人容易得慢性胃炎或偏头疼一样，已经形成了一种对压力的习惯性模式。

克服失眠，就要从分析失眠的原因入手，有针对性的进行调整，更要对失眠有正确的合理的认识。

失眠的心理调节：

（1）保持乐观、知足常乐的良好心态。对社会竞争、个人得失等有充分的认识，避免因挫折致心理失衡；

（2）建立有规律的一日生活制度，保持人的正常睡—醒节律；

（3）创造有利于入睡的条件反射机制。如睡前半小时洗热水澡、泡脚、喝杯牛奶等，只要长期坚持，就会建立起“入睡条件反射”；

（4）白天适度的体育锻炼，有助于晚上的入睡；

(5)养成良好的睡眠卫生习惯,如保持卧室清洁、安静、远离噪音、避开光线刺激等;避免睡觉前喝茶、饮酒等;

(6)自我调节、自我暗示。可以玩一些放松的活动,也可以反复计数等,有时稍一放松,反而能加快入睡;

(7)限制白天睡眠时间,除老年人白天可适当午睡或打盹片刻外,应避免午睡或打盹,否则会减少晚上的睡意及睡眠时间;

(8)床就是睡觉的地方,不要在床上看书、看电视、工作。平时要坚持定时休息,晚上准时上床睡觉、早上准时起床的生活卫生习惯;

(9)多多亲近自然,放松紧张烦躁的心情,可以去山区旅游、海边吹风、近郊旅游。通过适当的户外活动,可以让自己紧张的神经得到有效的缓解,心情好,睡眠也就好。同时,有花草树木、山清水秀的地方,空气中的离子含量比城市中较高,也利于人体神经的养护,提高睡眠质量。

8. 学会放松的技巧

放松的技巧能够帮助我们在感觉到压迫、难受的时候,给我们以舒适缓解的效果,长期坚持放松训练,更可以让我们调整自己应对压力的模式,让我们更平静、更有效的处理压力,心态也会随着发生变化。最常用的放松方法是清肺呼吸,利用腹式呼吸先深深吸一口气,然后屏住呼吸,保持5秒时间,再慢慢呼出去,感觉把整个身体都排空的感觉,多练习会更加容易感受到身体的放松。身体的放松会让我们的心也变得平静。

(1)A——Z减压26式

A——Z减压26式

A	Appreciation	接纳自己接纳人,避免挑剔免伤神
B	Balance	学习娱乐巧安排,平衡生活最适宜
C	Cry	伤心之际放声哭,释放抑郁舒愁怀
D	Detour	碰壁时候要变通,无须撞到南墙头
E	Entertainment	看看电影听听歌,松弛精神选择多
F	Fear Not	正直无惧莫退缩,哪怕背后小人戳
G	Give	自我中心限制大,关心他人展胸怀
H	Humor	戴副"墨"镜瞧一瞧,苦中寻乐自有福
I	Imperfect	世上谁人能完美,尽力而为心坦然
J	Jogging	跑跑步来爬爬山,真是赛过食仙丹
K	Knowledge	知多一点头脑清,无谓担心全减小
L	Laugh	每天都会笑哈哈,压力面前不会跨
M	Management	不怕多却只会乱,时间管理很重要
N	No	适当时候要讲"不",不是样样你都行
O	Optimistic	凡是要向好处看,无须吓得一头汗

续上表

P	Priority	先后轻重细掂量，取舍方向不难求
Q	Quiet	心乱如麻自然乱，心静如水自然安
R	Reward	日忙夜忙身心倦，爱惜自己要牢记
S	Slow Down	做下停下踹口气，不必做到脑麻痹
T	Talk	找人聊聊有人听，被人理解好开心
U	Unique	人比人气死人，自我突破最要紧
V	Vacation	放放假或充充电，活力充沛展笑脸
W	Wear	穿着打扮用心点，精神焕发心情好
X	X_ray	探寻压力的源头，对症下药有计谋
Y	Yes, I can	相信自己有潜力，勇往直前步青云
Z	Zero	从零开始向前看，每日都是新起点
资料来源：香港浸会大学学生事务处辅导中心		

(2)想象放松

想象放松也称冥想放松，是缓解压力有效而简单的方法。操作步骤如下：

选一个安静的房间，平躺在床上或坐在沙发上。闭上双眼，想象放松每部分紧张的肌肉。想象一个你熟悉的、令人高兴的、具有快乐联想的景致，或是校园或是公园。仔细看着它，寻找细致之处。如果是花园，找到花坛、树林的位置，看着它们的颜色和形状，尽量准确地观察它。此时，敞开想象的翅膀，幻想你来到一个海滩，你躺在海边，周围风平浪静，波光熠熠，一望无际，使你心旷神怡，内心充满宁静、祥和。随着景象越来越清晰，幻想自己越来越轻柔，飘飘悠悠离开躺着的地方，融进环境之中。阳光、微风轻拂着你。你已成为景象的一部分，没有事要做，没有压力，只有宁静和轻松。在这种状态下停留一会儿，然后想象自己慢慢地又躺回海边，景象渐渐离你而去。再躺一会儿，周圈是蓝天白云，碧涛沙滩。然后做好准备，睁开眼睛，回到现实。此时，头脑平静，全身轻松，非常舒服。

【心理测评】

大学生心理压力量表

在您进入大学后的学习和生活中，是否有这样的困扰？请您根据这些因素对您造成压力的程度做出选择，并判断最近6个月里这些压力源对您造成压力的频度，在各自相应的空格上打“√”。其中，压力感受从没有—很大分别是1～5分，压力发生频率从没有—经常分别是1～5分。(注意两边都需要填写)

压力感受大小					压力来源	压力发生频率				
没有	较小	适中	较大	很大		没有	偶尔	有时	较常	经常
					1. 上课听不懂					
					2. 想好好学，但学不进去					
					3. 主干课程成绩差					

续上表

压力感受大小					压力来源	压力发生频率				
没有	较小	适中	较大	很大		没有	偶尔	有时	较常	经常
					4. 不适应大学的学习方式					
					5. 所学专业与自己的兴趣不符					
					6. 学业考试竞争压力大					
					7. 缺乏明确的学习目标					
					8. 未被评上三好学生或未拿到奖学金					
					9. 所学专业的就业前景不好					
					10. 面临具体的职业选择或决定					
					11. 就业竞争激烈,毕业很难					
					12. 感到自己前途渺茫,失去方向					
					13. 每年要缴纳学费和住宿费很高					
					14. 家庭经济困难影响了学习					
					15. 烦恼的恋爱关系					
					16. 因为恋爱而影响学习					
					17. 与父母关系紧张					
					18. 在学校遇到冷遇和歧视					
					19. 与老师关系不和谐					
					20. 与同学关系处理不好					
					21. 在学校生活和学习中,受到不公					

得分越高,说明体验到的压力越大。

【互动训练】体验式缓压

活动一:体验放松

活动道具:放松音乐磁带。

活动程序:

(1)热身采用“过电”游戏,全体同学以圈形站立,伸出左手手心向下,伸出右手食指向上与相邻同学的左手手心接触。主持人随机喊一些数字,当喊尾数是 7 的数字(如 27、37、47……107……)时,学生要设法左手抓,右手逃,以体验心理紧张的感觉,可反复几次。

(2)先体验肢体紧张的感觉。体验的顺序依次为手臂部、头部、躯干部、腿部。

①手臂部的紧张。伸出右手,握紧拳,紧张右前臂;伸出左手,握紧拳,紧张左前臂;双臂伸直,两手同时握紧拳,紧张手和臂部。

②头部的紧张。皱起前额肌肉,像老人那样皱起眉头;皱起鼻子和脸颊(可咬紧牙关,使嘴角尽量向两边咧,鼓起两腮,仿佛在极痛苦状态下使劲儿一样)。

③躯干部位的紧张。耸起双肩,紧张肩部肌肉;挺起胸部,紧张胸部肌肉;拱起背部,紧张背部肌肉;屏住呼吸,紧张腹部肌肉。

④腿部的紧张。伸出右腿,右腿向前用力像在蹬一堵墙,紧张右腿;伸出左腿,左腿向前用力像在蹬一堵墙,紧张左腿。

(3)进行想象放松。播放轻柔的音乐,根据主持人的指导语让学生进行想象放松:

"我仰卧在水清沙白的海滩上,沙子细而柔软。我躺在温暖的沙滩上,感到舒服,能感受阳光的温暖,耳边听到海浪声音,感到温暖而舒适。微风吹来,使我有说不出的舒畅感觉。微风带走我的思想,只剩下一片金黄阳光。海浪不停地拍打海岸,思维随着节奏飘荡,涌上来又退下去。温暖的海风吹来,又离去,带走了心中的思绪。我感到细沙柔软、阳光温暖、海风轻缓,只有蓝色天空和大海笼罩我的心。阳光照着我全身,身体感到暖洋洋的。阳光照着我的头,我感到温暖与沉重。轻松暖流,流进右肩,感到温暖沉重。呼吸变慢、变深。轻松暖流,流进我右手,感到温暖沉重。呼吸变慢、变深。轻松暖流,又流回我右臂,感到温暖沉重。又流进我后背,感到温暖沉重,从后背转到脖子,脖子感到温暖沉重。我的呼吸变慢、变深。轻松暖流,流左肩,感到温暖沉重。呼吸变慢、变深。轻松暖流,流进了左手,感到温暖沉重。呼吸变慢、变深。轻松暖流,又流回左臂感到温暖沉重。我呼吸变慢,变得轻松。心跳也慢,有力。轻松暖流,流进右腿,感到温暖沉重。呼吸变慢变深。轻松暖流流进右脚,感到温暖沉重。呼吸变慢变深。轻松暖流,又流回右腿,感到温暖沉重。呼吸变慢,越来越深,越来越轻松。轻松暖流流进腹部,感到温暖轻松;流到胃部,感到温暖轻松;最后流到心脏,感到温暖轻松。整个身体变得平静。心里安静极了,已经感觉不到周围的一切,四周好像没有任何东西。我安然躺卧在大自然中,十分自在。"(静默几分钟后结束)

活动感言:

通过本次活动,我的体会和感受是______________________________

____

注意事项:

(1)放松的环境要保持安静,光线不要太亮,尽量减少其他无关刺激。

(2)学生可以找到任意一个放松的姿势,使自己处于放松、不紧张的状态,可以靠在沙发上,可以坐在椅子上,也可以躺在地板上。

(3)放松时,学生闭上眼睛并配合深慢均匀呼吸。

(4)放松训练不是一朝一夕能够奏效的,必须经过数周乃至几个月的练习,方能收到明显的效果。因此,要持之以恒地坚持训练。

活动二:"蜈蚣"翻身

活动程序:

(1)将全班学生分成两大组,选出两位组长,两路纵队排好。

(2)全组学生把双手搭在前面同学的双肩上组成一条"大蜈蚣",开始练习一下"大蜈蚣"跑动,看看彼此是否协调。

(3)接下来开始做"蜈蚣"翻身比赛,要求第一位组员依次从第二、三人拉手处,第三、四人拉手处……一直到队伍最后两位的拉手处钻过去,第二位组员、第三位组员……跟随前面的组员一直钻完所有的拉手孔。

(4)完成"蜈蚣"翻身用时最少的组为胜。

活动感言:

通过本次活动,我的体会和感受是____

注意事项:

(1)活动要有一定的空间,使得"蜈蚣"可以"蠕动"起来。

(2)要使整条"蜈蚣"顺利"翻身",每个组员都要快速"翻身"和"蠕动"。主持人宣布游戏规则后,各队练习5分钟后再开始正式比赛。

活动三:寻找归属

活动道具:十二生肖面具各一副。

活动程序:

每个人都有一个属相,自己的属相是什么,自己一定一清二楚。但你是否知道,在我们这个群体中,谁的属相与自己相同?我们群体中又究竟有多少种属相呢?

(1)不用语言交流,通过肢体语言找到与自己属相相同的人。

(2)所有学生先都蹲下,同一属相的学生用肢体语言集体表演所属相动物的典型特征,如果大家看明白了,鼓掌表示认同,他们就可以站立起来,派一名代表到主持人处领取"生肖面具"。直到所有的人都站立起来。

(3)戴上"生肖面具"的学生排在第一位,其余同属相的学生均排在其后。通过成语(或俗语)接龙壮大自己的队伍。如龙马精神,属龙的与属马的就连成一体。

(4)最后看看,自己的归属找到了吗?是一个还是一批,是一群还是全体?

活动感言:

通过本次活动,我的体会和感受是____

注意事项:

(1)强调不允许用语言交流,只能用肢体语言。

(2)在表演所属相动物的典型特征时,一定要强调集体表演,在全体认同鼓掌后才可以站立起来并领取"生肖面具"。

(3)在用成语或俗语壮大队伍时,一定要按序连接,最后可以清楚地看到所有学生均连为一体,如遇到生肖不全连接困难时,主持人要引导大家通过多种方式完成连接。

(4)此游戏不适合同龄人团体做(因为只有一两个属相),年龄结构越复杂效果越好。

【推荐阅读】

1. 米兰·昆德拉. 不能承受的生命之轻[M]. 上海:上海译文出版社,2014.

2. 俞敏洪. 生命如一泓清水[M]. 北京:群言出版社,2011.

第十一章 大学生的挫折与逆商

【心灵启航】

1. 除了智商，你还知道什么商？
2. 什么是逆境商数？
3. 心理防御机制对心理健康有哪些影响？
4. 挫折对人生有用吗？

在人生的道路上，开头精彩亮丽(凤头)、中间充实丰富(猪肚)、结尾响亮有力(豹尾)是极为理想的境界。但人生不如意事十之八九，凤头、猪肚和豹尾三者往往不可兼得。因此，对于一个人，如何面对逆境远比接受顺境重要得多。

第一节 挫 折

一、挫折的含义

是指人们在有目的的活动中，遇到无法克服或自以为无法克服的阻碍，使其需要或动机不能得到满足的情况。心理学上指个体有目的的行为受到阻碍而产生的情绪反应。

二、挫折的产生

人们产生的任何心理挫折，都与其当时所处的情境有关。构成挫折情境的因素是多种多样的，分析起来主要有两大类。

1. 外在的客观因素

构成心理挫折的外在的客观因素主要来自自然和社会两方面。

(1)自然因素是指由于自然的或物理环境的限制，使个体的动机不能获得满足。如任何人都不能实现长生不老、返老还童的愿望，大都难免遭到生离死别的境况和无法预料的天灾人祸的袭击。以上是由自然发展规律和时空的限制而形成的心理挫折，对人类来说还不是主要的。由于社会因素制约形成的心理挫折，才是具有重大影响的。

(2)社会因素是指人在社会生活中所受到的人为因素的限制，其中包括一切政治、经济、民族习惯、宗教信仰、社会风尚、道德法律、文化教育的种种约束等。如学非所用，在工作岗位上不能充分发挥作用,学习的课程与兴趣间的矛盾;家长和老师教育方法的不当等。凡此种种社会因素,不但对个人的动机构成挫折,而且挫折后对个体行为所发生的影响,也远比上述自然因素所产生的心理挫折要大。

2. 内在的主观因素

由内在主观因素引起的挫折包括两类:一类是由个人容貌、身材、体质、能力、知识的不足,使自己所要追求的目的不能达到而产生的心理挫折;另一类是由个人动机的冲突而引起的挫折。在实际生活中,人们常常同时存在若干动机,其中有些性质相似或相反而强度接近,使人难以取舍,便形成了动机的斗争。如在同一时间内,某人既想去参加同学聚会,又想去看科技展览,但不可能两全其美。这就是动机的矛盾斗争,又称动机冲突。动机冲突的实质是需要之间的冲突。大致有三种动机冲突形式。

(1)双趋冲突,在两个目标都符合需要并有相同强度的动机中,个体因迫于情势不能两者兼得,从而在心理上产生难以取舍的冲突情境。所谓“鱼和熊掌不可兼得”。

(2)双避冲突,两者同时违背需要,造成厌恶或威胁,产生同等强度的逃避动机,由于情势又不能同时避开,由此产生的难以抉择的斗争,为双避冲突。如前有狼后有虎的两难境地。如在大学之中,有的同学既不想用功读书,又怕考试不及格,于是出现的“二者必居其一”的心理冲突。

(3)趋避冲突,即某一目标对个体既有利又有害,既有吸引力又有排斥力,处于既爱又恨的矛盾状态。如有的学生“既想担任学生干部使自己得到实际锻炼,又怕占时太多,影响学习”的这种两难选择。

第二节　挫折的相关理论

一、挫折—攻击理论

攻击行为的“挫折—攻击”理论是最早对攻击行为进行解释的心理学理论之一。公认的观点是:“挫折总会导致某种形式的攻击行为”。认为攻击行为的发生总是以挫折的存在为先决条件,同样,挫折的存在也总是要导致某些形式的攻击行为。

攻击的概念最先是由弗洛伊德提出的。他认为,这是人的一种本能,即死的本能。挫折—攻击理论认为,攻击行为的发生必先有挫折。所谓“挫折”是根据某种愿望进行有目的的行为时,由于内部或外部障碍,使欲求的满足受到阻碍,这种状态就是挫折。

多拉尔德认为,攻击的发生强度与欲求不满的量成正比,挫折越大,攻击的强度也越大。具体说来,他认为,从经济情况看,穷困者的挫折要比富裕者的挫折大,因此,穷困者的犯罪率也大;从年龄看,青少年要比成年人的挫折大,因而,青少年违法的比例要大;此外,家庭地位低下的人、身体有缺陷的人、劣等种族的人等都挫折较大,所以攻击行为也多。

梅尔则提出“挫折固执理论”。他认为,犯罪一般由两种心理动力所引起,一种是心理欲求所引起,这种犯罪有偷盗、欺诈、拐骗、偷税漏税等。这种犯罪一般在行为前要考虑得失,得大于失才去犯罪。另一种犯罪是基于挫折而起的,有性犯罪、杀人犯罪等。这种犯罪往往不考虑以后的惩罚,不计得失。这是因为,挫折使人情绪显著激昂,这时的攻击行为是刻板的、固定的、甚至是无目的的。

米勒认为，挫折并不都引起攻击。有的人受到挫折后反而增强了战胜困难的决心；有人受到挫折后变得紧张、倒退、无动于衷或陷入空想等；还有的引起攻击行为。他认为，一般挫折转为攻击，还需要环境中存在着引起攻击的线索。

二、需要和紧张的心理系统理论

著名心理学家勒温认为个体的需要若得不到满足，就会出现紧张、焦虑等心理状态，从而失去平衡，产生失败的情绪体验，即挫折感。

在他看来，个体心理环境中真正影响其心理状态的是非生理性的需要，这种非生理性的需要是推动其行为的动力。个体在需要的压力下，会产生一种紧张的心理状态，激发起一种要求满足需要的动机，以求心理上的平衡。简言之，需要的满足是避免挫折的重要条件。

三、社会文化理论

新精神分析学派的代表人物沙利文和人本主义心理学派的典型代表罗杰斯提出了挫折的社会文化理论。这一理论强调文化和社会条件对个体挫折的产生及其反应的影响，重视社会环境和文化因素对人们的行为和人格特征的影响，认为挫折的产生是由于人们“向上意向”“自我实现”受到压抑的缘故。

为避免挫折产生，他们主张自我的整合和调节作用，强调个体的自尊以及对未来的乐观态度，提出要通过自尊、乐观以及集体和他人的关心、尊重来防止挫折。

第三节　逆　　商

逆商的研究可以追溯至20世纪50年代的心理卫生运动(mental healthy movement)，学者开始关注身处逆境中的儿童，并提出了“抗逆力”这个概念。70年代开始“抗逆性”研究成为热点，并经历了三次研究浪潮，从研究什么是抗逆力到抗逆力的作用机制，从作用机制到应用。随着研究的深入，很多企业也逐渐意识到抗逆力能够提高员工的工作热情、增强组织的竞争力，“逆境商数(Adversity Quotient，简称AQ)”就是在这样的背景下提出。1997年，加拿大的培训咨询专家Paul Stoltz出版了《挫折商：将障碍变成机会》一书，在这本书中，他首次提出了“逆境商数”这个概念。

一、逆商

1997年，Stoltz提出“逆商”这个概念，他认为逆境商数(AQ)简单地说就是当面对逆境或挫折时，不同的人对待逆境或者挫折会产生的不同反应，这种反应能力就是逆境商(挫折商)，即面对逆境所能承受的压力，也就是说摆脱和解决困难的能力。逆商不同于取决于先天因素的智商，它形成于婴幼儿时期，成熟于儿童和青少年时期，指人类主宰和驾驭生活的基本欲望，即人的动机、能力和行为如何构筑理想与现实、目标与突变、厄运与幸福之间的平衡。

二、与逆商有关的概念

1. 逆境

要谈逆商，我们首先要清楚什么是逆境。逆境被定义为“与某人幸福感相左的状态”，同义词是“不幸”。随着逆境的出现，人们通常会伴随着负面情绪，包括失望、痛苦、紧张、焦虑、悲伤、抑郁、恐惧、愤怒等情绪。Stoltz 定义了逆境的三个层面：社会层面、组织层面、个体层面。社会层面的逆境包括财富的不断变化，对经济安全的不确定，对犯罪和暴力的恐惧，对环境破坏的担忧，对家庭意义的迷失，对制度、领导、教育等失去信心。工作层面的逆境来自组织越来越强调在世界范围内领先，但这样的要求有时候会使员工失去信任。

2. 挫折

挫折也属于逆境，是指个体的行为倾向遇到干扰或阻碍，导致其不能实现或延迟实现的经验。挫折是指人们在某种动机的推动下，在实现目标的过程中，受到阻碍或无法克服障碍时，而产生的紧张状态与情绪反应。挫折产生的条件包括：挫折情境（个体需要不能获得满足的内外阻碍或干扰等情境状态或条件）、挫折认知（个体对挫折情境的知觉、认知和评价）与挫折反应（当自己的需要不能获得满足时，所产生的情绪和行为反应），只有三者同时存在时，才能构成心理挫折。挫折来源有生理、心理、家庭、学校与社会。挫折成因有身体创伤、疾病、自己的外表和身材、生理发展、经济、婚姻、亲子冲突、学业、同学/师生关系、失去重要人物、人际关系、与异性的关系、就业等。

【心灵对话】你有几商?

十商又叫人生十商，它是体现人综合实力的十个方面，相互作用与配合，一个人唯有全面发展才会不断进步，真正完善自我，十商包括德商（MQ）、智商（IQ）、灵商（SQ）、情商（EQ）、心商（MQ）、志商（WQ）、健商（HQ）、逆商（AQ）、胆商（DQ）、财商（FQ）。

德商（MQ），指一个人的道德人格品质，它是十商的灵魂，为十商之首。德商的内容包括体贴、尊重、容忍、宽容、诚实、负责、平和、忠心、礼貌、幽默等一切美德。

智商（IQ），智商是智力商数的简称，智力也叫智能，它是人们认识客观事物并运用知识解决实际问题的能力。智力表现多个方面，如观察力、记忆力、想象力、创造力、分析判断能力、思维能力、应变能力、推理能力等。根据一定的统计原理，一半人口的智商，介于 90～110 之间，其中智商在 90～100 和 100～110 的人各占 25%。智商在 110～120 的占 14.5%，智商在 120～130 的人占 7%，130～140 的人占 3%，其余 0.5% 人智商在 140 分以上，另有 25% 的人 IQ 在 90 分以下。

灵商（SQ），它是对事物本质的灵感、顿悟能力和直觉思维能力，它必须与智商（IQ）配合运用才行。量子力学之父普朗克认为，富有创造性的科学家必须具有鲜明的直觉想象力。无论是阿基米德从洗澡中获得灵感最终发现了浮力定律，牛顿从掉下的苹果中得到启发发现了万有引力定律，还是凯库勒关于蛇首尾相连的梦而导致苯环结构的发现，都是科学史上灵商飞跃的不朽例证。成功需要悟性，需要灵商的闪现。修炼灵商，关键在于不断学习、观察、思考，要敢于大胆的假设，敢于突破传统思维。

情商（EQ），主要是指人在情绪、情感、意志、耐受挫折等方面的品质，其包括导商（LQ）。总的来讲，人与人之间的情商并无明显的先天差别，更多与后天的培养息息相关。情商包括 5 个方面：①了解自我：监视情绪时时刻刻的变化，能够察觉某种情绪的

出现，观察和审视自己的内心世界体验，它是情感智商的核心，只有认识自己，才能成为自己生活的主宰；②自我管理：调控自己的情绪，使之适时适度地表现出来，即能调控自己；③自我激励：能够依据活动的某种目标，调动、指挥情绪的能力，它能够使人走出生命中的低潮，重新出发；④识别他人的情绪：能够通过细微的社会信号、敏感地感受到他人的需求与欲望，是认知他人的情绪，这是与他人正常交往，实现顺利沟通的基础；⑤处理人际关系，调控自己与他人的情绪反应的技巧。

心商（MQ），它是维持心理健康，调节心理压力，保持良好心理状况和活力的能力。心商中，人的意志素质可采用"意商"参量来描述，其大小取决于人的意志年龄与其实际年龄的比值。智商是情商的基础，情商是意商的基础；21世纪是"抑郁时代"，人类面临更大的心理压力，提高心商，保持心理健康已成为时代的迫切需要。现代人渴望成功，而成功越来越取决于一个人的心理状态，取决于一个人的心理健康。从某种意义上来讲，心商的高低，直接决定了人生过程的苦乐，主宰人生命运的成败。

志商（WQ），指一个人的意志品质水平，包括坚韧性、目的性、果断性、自制力等方面，其包括责商（RQ）、律商（DQ）。志商对一个人的智慧具有重要的影响。人生是小志小成，大志大成。许多人一生平淡，不是因为没有才干，而是缺乏志向和清晰的发展目标。在商界尤其如此，要成就出色的事业，就得要有远大的志向。

健商（HQ），指个人所具有的健康意识、健康知识和健康保健能力的反映，其包括体商（BQ）、性商（SQ）。生理健康是心理健康的基础和载体，心理健康又是生理健康的关键和主导，它们互相联系、互相影响、互相制约。健康是人生最大的财富，如同健康是1，事业、爱情、金钱、家庭、友谊、权力等是1后面的零，故光有1的人生是远远不够的，可若失去了1（健康），后面的0再多对你也没有任何意义。

逆商（AQ），指面对逆境承受压力的能力，或承受失败和挫折的能力。

胆商（DQ），是一个人胆量、胆识、胆略的度量，体现了一种冒险精神。胆商高的人能够把握机会，该出手时就出手。无论是什么时代，没有敢于承担风险的胆略，任何时候都成不了气候。而大凡成功的商人、政客，全是具有非凡胆略和魄力的。无论作为创业者、企业家或任何一个想要有所成就的人都离不开三商能力，即智商、情商和胆商。胆商更显示出其特有的作用，胆商就是胆识能力，即挑战、竞争和冒险的能力。

财商（FQ），是指理财能力，特别是投资收益能力。财商包括两方面的能力：一是正确认识财富及财富倍增规律的能力（即价值观）；二是驾驭财富、正确应用财富及财富倍增规律的能力。财商是与智商、情商并列的社会能力三大不可缺的素质。没有理财的本领，你有多少钱也会慢慢花光的，所谓"富不过三代"就是指有财商的人辛苦积攒下来的钱，最后也会败在无财商的子孙手中。财商是一个人最需要的能力，也是最被人们忽略的能力。会理财的人越来越富有，一个关键的原因就是财商区别。特别是富人，何以能在一生中积累如此巨大的财富？答案：投资理财的能力。

第四节　大学生挫折

一、大学生挫折产生的原因

在对大学生的研究中发现，大学生挫折主要集中在学习、交往、就业和适应四个方面。

1. 学业挫折

进入大学后，大学生接触了更广的知识，心理上产生了很多新的需要，分数不再是衡量是否优秀的唯一标准，大学生在学好专业知识的同时还必须不断提高自己的综合素质。另外大学生充足的自由时间与无目标状态会导致空虚失落感。在报考志愿时，大学生对专业的选择具有很大的盲目性，由于个人志向的主动选择很少。进人大学后，专业学习与个人志向的矛盾就显露出来了。尤其是面临大类招生以后，这种情况会更加明显。

2. 交往受挫

人际交往在人的需要结构中居于重要的地位。大学生大都希望有较强的人际沟通能力，不断地促进自我认知和完善。由于大学生来自全国各地，在习惯、文化背景、性格、价值观等方面都有较大的差别，所以每个大学生入学后都面临全新的人际关系问题。而且大学生的心理不够成熟、阅历较少、处事能力也锻炼的不够，这种人际关系的适应期就会更长。有些大学生由于自我评价不恰当，产生羞怯、自卑的交往心态或者自负、自我中心的思想，这些情况都会导致大学生人际关系紧张。在恋爱关系中，也会产生爱情挫折，例如单恋或失恋。这对每一个对爱情充满美好期待的人来说无疑都是很大的打击，会带来很大的挫折心理。

3. 就业受挫

一些大学生对自己所学专业没有正确地认识，对工作的要求很高，盲目乐观，容易产生理想与现实的矛盾，从而产生挫折心理；还有的学生认为自己专业不好，只要求能找到工作就满足了，往往存在被动心理。而且很多大学生对自己能力没有一个客观的认识，找工作过程中不能充分发挥自己的优点，以致错失机会。

4. 适应受挫

大学生因适应问题产生的挫折心理主要包括对环境的、学习的、人际的适应以及与自我有关的适应等几个主要方面。大学生存在的适应问题主要表现在学习方法、大学老师讲课方式等方面的不适应、环境的不适应、与自我有关的不适应等方面。

【故事导读】生存没有绝境

大海边，一家渔民陷入了绝境之中。

严冬来了，海风掀翻了他们的渔船，恰好又赶上渔夫患上重感冒。天寒地动，债主上门，他们该怎样渡过这个难关呢？

一向乐观豁达的渔夫第一次沉寂了，脸上写满了无奈与悲凉。

那时，渔民的儿子才16岁。穷人家的孩子早当家，16岁的儿子清楚地知道自己的家庭正处于绝望之中。“你们别怕，我有办法。”儿子说完这话，喝下三大碗热粥，出发了。他在肩头挑上两只鱼篓，信心百倍地奔向大海。

没有渔船，没有渔网，怎样打鱼啊？只见这个16岁的少年，迎着刺骨的寒风，脱光了衣服，一头扎进了如冰的海水中。

这时奇迹出现了：成群结队的尖尖鱼向孩子的身边靠来，它们钻进他的腋窝处，腿弯里，在孩子的躯体周围徘徊。孩子咬着牙，轻而易举地便将尖尖鱼装满了两鱼篓。

原来，这海里生活着一种尖尖鱼，每当寒潮来时，它们都有很强的趋热性。孩子正是利用自己温热的身体，吸引了大量的尖尖鱼……

尖尖鱼的少年正是在别人围着火炉的时候，用他的身体让一家人渡过了难关。当你面临生活的困惑时，何不想想那些别人不愿做的事？

生存没有绝境，其实就看你肯不肯去做。

二、消极的挫折体验

个体体验到挫折后，在情绪和行为上的表现往往以综合的形式出现，常见的反应有以下几类：

1. 攻击

攻击是一个人受到挫折以后产生的强烈的侵犯和对抗的情绪反应，是情绪反应中最常见的一种表现形式。

攻击有直接攻击和转向攻击两种。

直接攻击是指一个人受到挫折以后，把愤怒的情绪指向对其构成挫折的人或者物，多以动作、表情、言语、文字等形式表现出来。一般对自己的容貌、才能、权力及其他方面较为自信者，容易将愤怒的情绪向外发泄，采取直接攻击的行为。另外，一些年幼无知、缺乏智力、一帆风顺的人，也容易采用愤怒的直接攻击的方式。

转向攻击是指将挫折引起的愤怒和不满的情绪转向发泄到自我或与挫折来源不相关的其他人或其他物上。转向攻击通常在以下三种情况中表现出来：第一，当个体觉察到引起挫折的真正对象不能直接攻击时，把愤怒的情绪发泄到其他的人或者物上去，即日常生活中的迁怒。例如，一个人在单位受到批评，回到家里骂老婆、打孩子，以发泄自己的情绪。第二，挫折的来源不明，可能是日常生活中许多挫折积累综合作用的结果，也可能是自身疾病引起的。在这种情况下，找不出真正构成挫折的对象，于是就将这种闷闷不乐的情绪发泄到毫不相干的人或者物上去。第三，当一个人意志薄弱、缺乏自信或悲观失望时，易把攻击的对象转向自己。如埋怨自己能力不够强、机遇不好、命运不佳、生不逢时等。

2. 焦虑

焦虑是指个体对自己或自己所关心的人在心理、生理、社会等方面受到威胁时激起的一种不愉快的情绪反应，是一种隐隐约约有害的预感。这种消极情绪由紧张不安、急躁、忧虑、抑郁等交织在一起，能使人陷入茫然无措的痛苦状态中。焦虑对个体的学习、生活和环境适应具有积极和消极两方面的作用。适度的焦虑水平可以激发个体潜力，提高个体随机应变的能力，例如考试前适度的焦虑可提高复习效率，但焦虑过度或持续时间较久则会导致神经状态失调，影响个体的正常生活。

3. 退化

个体行为的发展原本是有一定规律的，即随着年龄的增长逐渐成熟起来。但当一个人遭受挫折时表现出与自己的年龄和身份不相称的幼稚行为，这种成熟倒退现象就是退化。例如，有的中老年妇女钱包被偷以后，坐在地上号啕大哭；有的领导因受到挫折而对下级大发脾气，或为一点小事而暴跳如雷。退化的另一种表现是易受暗示性，即人在受到挫折后，对自己丧失信心而盲目相信别人，或盲目执行某人的指示。例如，个体遭受挫折后轻信谣言，无理取闹，盲目忠实于某个人或某个组织。

4. 固执

固执是指个体在受到挫折后，采取刻板的方式盲目重复某种无效行为，尽管情况已经变化，这种行为并无任何结果，但是刻板式的反应仍在继续进行。从外部特征来看，固执与正常习惯有许多相同点，但是在遭受挫折时，二者的区别就明显地表现出来了。如果因习惯的行为遭受挫折或惩罚，那就会改变习惯行为；而与此相反，固执行为不但不会改变，而且还会反常地强烈起来。这是因为，人们在社会生活环境中一而再、再而三遇到同样的挫折，又一时难以克服，就可能慢慢失去信心而形成刻板化的反应方式，一再重复同样而无效的行为。另外，过多过严的惩罚和指责，也可能导致固执行为。

5. 冷漠

冷漠是指当个体遭受挫折后，所表现出来的对于挫折情境漠不关心、无动于衷等情绪反应。这是一种十分复杂的行为表现方式。冷漠行为的发生同个体过去的经验密切相关。如果个体每遇挫折后采用攻击方式就能够克服困境，那他以后就会继续采用攻击的方式；反之若因采用攻击而招致更大的挫折，那他就会采用相反的方式，即逃避或以冷漠的态度来对待挫折。冷漠并非不包含愤怒的情绪成分，只是个体的愤怒被暂时压抑，以间接的方式表现出来而已。这种现象表面显得冷淡退让，内心深处则往往隐藏着很深的痛苦，是一种受压抑的情绪反应。

心理学家吉布莱发现，冷漠反应多在以下情况出现：

(1)长期遭受挫折。

(2)情况表明已无希望。

(3)情境中包含着心理上的恐惧与生理上的痛苦。

(4)个体心理上产生了攻击与压抑之间的冲突。

6. 逃避

逃避是个体不敢面对自己预感的挫折情境而逃避到比较安全的环境中去的行为。主要类型有：

(1)逃向另一个现实。例如，有的人在生活中碰了钉子或者追求的目标、理想一时不能实现时，便心灰意冷，沉迷于赌博、烟酒之中。

(2)逃向幻想世界。这时个体企图以自己想象的虚幻情境来应对挫折，借以脱离现实。幻想能使人暂时脱离现实，使人在受到挫折后减轻焦虑和不安，从而有助于提高挫折的容忍

力,但幻想本身并不能真正解决问题,长期以往则会降低个体适应现实生活的能力。

(3)逃向生理疾病。这是个体为了避免困难而出现的生理障碍。如参加高考的学生考试当天发烧、生病。这种疾病的发生是无意识的,与装病不同。

三、积极的心理防御机制

自从柏拉图的《理想国》建造了一个理想世界以后,每个人都在自己的心中撒下了理想的种子,任其生根发芽,茁壮成长。在世人的眼中,理想是如此的完美,而现实却总是如此的不尽如人意。于是,为了追求理想,为了拉近理想与现实的距离,人们在现实中努力、奋斗、挣扎,面对生活,人们承受着方方面面的压力和挫折,为了减少或避免由此带来的焦虑和痛苦,人们会自然而然地采用心理防御机制进行自我保护。

心理防御机制是弗洛伊德提出的心理学名词,是指个体面临挫折或冲突的紧张情境时,在其内部心理活动中具有的自觉或不自觉地解脱烦恼、减轻内心不安、以恢复心理平衡与稳定的一种适应性倾向。

1. 利他

替代性、建设性的为他人服务而自己也从中得到满足。这也就是人们常说的“双赢”——把别人的欲望和自己的欲望和谐地统一起来,在满足别人的过程中自己也得到满足。它是道德层面的升华,是超我在起作用,当你用诚心、爱心去关爱别人,同时又不损人利己,在这种情况下,人的心灵是净化的,心理也就不会有负担,所有的内心矛盾、冲突和痛苦就会被化解掉。比如:本来你正处于失恋状态,内心郁闷、烦躁,当在银行门口帮一个年迈、行动不便的老人推开银行沉重大门时,老人会衷心地感谢你,此时的你会发现你的阳光之处,就会减少失恋所带来的郁闷情绪。

2. 幽默

就是运用智慧因势利导,通过幽默的方式弱化和消解矛盾、冲突等不和谐因素,既明确地表达了自己的观念、情感和意图,又不至于引起别人和自己尴尬和困窘。幽默是一种良好的心理防御机制,但一定要注意,不能幽别人的默,一定要幽自己的默,要学会自嘲。一个人要是会自嘲了,说明他的心理就成熟了。也说明他认识了自己,社会适应能力强了。幽默很容易缩短你与周围人的距离,而且能够帮助你有效地寻求社会支持。即使你这次没做好,别人也能容忍你。

3. 升华

通过一种合理的手段间接地减弱表现本能,既没有不良后果又不会明显丧失乐趣。这样行动的结果可以使人把压力转化成动力,取得意想不到的成果。比如有些同学对班里的成绩优秀者存在嫉妒心理,他不将它表现出来,而是将其作为促使自己奋发的动力,这便是升华的表现。升华因使原来的欲望得到间接宣泄而消除了焦虑感,还可以使个体获得成功的满足,所以具有积极意义。

4. 压制

它不同于压抑,它不是否定人的欲望和自主状态。它是当意识中出现想解决矛盾和冲突的冲动时,为了更好地解决问题,在意识或潜意识中暂且压制这种冲动,延迟行动。比如遇到让人愤怒的事情，如果不压制可能就是大爆发，有可能引起拳脚相加，能够做到压制的话，可以避免一时的混乱与麻烦，等心态稍微平静下来再去解决会事半功倍。

【故事导读】18只狐狸的故事

18只狐狸，18种心态，也恰恰反映了在人群中存在的常见的心理活动。每种心态，都代表着人的心理防御机制。如果发生类似的事情，你会如何处理？

有一个古老的故事开头：在一位农夫的果园里，紫红色的葡萄挂满了枝头，令人垂涎欲滴，当然，这种美味也逃不过安营扎寨在附近的狐狸们，它们早就想享受一下了。

第一只狐狸来到了葡萄架下，它发现葡萄架要远远高出它的身高。它站在下面想了想，不愿就此放弃，机会难得啊！想了一会儿，它发现了葡萄架旁边的梯子，回想农夫曾经用过它。因此，它也学着农夫的样子爬上去，顺利地摘到了葡萄。

心理分析：这只狐狸采用的方式是____

____

第二只狐狸来到了葡萄架下，它也发现以它的个头这一辈子是无法吃到葡萄了。因此，它心里想，这个葡萄肯定是酸的，吃到了也很难受，还不如不吃。于是，它心情愉快地离开了。

心理分析：这只狐狸运用的是____

____

第三只狐狸来到了葡萄架下，它刚刚读过《钢铁是怎样炼成的》，深深地被主人公的精神打动。它看到高高的葡萄架并没有气馁，它想：我可以向上跳，只要我努力，我就一定能够得到。“有志者事竟成”的信念支撑着它，可是事与愿违，它跳得越来越低，最后累死在了葡萄架下，献身做了肥料。

心理分析：这只狐狸的行为，在心理学上我们称为____________________________

它说明的问题是____

第四只狐狸来到了葡萄架下，一看到葡萄架比自己高，愿望落空了，便破口大骂，撕咬自己能够得到的藤，正巧被农夫发现，一铁锹把它拍死了。

心理分析：这只狐狸的采用的行为是____

____

____

第五只狐狸来到了葡萄架下，它一看自己的身高在葡萄架下显得如此的渺小，便伤心地哭起来了。它伤心为什么自己如此矮小，如果像大象那样，不是想吃什么就吃什么吗？它伤心为什么葡萄架如此高，自己辛辛苦苦等了一年，本以为能吃到，没想到是这种结果。

心理分析：这只狐狸的表现我们在心理学上称之为____________________________

____

____

第六只狐狸来到了葡萄架下,它仰望着葡萄架,心想,既然我吃不到葡萄,别的狐狸肯定也吃不到,如果这样的话,我也没什么好遗憾的了,反正大家都一样。

心理分析:这只狐狸的行为在心理学中称之为______________________________

第七只狐狸来到了葡萄架下,它站在高高的葡萄架下,心情非常不好,它在想为什么我吃不到呢,我的命运怎么这么悲惨啊,想吃个葡萄的愿望都满足不了,我的运气怎么这么差啊?越想它越郁闷,最后郁郁而终。

心理分析:这只狐狸的情况是______________________________

第八只狐狸来到了葡萄架下,它尝试着跳起来去够葡萄没有成功,它试图让自己不再去想葡萄,可是它抵抗不了,它还试了一些其他的办法也没有见效。它听说有别的狐狸吃到了葡萄,心情更加不好,最后它一头撞死在葡萄架下。

心理分析:这只狐狸的下场是由于什么造成的?______________________________

第九只狐狸来到了葡萄架下,同样是够不到葡萄。它心想,听别的狐狸说,柠檬的味道似乎和葡萄差不多,既然我吃不到葡萄,何不尝一尝柠檬呢,总不能在一棵树上吊死吧!因此,它心满意足地离开去寻找柠檬了。

心理分析:这只狐狸的行为在心理学上我们称之为______________________________

第十只狐狸来到了葡萄架下,它看到自己的能力与高高的葡萄架之间的差距,认识到以现在的水平和能力想吃到葡萄是不可能的了,因此它决定利用时间给自己充下电,报了一个研究生课程进修班,学习采摘葡萄的技术,最后当然是如愿以偿了。

心理分析:这只狐狸采用的是______________________________

第十一只狐狸来到了葡萄架下,它同样也面临着相同的问题。它转了一下眼睛,把几个同伴骗了来,然后趁它们不注意,用铁锹将它们拍昏,将同伴摞起来,踩着同伴的身体,如愿以偿地吃到了葡萄。

心理分析:这只狐狸虽然最后也解决了问题,但它______________________________

第十二只狐狸来到了葡萄架下,这是一只漂亮的狐狸小姐。它想我一个弱女子无论如何也够不到葡萄了,我何不利用别人的力量呢?因此,它找了一个男朋友,这只狐狸先生借助梯子给了狐狸小姐最好的礼物。

心理分析:这只狐狸的行为在心理学上称为______________________________

第十三只狐狸来到了葡萄架下,它对葡萄架的高度非常不满,这导致了它不能尝到甜美的葡萄,于是它就怪罪起葡萄藤来。说因为葡萄藤太好高骛远,爬那么高,说葡萄的内心其实并没有表面看上去那么漂亮。发泄完后,它平静地离开了。

心理分析:这只狐狸的行为在心理学上称之为______

第十四只狐狸来到了葡萄架下,发现自己无法吃到自己向往已久的葡萄,看到地上落下来已经腐烂的葡萄和其他狐狸吃剩下的葡萄皮,它轻蔑地看着这些,作呕吐状,嘴上说:“真让人恶心,谁会吃这些东西啊。”

心理分析:这只狐狸的行为在心理学上称之为______

第十五只狐狸来到了葡萄架下,它既没有破口大骂,也没有坚持不懈地往上跳,而是发出了感叹,美好的事物有时候总是离我们那么远,这样有一段距离,让自己留有一点幻想又有什么不好的呢?于是它诗兴大发,一本诗集从此诞生了。

心理分析:这只狐狸的行为在心理学上称之为______

第十六只狐狸来到了葡萄架下,它发现想吃葡萄的愿望不能实现后,不久便产生了胃痛、消化不良的情况。这只狐狸一直不明白一向很注意饮食的它,怎么会在消化系统出现问题。

心理分析:这只狐狸发生的情况在心理学中可以称之为______

第十七只狐狸来到了葡萄架下,它发现了同样的问题。它嘴一撇,说:“这有什么了不起的,我们狐狸中已经有人吃过了,谁说只有猴子才能吃到果子,狐狸也一样行!”

心理分析:这只狐狸所表现的言行在心理学中我们可以称之为______

第十八只狐狸来到了葡萄架下,它心想,我自己吃不到葡萄,别的狐狸来了也吃不到葡萄,为什么我们不学习猴子捞月的合作精神呢?前有猴子捞月,现有狐狸摘葡萄,说不定也会传为千古佳话呢!于是它动员所有想吃葡萄的狐狸合作,搭成狐狸梯,这样大家都吃到了甜甜的葡萄。

心理分析:这只狐狸采取的方法是______

第五节　正确认识挫折在人生中的意义

如果将幸福、欢乐比作太阳，那不幸、失败、挫折就可以比作月亮。人不能只企求永远在阳光下生活，在生活中没有失败挫折是不现实的，也是不可能的。事实证明，人们成就事业的过程，往往就是战胜挫折的过程，挫折对我们大学生来说，具有积极有益的意义。

一、挫折在大学生成长中的意义

1.有利于磨炼大学生的性格和意志

坚强的性格和意志，往往是长期磨炼的结果。多数大学生生活在较好的家庭与学校环境里，虽然这种环境有利于他们的成长，但也降低了他们对挫折的适应能力，不利于坚强性格的形成。一旦遇到挫折，将会承受更大的压力。如果所经历的挫折多了，那么他们承受挫折的能力就强，就能更清醒、更深刻地认识所面对的问题，其性格也就变得愈坚强。

2.有利于增强大学生的情绪反应能力和解决实际问题的能力

当大学生面临困难或挫折时，其神经中枢受到强烈的刺激会引起情绪激奋、精力集中，使整个神经系统兴奋水平提高，在这种情况下，人的精神焕发，思维加快，情绪反应能力大大提高。同时，在解决困难和对付挫折的过程中，大学生可以从中学习到经验和解决问题的能力。

3.有利于大学生正确地认识自我，提高生活适应能力

许多大学生对社会、对自己有一些不切实际的想法，当他们这些想法来指导自己的行动时，就容易出现挫折。挫折的产生，无疑给他们吃下一粒清醒丸，使他们对自己做出一个合乎实际的评价，同时也使他们对生活、对社会有一个较为客观的认识，从而增强其适应现实生活的能力。

一个成熟的大学生应该能够承受各种压力，有效地应对挫折，保持心理健康。

二、树立正确的挫折观

1.认识到挫折存在有它的普遍性与必然性

自然界、社会中的万事万物，无一不是在曲折中前进、螺旋式上升的。挫折是人们在认识世界过程中的必然现象，任何人的成长过程中都不可避免地会遇到不同程度的挫折。认识到挫折是人生中不可避免的一部分，有了充分的心理准备，就能把挫折当作进步的阶石、成功的起点，从而不断取得进步。

2.认识到挫折存在有它的双重性

巴尔扎克说过："世界上的事情永远不是绝对的，结果完全因人而异。困难对于天才是一块垫脚石，对于能干的人是一笔财富，对弱者是一个万丈深渊。"认识到挫折会给人以打击，带来损失和痛苦，但也能使人受到磨炼和考验，从而变得坚强起来，增长知识和才干，获得解决问题的能力，使挫折向积极方向转化。

3.认识到挫折的承受能力是不同的

正确地评价自我和社会个体对挫折的承受力，往往与其人生价值观和处世态度有着密切

的关系。一个乐观向上、性格开朗的人,比一个患得患失、郁郁寡欢的人,更具有挫折化解能力。只要学会容忍挫折,心怀坦荡,情绪乐观,满怀信心,最终还是能够战胜挫折的。

【心理测评】

大学生心理复原力量表

请将您的实际情况与下面的语义状态进行比较,并在您认为最合适的数字上打"√"。量表为五级计分,都是正向计分,1 代表完全不符合,2 代表基本不符合,3 代表不能确定,4 代表基本符合,5 代表完全符合。

1. 总的来说,我对自己是十分满意的。 1 2 3 4 5
2. 生活中的一些琐事很容易影响我的情绪。 1 2 3 4 5
3. 我和家人经常保持联系。 1 2 3 4 5
4. 我能够找到一些朋友与我分享快乐和忧伤。 1 2 3 4 5
5. 我对自己的能力充满信心。 1 2 3 4 5
6. 我常能从家人那里获得情感上的支持。 1 2 3 4 5
7. 遇到困难时,我常常会制定计划,并按计划行事。 1 2 3 4 5
8. 当我苦闷烦恼的时候,我能从家人那里获得情感的慰藉。 1 2 3 4 5
9. 我觉得自己还是很不错的。 1 2 3 4 5
10. 我常常会无缘无故地情绪低落。 1 2 3 4 5
11. 当我需要帮助的时候,我在很大程度上能够依靠朋友。 1 2 3 4 5
12. 我总是给人一种十分自信的感觉。 1 2 3 4 5
13. 我容易生气。 1 2 3 4 5
14. 当我有困难时,我常常会向朋友寻求帮助。 1 2 3 4 5
15. 想想我的优点和缺点,我自我感觉比较满意。 1 2 3 4 5
16. 我总是多愁善感。 1 2 3 4 5
17. 父母常常通过各种方式来关心我在学校的生活。 1 2 3 4 5
18. 我有至少一位无话不谈的朋友。 1 2 3 4 5
19. 只要我努力,我可以将事情做的和别人一样好或甚至更好。 1 2 3 4 5
20. 不愉快的事经常会让我烦恼很长时间。 1 2 3 4 5
21. 目前我的生活中有些人(朋友和老师)真正关心我。 1 2 3 4 5
22. 许多时候,我感到自己不像身边许多人那样有能力。 1 2 3 4 5
23. 我的情绪比较稳定。 1 2 3 4 5
24. 在我困惑时,朋友(或老师)常给我提供一些很好的建议。 1 2 3 4 5
25. 我常按照事情的轻重缓急来解决生活中的问题。 1 2 3 4 5
26. 当我困难的时候,我常能从家人那里得到许多支持。 1 2 3 4 5
27. 我不喜欢与朋友一起谈论我的困难。 1 2 3 4 5
28. 我善于合理的分配时间来处理问题。 1 2 3 4 5
29. 我与以前的一些朋友还保持着亲密的联系。 1 2 3 4 5
30. 我的情绪时起时落。 1 2 3 4 5

31. 我常常通过采取积极的行动和对策来解决问题、化解矛盾。　　1 2 3 4 5

得分越高,表示心理复原能力越强。

【互动训练】挫折成长训练营

活动一:热身游戏——成长(鸡蛋—小鸡—母鸡—人)

活动过程:所有成员蹲在地上,扮装鸡蛋,然后一对一,采用猜拳的方式进行 PK,决出胜负,胜者晋升一级,即为小鸡,作半蹲状,并与其他胜者的小鸡进行猜拳 PK,争取下一次晋升;负者仍为“鸡蛋”,继续寻找其他负者的鸡蛋进行猜拳 PK,争取晋升机会。由此推想:小鸡与小鸡 PK 的胜者即晋升为母鸡,可以站立,母鸡与母鸡 PK 的胜利者便晋升为鸡领袖,可以回到自己的座位。如此进行,直至绝大部分成员都成功晋升为人为止。

活动感悟:

如果将这个游戏看成我们的人生或生活,晋升的过程就是我们成长的过程,猜拳象征着什么?________________

猜拳的结果又意味着什么?________________

谁在蜕变过程中的每一次 PK 都是胜利者?________________

活动二:蜗牛的家

活动过程:参加游戏的同学围坐成一圈,然后把身体屈成 90 度后,用手从背后托起椅子,背在背上。每个人与前面的人保持距离,防止椅子相互碰撞。然后,保持弯腰驼背的姿势,所有学生转向顺时针的方向,跟着前面一个同学。想象我们都是一只小小的蜗牛,背上背着重重的壳。

背上压着东西是什么感觉?________________

这种感觉在生活中是否也存在?________________

蜗牛背着它的房子,那么,每天压在我们背上的是什么?________________

____

____

活动三:抗压天使

活动过程:三人一组,大家轮流扮演天使、凡人与恶魔。担任凡人者说出那个自己觉得有压力的事件,恶魔的目的是让凡人压力更大,说出使人压力更大的话,天使则必须帮助凡人解除压力。每次由天使先说 30 秒,再换恶魔说 30 秒,每个人皆轮过三个角色为止。每个人轮流在组内说出刚刚扮演不同角色的感受。

减轻压力和挫折的方法很多,从这些活动当中,你获得了什么收获?________________

____

____

【推荐阅读】

1. 大冰.他们最幸福[M].湖南:湖南文艺出版社,2013.
2. 大冰.乖,摸摸头[M].湖南:湖南文艺出版社,2014.
3. 大冰.阿弥陀佛么么哒[M].湖南:湖南文艺出版社,2015.
4. 大冰.好吗?好的[M].湖南:湖南文艺出版社,2016.
5. 大冰.我不[M].湖南:湖南文艺出版社,2017.
6. 大冰.你坏[M].湖南:湖南文艺出版社,2018.

第十二章

大学生生涯规划

【心灵启航】

1. 你喜欢什么职业?

2. 你对什么工作感兴趣?

3. 我们应该怎么样选择自己的职业?

4. 为了选择自己喜欢的职业,我们应该如何准备?

"我要飞得更高""我的青春我做主"这是现代大学生耳熟能详的青春口号。我们生活在一个充满机遇的社会中,但我们必须清楚和明确的是,在这个社会中同样有着另外一个名词,那就是"挑战"。我们不得不面对和接受各种各样的挑战,从而让自己变得更加优秀。规划自己的职业生涯应该从现在开始就深深地根植在我们的脑海中。

第一节　什么是职业生涯

一、职业生涯及相关概念

所谓职业生涯,是指人一生中的职业历程。人的职业生活是人生全部生活的主体,在其生涯中占据核心与关键的位置。人们一生的职业历程,有着种种不同的可能:有的人从事这种职业,有的人从事那种职业;有的人一生变换多种职业,有的人终身位于一个岗位上;有的人不断追求、事业成功,有的人穷困潦倒、无所作为。造成人们职业生涯的差异,有个人能力、心理、机遇方面的问题,也有社会环境的影响。职业生涯是以心理开发、生理开发、智力开发、技能开发、伦理开发等人的潜能开发为基础,以工作内容为确定和变化,以工作业绩的评价和工资待遇、职称、职务的变动为标准,以满足需求为目标的工作经历和内心体验的经历。

职业生涯分为两个方面:内职业生涯和外职业生涯。内职业生涯是指从事一种职业时的知识、观念、经验、能力、心理素质、内心感受等因素的组合及其变化过程。它是别人无法替代和窃取的人生财富。外职业生涯是指从事职业时的工作单位、工作时间、工作地点、工作内容、工作职务与职称、工作环境、工资待遇等因素的组合及其变化过程。它是依赖于内职业生涯的发展而增长的。

二、与职业生涯有关的概念

与职业生涯相近的概念有工作、职业、生涯等概念,它们虽有相似之处,但又完全不是一回事。

工作:工作是指某一行业中的具体职位,是有目的、有结果需要投入时间和精力并持续一段时间的活动,例如老师的工作、医生的工作、公务员的工作等。工作不仅是谋生的手段,也可以满足人们的多种需要。

职业:社会分工是职业分类的依据。在分工体系的每一个环节上,劳动对象、劳动工具以及劳动的支出形式都各有特殊性,这种特殊性决定了各种职业之间的区别。职业是参与社会分工,利用专门的知识和技能,为社会创造物质财富和精神财富,获取合理报酬,作为物质生活来源,并满足精神需求的工作。

生涯:生涯不仅仅是工作和职业,“生”原意为“活着”,“涯”原意为边际,生涯连起来就是一生的意思。生涯统合了个人一生中各种职业与生活的角色,由此表现出个人独特的自我发展历程。

第二节　职业生涯规划

职业生涯规划最早起源于1908年的美国。有“职业指导之父”之称的弗兰克·帕森斯(Frank Parsons)针对大量年轻人失业的情况,成立了世界上第一个职业咨询机构——波士顿地方就业局,首次提出了“职业咨询”的概念。从此,职业指导开始系统化。到五六十年代,舒伯等人提出“生涯”的概念,于是生涯规划不再局限于职业指导的局面。

职业生涯规划是指针对个人职业选择的主观和客观因素进行分析和测定,确定个人的奋斗目标并努力实现这一目标的过程。职业生涯规划要求根据自身的兴趣、特点,将自己定位在一个最能发挥自己长处的位置,选择最适合自己能力的事业。职业定位是决定职业生涯成败的最关键的一步,同时也是职业生涯规划的起点。

一、职业生涯发展理论

目前,学术上比较认可的是金斯伯格和舒伯的生涯发展阶段模式。20世纪50年代后期,美国的金斯伯格(Ginsberg)和舒伯(Super)提出了职业生涯发展理论。1951年,金斯伯格出版《职业选择》一书,对青少年职业选择的过程与问题做了深入的研究。1957年,舒伯出版了《职业生涯心理学》一书,首次使用“职业生涯”这一概念,在此以前他仍然使用“职业发展”一词。舒伯通过大量并且全面的研究,将人生职业生涯发展划分为成长、探索、建立、维持和退出五个阶段,构成职业生涯发展理论的基本主张和框架基础。

(1)成长阶段(出生~14岁),儿童开始辨认他们周围的事务,并逐渐开始意识到自己的兴趣所在,以及和职业相关的一些最基本技能。他们在这个阶段的发展任务是:发展自我概念和对工作世界的正确态度,并了解工作的意义。

(2)探索阶段(15~24岁),青少年开始通过学校生活,社团休闲活动,兼职打零工等机会,对自己的兴趣、能力及角色、职业进行探索,收集相关的信息,尝试自己对于职业的一些假

想。到 18～21 岁，青年人进入就业市场或接受专业训练，开始将一般性的职业偏好转化为具体的职业选择。在 22～24 岁期间，个人初步确定自己的职业并试验其成为长期发展领域的可能性。这一阶段的发展任务是使职业偏好逐渐具体化、特定化并实现职业偏好。

(3)建立阶段(25～44 岁)，个人通过工作与实践接触，尝试选择适合自己的职业领域。经过不断地探索和尝试，最终在某个领域中逐步稳固下来。这个阶段发展的任务是在适当的职业领域稳定下来，巩固地位，并力求晋升。这一时期通常是大部分人最具创造力的时期，是生涯发展的上升和高峰期。

(4)维持阶段(45～64 岁)，个人不断地付出努力来获得生涯的发展和成就，避免产生停滞感。这一阶段发展的任务是维持既有成就与地位，更新知识与技能、不断创新。

(5)退出阶段(65 岁以上)，由于生理及心理机能日渐衰退，个人已经有意退出工作岗位并开始享受自己闲暇的晚年生活，职业角色的分量逐渐减少。这一阶段的发展任务是减少在工作上的投入，计划安排退休生活，为退休做准备。

二、生涯彩虹图

从 1957 年到 1990 年，舒伯拓宽和修改了他的终身职业生涯发展理论，这期间他最主要的贡献是“生涯彩虹图”，如图 12-1 所示。为了综合阐述生涯发展阶段与角色彼此间的相互影响，舒伯创造性地描绘出一个多重角色生涯发展的综合图形——“生涯彩虹图”，形象地展现了生涯发展的时空关系，更好地诠释了生涯的定义。在生涯彩虹图中，纵向层面代表的是纵观上下的生活空间，是由一组职位和角色所组成，分成：子女、学生、休闲者、公民、工作者、持家者六个不同的角色，他们交互影响交织出个人独特的生涯类型。

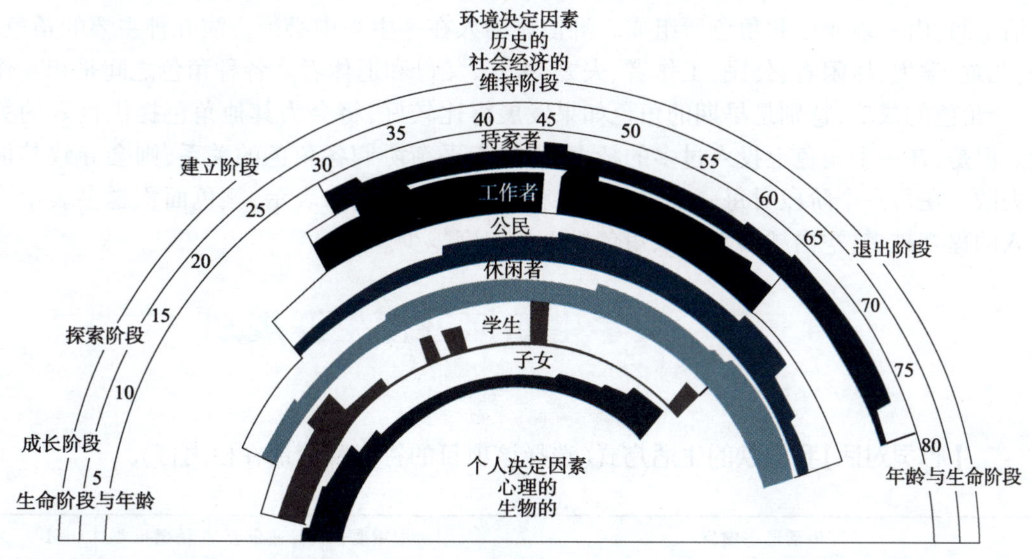

图 12-1　生涯彩虹图

他认为在个人发展历程中，随年龄的增长而扮演不同的角色，图的外圈为主要发展阶段，内圈阴暗部分的范围，长短不一，表示在该年龄阶段各种角色的分量；在同一年龄阶段可能同时扮演数种角色，因此彼此会有所重叠，但其所占比例分量则有所不同。

根据舒伯的看法,一个人一生中扮演的许许多多角色就像彩虹,同时具有许多色带。舒伯将显著角色的概念引入了生涯彩虹图。他认为角色除与年龄及社会期望有关外,与个人所涉入的时间及情绪程度都有关联,因此每一阶段都有显著角色。在生涯彩虹图中,最外的层面代表横跨一生的“生活广度”,又称为“大周期”,包括成长期、探索期、建立期、维持期和衰退期。里面的各层面代表纵观上下的“生活空间”,由一组角色和职位组成,包括子女、学生、休闲者、公民、工作者、持家者等主要角色。各种角色之间是相互作用的,一个角色的成功,特别是早期角色的成功,将会为其他角色提供良好的基础;反之,某一个角色的失败,也可能导致另一个角色的失败。舒伯进一步指出,为了某一角色的成功付出太大的代价,也有可能导致其他角色的失败。

彩虹图中的阴影部分表示角色的相互替换、盛衰消长。它除了受到年龄增长和社会对个人发展、任务期待的影响外,往往跟个人在各个角色上所花的时间和感情投入的程度有关。从这个彩虹图的阴影比例中可以看出,成长阶段(0~14 岁)最显著的角色是子女;探索阶段(15~20 岁)是学生;建立阶段(30 岁左右)中是家长和工作者;维持阶段(45 岁左右)中工作者的角色突然中断,又恢复了学生角色,同时公民与休闲者的角色逐渐增加,这正如一般所说的“中年危机”的出现,同时暗示这时必须再学习、再调适才有可能处理好职业与家庭生活中所面临的问题。

(1)横贯一生的彩虹——生活广度在一生生涯的彩虹图中,横向层面代表的是横跨一生的生活广度。彩虹的外层显示人生主要的发展阶段和大致估算的年龄:成长期(约相当于儿童期)、探索期(约相当于青春期)、建立期(约相当于成人前期)、维持期(约相当于中年期)以及衰退期(约相当于老年期)。在这五个主要的人生发展阶段内,各个阶段还有小的阶段,舒伯特别强调各个时期的年龄划分有相当大的弹性,应依据个体的不同情况而定。

(2)纵贯上下的彩虹——生活空间在一生生涯的彩虹图中,纵向层面代表的是纵贯上下的生活空间,由一组职位和角色所组成。舒伯认为人在一生当中必须扮演九种主要的角色,依次是:儿童、学生、休闲者、公民、工作者、夫妻、家长、父母和退休者。各种角色之间是相互作用的,一个角色的成功,特别是早期的角色如果发展得比较好,将会为其他角色提供良好的关系基础。但是,在一个角色上投入过多的精力,而没有平衡协调各角色的关系,则会导致其他角色的失败。在每一个阶段对每一个角色投入程度可以用颜色来表示,颜色面积越多表示该角色投入的程度越多,空白越多表示该角色投入的程度越少。

第三节　大学生如何进行生涯规划

【心灵对话】我喜欢的生活方式(选择该项目的符合程度请在栏内打)

生活形态项目	很重要	普通重要	稍微重要	不重要
住在空气清新的乡村环境				
住在生活便利的都市地区				
拥有宽广、舒适的生活空间				
居住邻居素质要高				

续上表

生活形态项目	很重要	普通重要	稍微重要	不重要
有充裕的工作闲暇做自己感兴趣的事				
可自由支配自己的时间				
每天准时下班				
能自由支配金钱				
每天有固定的时间和家人相处				
家庭美满幸福				
居住在小孩上学方便的地方				
有崇高的社会声望				
担任高阶层的主管				
有很多死忠的好友				
拥有丰富的经济收入				
每天运动、锻炼身心				
和家人共享假期				
生活富有挑战、创造力				
贡献自己所能				
参与社会服务				

注:①整理自己认为很重要的生活形态项目,有哪些?

②想一想,未来想要达到自己想要的生活形态,现在该如何规划自己未来的努力方向?

我国20世纪90年代后期以来高等院校大规模扩招,毕业生大量增加的高峰已经来临多年,2009年全国普通高校毕业生为611万人,比2002年增长466万人。按照经济学的观点,GDP每增长一个百分点可为社会提供就业岗位80万~100万个,由于我国经济正在进行结构调整,2002年至2007年五年中同期的社会新增加就业岗位基本稳定在每年900万个,2008年全国城镇新增就业岗位也没有明显的增长。可以说,人力资源市场的供需矛盾趋于紧张,特别是2008年以来,在世界金融危机的冲击下,目前大学生就业问题就更加凸显,就业形势十分严峻,这一问题也可能会长期存在。

大学生自身面对严峻的就业形势,由于缺少正确的就业观念的引导、职业生涯模糊、自立自信心不足、综合素质不高、社会适应力较差等因素的影响,一些大学生就业出现了问题。职业生涯模糊、就业准备不足是大学生就业时面临的主要问题。

【故事导读】趣味职业生涯规划小故事

有两兄弟,他们一起住在一幢公寓楼里。一天,他们一起出去郊外爬山。傍晚时分,等他们爬山回来,回到公寓楼的时候,发现一件事:大厦停电了!这真是一件令人沮丧的事情。为什么呢?因为很不巧,这两兄弟是住在大厦的顶楼。那么,顶楼是几楼呢？那就更加不巧了，顶楼是八十楼。很恐怖吧。虽然两兄弟都背着大大的登山包，但看来，也是别无选择，于是，哥哥对弟弟说："我们爬楼梯上去吧。"于是，他们就背着一大包行李开始往上爬。

到了二十楼的时候，他们觉得累了。于是弟弟提议说："哥哥，行李太重了，不如这样吧，我们把它放在二十楼，我们先上去，等大厦恢复电力，我们再坐电梯下来拿吧。"哥哥一听，觉得这主意不错："好啊。弟弟，你真聪明呀。"于是，他们就把行李放在二十楼，继续往上爬。卸下了沉重了包袱之后，两个人觉得轻松多了。他们一路有说有笑地往上爬。但好景不长，到了四十楼，两人又觉得累了。想到只爬了一半，往上一看，竟然还有四十楼要爬。两人就开始互相埋怨，指责对方不注意停电公告，才会落到如此下场。他们边吵边爬，就这样一路爬到了六十楼。

到了六十楼，两人筋疲力尽，累得连吵架的力气也没有了。哥哥对弟弟说："算了，只剩下最后二十楼，我们就不要再吵了。"于是，他们一路无言，安静地继续往上爬。

终于，八十楼到了。到了家门口，哥哥长吁一口气，摆了一个很酷的姿势："弟弟，拿钥匙来！"弟弟说："有没有搞错？钥匙不是在你那里吗？"……

好，大家猜猜发生了什么事？____

____

____

____

____

这个故事其实在反映我们的人生。

二十岁之前，我们活在家人、老师的期望之下，背负着很多压力，不停地做功课、考试、升学，就好像是背着一个很重的登山包，加上自己也不够成熟有能力，所以走得很辛苦。

二十岁以后，从学校毕业出来，踏上工作岗位，开始自己的职业生涯，自己喜欢做什么就做什么，想怎么做就怎么做。就好像是卸下沉重的包袱。所以说，从二十岁到四十岁，是一生中最愉快的二十年。

到了四十岁，人到中年，发现青春早已逝去，但又有很多遗憾，于是开始骂老板不识货，怪家人不体恤，埋怨政府，埋怨国家，埋怨社会，就这样在抱怨遗憾中又过了二十年。

到了六十岁，发现人生所剩不多，于是告诉自己，不要再埋怨了，就珍惜剩下的日子吧。于是，默默走完自己的最后岁月。到了生命的尽头，突然想起：好像有什么忘记了。是什么呢？是你的钥匙，你人生的关键。你把你的理想、抱负、关键都留在二十岁，没有完成。

想一想，是不是也要等到四十年之后，六十年之后才来追悔？

我们想一想，我们最在意的是什么？

想一想，希望将来的自己和现在有些什么不同？

是不是可以做些什么来不让这个遗憾发生呢？

那么，我们要做什么呢？

我们要做好我们的职业生涯计划。

典型的一天

现在我们要进行自我暗示放松训练，请注意听，然后按照我所说的去做。

首先，请你调整你的姿势。请你把眼睛闭起来，尝试去感觉你全身的重量是不是很均衡地分配在你的两只脚、大腿、臀部、背部或者手部。请你感觉你左右两边的重量是不是很平衡地放在你的两只脚、大腿、臀部、背部或者手部。请你感觉你左右两边的重量是不是很平衡。

然后，请你把一部分注意力转移到你的心跳，尝试着去感觉你的心跳，尝试着去感觉你的心跳。我们并不一定能感觉到心跳，只是在你安静下来后，你仿佛能听到你的心跳，或者是你可能什么也感觉不到。所以，你只是尝试着去感觉它，尝试着去感觉它。

现在，你试着把你的注意力分散在两个方面，一方面感觉身体的平衡，一方面试着去感觉你的心跳。

好，接下来请你再把一部分注意力转移到你的呼吸，轻松地吸进来，慢慢地呼出去，自然地吸进来，慢慢地呼出去。尝试着控制在呼出去时，让它稍微慢一点；自然地吸进来，慢慢地呼出去。自然地吸进来，慢慢地呼出去。

现在，你试着把你的注意力分散到三个方面，一方面注意身体的平衡，一方面试着去感觉你的心跳，再一方面试着去控制你的呼吸，轻轻地吸进来，慢慢地呼出去；自然地吸进来，慢慢地呼出去。

接下来，是一个较困难的工作，请你把注意力移到你的两个手掌心，然后在心里很强地暗示自己，“让我的手心温暖起来，让我的手心温暖起来”。把注意力转移到你的手掌心，在心里很强地暗示自己“让我的手心温暖起来，让我的手心温暖起来，让我的手心温暖起来”。继续尝试下去，继续尝试下去。

现在，你把你的注意力分散在四个方面，也就是你不特别注意哪一方面，而是把你的注意力随意地分散在四个方面：注意身体的平衡；感觉心跳；轻轻地吸进来，慢慢地呼出去；注意你的手掌心，很强地暗示自己“让我的手心温暖起来，让我的手心温暖起来，让我的手心温暖起来”，继续尝试下去，继续尝试下去，继续尝试下去，继续尝试下去。

接下来，我们一起坐在时光隧道机里，来到五年后的世界，算一算，这时你是几岁？容貌有变化吗？请你尽量想象五年后的情形，越仔细越好。

好，现在你正躺在家里卧室的床上。这时候是清晨，和往常一样，你从睡梦中醒来，慢慢地睁开眼睛，首先看到的是卧室里的天花板。看到了吗？它是什么颜色？

接着，你准备下床。尝试去感觉脚指头接触地面那一刹那的温度，凉凉的？还是暖暖的？经过一番梳洗之后，你来到衣柜前面，准备换衣服上班。今天你要穿什么样的衣服上班？穿好衣服，你看一看镜子。然后你来到了餐厅，早餐吃的是什么？一起用餐的有谁？你跟他们说了什么话？

接下来，你关上家里的大门，准备前往工作的地点。你回头看一下你家，它是一栋什么样的房子？然后，你将搭乘什么样的交通工具上班？

你快到达工作的地方，首先注意一下，这个地方看起来如何？好，你进入工作的地方，你和同事打了招呼，他们怎么称呼你？你还注意到哪些人出现在这里？他们正在做

什么？你在你的办公桌前坐下，安排一下今天的行程，然后开始上午的工作。早上的工作内容是什么？跟哪些人一起工作？工作时用到哪些东西？

很快地，上午的工作结束了。中餐如何解决？吃的是什么？跟谁一起吃？中餐还愉快吗？

接下来是下午的工作，跟上午的工作内容有什么不同吗？你在忙些什么？

快到下班的时间了，或者你没有固定的下班时间，但你即将结束一天的工作。下班后你直接回家吗？或者要先办点什么样的事？或者要做一些什么其他的活动？

到家了。家里有哪些人呢？回家后你都做些什么事？晚餐的时间到了，你会在哪里用餐？跟谁一起用餐？吃的是什么？晚餐后，你做了些什么？跟谁在一起？

就寝前，你正在计划明天参加一个典礼的事。那是一个颁奖典礼，你将接受一项颁奖。想想看，那会是一个怎么样的奖项？颁奖给你的是谁？如果你将发表得奖感言，你打算讲什么话？

该是上床的时候了，你躺在早上起床的那张床上。你回忆一下今天的工作与生活，今天过得愉快吗？是不是要许个愿？许什么样的愿望？

渐渐地，你很满足地进入梦乡。睡吧！一分钟后，我会叫醒你……（一分钟后）我们渐渐地回到这里，还记得吗？你现在的位置不是在床上，而是在这里。然后，现在我从10开始倒数，当我数到0的时候你就可以睁开眼睛了。好，10-9-8-7-6-5-4-3-2-1-0。睁开眼睛。你慢慢地醒过来，静静地坐着。

讨论：

(1)幻游时有无困难？哪里有困难？当你感到为难时有何情绪反应？外面的杂音有干扰到你吗？______________________________

____

(2)在幻游各个阶段的转换过程中，你有什么特殊的感受吗？情绪有变化吗？______

____

(3)在每个阶段的情绪中，你印象最深的是哪个阶段的什么情绪？是积极情绪还是消极情绪？______________________________

____

(4)在每个阶段，有哪些关键的人物出现？他们分别是谁？扮演什么样的角色？______

____

(5)这次幻游，对于了解自己或者自己的问题，有帮助吗？你学到了什么？______

____

(6)在幻游的过程中，有你解决不了的问题出现吗？______________________________

____

职业生涯规划是从了解自己、探索自我开始的，探索自我是生涯规划的第一步，“我是谁？”“我能做什么？”是很多大学生迷茫和困惑的原因。

一、职业生涯规划的模式

1. 斯温的生涯规划模式

美国伊利诺大学教授斯温(Swain)博士从个人特质的澄清与了解、教育与职业资料的提供、个人与环境关系的协调三个方面,提出一个生涯规划模式,如图12-2所示。

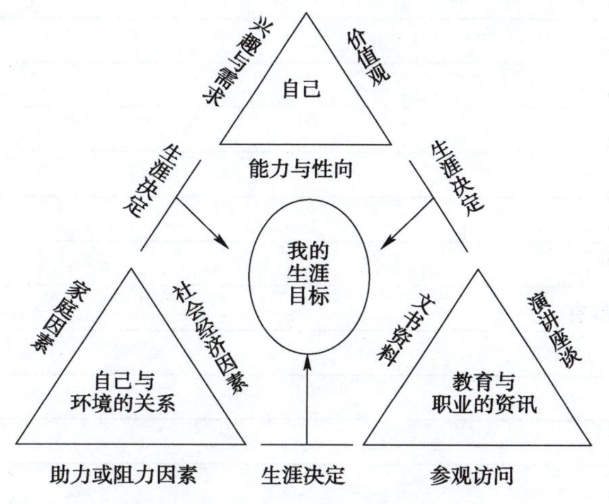

图12-2　生涯规划模式

上图中,第一个小三角形是指“自己”:包括能力、性向、兴趣、需求、价值观等。第二个小三角形是指“自己与环境的关系”:包括助力与阻力因素、家庭因素和社会因素等。第三个小三角形是指“教育与职业的资讯”:包括从参观访问、文书资料和演讲座谈等各种途径所获得的信息和经验、培养的兴趣和锻炼得到的能力等。这些方面对生涯决定也有着重要的影响。从该模式中我们可以看出,这三个三角形是生涯发展与规划的重点,是每个人可以自我培养、自我加强、自我改进的方面。斯温将复杂的生涯理论,以简单、明了的图形呈现出来,使得生涯规划有架构可循。然而,由于每个人的客观情况不同、主观判断不同,每一个三角形所占比重上会有不同轻重的考虑,产生不同的生涯决定,每个人所达成的生涯目标也因此呈现出独特性与原创性。

2. 大学生的生涯规划模式

台湾学者林清文在斯温的生涯规划模式的基础上,提出了一个大学生生涯规划衍生模式,如图12-3所示。

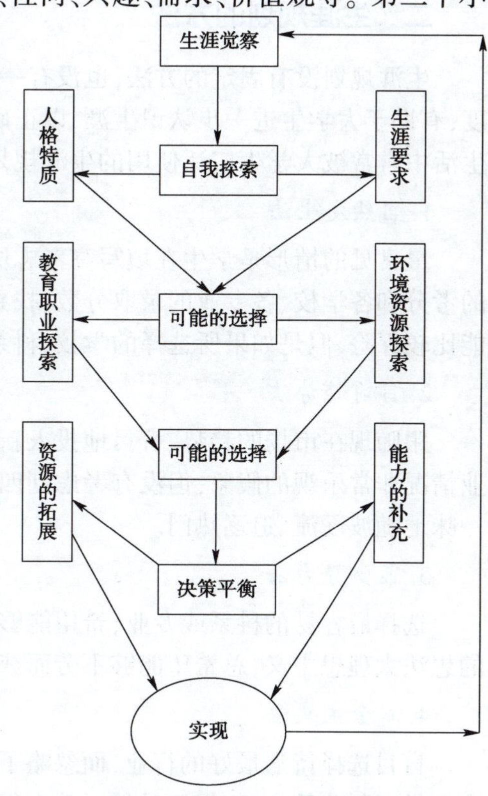

图12-3　大学生生涯规划衍生模式

林清文认为,大学生可以从自我探索、职业探索和环境资源的掌握等方面逐步发展自己的生涯规划。

【心灵对话】我的10年

要求:分阶段考虑你将扮演的角色,从事的主要工作。

"目前,我是……":______

3个月后,我将:______

6个月后,我将:______

1年以后,我将:______

2年以后,我将:______

3年以后,我将:______

5年以后,我将:______

"10年后,……":______

我扮演的角色都有:______

我的主要工作:______

我的收入:______

我的娱乐生活:______

我的家庭生活:______

二、生涯规划的方法

生涯规划没有固定的方法,也没有一成不变的人生态度。了解生涯规划的各种方法和态度,有助于大学生进一步认识生涯,以正确的人生态度来看待生涯,从而更好地规划生涯。在生活中常常被大学生广泛使用的生涯规划的方法主要有:

1.自然发生法

最常见的情形是学生在填写高考志愿时,并未仔细考虑自己的性格、志趣,只是考虑自己的考分和各学校、各专业的录取分数,找到差不多相吻合的,就做出了选择。这种选择方法可能比较保险,但是如果所选择的学校、科系并不是自己喜欢的,可能一进去就会抱怨。

2.目前趋势法

跟随现在市场的趋势,盲目地投入新兴的热门行业。这样的选择可能暂时会造成将来就业情况非常乐观的假象,但没有考虑到四年后形势会有所变化。因此大学生在做选择时,不能一味地随波逐流、追逐热门。

3.最少努力法

选择最容易的科系或专业,希望能够学得轻松、玩得开心,但又祈求有最好的结果。这样的想法太理想主义,总希望能够不劳而获。须切记:天上不会掉下馅饼,一分耕耘一分收获。

4.拜金主义法

盲目选择待遇最好的行业,而忽略了从事该行业给自身心理带来的是快乐还是痛苦,你的志趣是否与此符合,如果不是的话就会很辛苦,你心里的痛苦会使你得不偿失。

5. 刻板印象法

以性格、年龄、社会地位等刻板印象来选择职业。这样的观点早已过时，现在只要你想做，小到清洁工，大到总统元帅，无论男女，没有你不可以从事的职业。

6. 橱窗游走法

到各种工作场所走马观花一番，再选择最顺眼的工作。对各种工作有所了解固然是必需的，但要注意在这一阶段所花费的时间千万不能太长，现在的社会不仅需要全才，更需要有所专长的专才。

7. 假手他人法

由他人替自己决定和选择。这些人可能包括：父母或家人、朋友或同学、老师或辅导员、权威人士、社会或人民。

以上这些方法都是大学生在现在或将来生活中常常见到和用到的，既有优点又有缺点。优点是省时、省力，在短时间内见效快、效率高；缺点是无法根据个人的能力、特性做出长远的规划。因此，无论大学生采用哪种生涯规划法，都要充分考虑其所具有的优缺点，才有可能将潜在的风险降到最低。

三、大学生职业生涯规划具体方法

1. 认识自我

(1) 大学生认识自我的五条途径

一是通过与别人的比较来认识自己。在与他人比较的过程中，应注意比较的参照系和立足点。此外，大学生要努力拓宽生活范围，增加生活阅历，积极参加社会实践和社交活动，这样会有助于我们找到正确的参照系来了解自己。

二是通过自我比较来认识自己。与过去的自己相比，与理想中的自我相比，前者可以发现自己的成绩和进步，提高自尊和自信；后者可以明确努力的方向，进一步完善自我，但是要注意，理想中的自我要切合自己的实际。

三是通过分析他人对自己的评价来认识自己。他人的评价就像一面镜子，正如古语所说："以人为鉴，可以明得失。"需要注意的是，别人对你的评价，由于受多种因素的影响，不一定是完全正确的，所以不能把别人的评价和态度作为唯一的衡量标准，还要充分结合其他有关信息进行综合评价。

四是通过内省来认识自己。内省是自我意识形成的重要途径之一，在认识自己的过程中，大学生一定要注意客观、全面、辩证地看待自己，形成正确的自我意识，真正地了解自己，并以此来选择适合自己的发展道路。

五是通过心理测试法来认识自己。心理测试法是通过回答有关问题来认识自己、了解自己，这是一种简便易行的自我剖析方法。大学生应认认真真做潜能测评，别不当回事；也应平平常常看测评结果，别太当回事。你只能把它当作工具来用，而不能用测评结果决定你的命运。

(2) 生涯规划中的自我探索

生涯规划中的自我探索主要应探索自己的兴趣、人格、能力与能力倾向和价值观，以了解自己喜欢做什么、适合做什么、擅长做什么和应该做什么。

①兴趣:我喜欢做什么?

早在两千多年前的孔子曾说过:"知之者不如好之者,好之者不如乐之者。"这里讲到的就是兴趣问题。兴趣往往是大学生在生活、学习、工作中感到愉快、投入、发展、成就、自信、满足、自我实现等一系列良性循环的起点。所以,大学生在自我探索中首先要做的,是认识自己的兴趣。兴趣既然是一种"心理倾向",就表明它是有一定稳定性的,不是一时心血来潮。兴趣的形成有一定的先天性生理基础,但主要还是由后天的生活环境和生活实践打造而成的。大学生们在设计自己的生涯时,要充分挖掘和培养自己的兴趣,把"选你所爱"与"爱你所选"相结合起来。同时,人生的路很长,每个人都可以有很多不同的兴趣爱好。在追寻兴趣之外,更重要的是要找寻自己终身不变的志向。

②人格:我适合做什么?

你的人格与你是否能适应某种职业生涯有着很大的关系。如果从事的职业与你的人格相适应,工作起来就会得心应手、心情舒畅,也就容易在工作中取得成绩。如果你的人格特点与你所从事的职业不相适应,这种人格就会阻碍你工作的完成,使你感到被动、缺乏兴趣并难以胜任,即使能够完成工作任务,常常也会感到倦怠或力不从心、精神紧张。

③能力与能力倾向:我擅长做什么?

能力是顺利、有效地完成某种活动所必须具备的心理条件。你目前具备什么能力?你置身的行业需要什么样的人才?只有在能力范围内,你的生涯规划才是可行的,才是符合社会发展的。对任何一种职业而言,要使职业生涯得以顺利进行,都必须具备相应的职业能力。能力在个人职业生涯中越来越显得重要,在大学四年中加强自身能力的培养和锻炼是每一个大学生必不可少的。任何人都不可能在一生中掌握所有的技能。每个人都有自己的能力结构和能力倾向,只有准确地掌握自身的能力,才能更好地发展自己,确定自己的方向。在对待自我能力时,要客观评价,既不要对自己的能力判断过高,也不要轻易低估自己的潜能。

④价值观:我应该做什么?

每个人都有一套独一无二的价值系统。当你在陈述哪样东西对你很重要或者对你的意义重大时,你就在陈述一种价值观。价值观对人的行为和生活选择有着不可估量的影响,就像亚当·斯密所说的,价值观就像"一只看不见的手",它在不知不觉中就决定了我们选择以什么样的方式度过一生。然而价值观的显现并不好掌握,有时候动向不明,有时却又是人们关注的焦点。

5W 分 析 法

who(人):"我是谁""我具备什么样的性格""我喜欢的生活方式是什么""我的专业何在""我父母对我的期望"……考虑这些之后,再做决定,对自己就有了充分认识的基础。

what(事):做决定时,要问自己"我有哪些选择""我的问题在哪里""我每个决定的可能影响是什么"。

when(时):考虑时间的长短与急迫性,如"我的计划容许我搜集资料的时间有多长""我有多少缓冲期""我预计完成的时间"等。

where(地):空间的因素。在我的生涯目标中,我向往什么样的工作环境与生活空间,"居住的地点与工作场所之间的距离,我希望越近越好,还是我喜欢住在郊区?"这些均与生活方式有关。

how(如何):"做完决定,如何化技巧、概念、想法为行动""如何取舍""如何完成目标""如何找到工作",以及"如何安排时间、运用时间"等。

2. 发展生涯能力

(1)职业准备。充分的职业准备是成功就业的前提。所谓职业准备,有广义和狭义之分。广义的职业准备既包括未就业者为了能从事某种职业或获得某种职位,在一个相当长的时期内所做的职业准备工作,又包括已就业者为了进一步做好本职工作,或改换职业所进行的准备工作。狭义的职业准备是指未就业者为了能从事某种职业,或获得某种职位,在一定阶段内所做的准备工作。对在校大学生来说,实际上从填报高考志愿选择学校和专业时,其职业准备就已经开始了。俗话说:"有备无患"。当前市场上人才竞争激烈,要求条件严格,提前做好职业准备是十分必要的。

(2)心理准备。大学生正处青春年华,对于未来的职业设计往往会充满了超越现实的幻想。但是,社会是现实的,用人单位注重的是"能为我所用的""能出效益的"人才,而不是那些单纯追求自己理想的人。当前职业社会存在着残酷的竞争,没有人可以坐看云起、不劳而获。近年来国家出台公务员政策,要求以后录取的国家公务员均要先到基层工作两年,在大企业中,大学生入职要经历严格的培训,在小公司中,大学生受到的冷遇可能还会更多,每天只打打杂、扫扫地的情况并不在少数。对此大学生一定要有充分的思想和心理准备,在校期间就注重培养自己艰苦奋斗、脚踏实地的精神。

(3)知识准备。知识结构是求职的取胜条件。在求职过程中,文化知识程度仅是文化素质的一方面,而重要的另一方面是知识结构,它才是决定一个人文化素质高低的关键。知识结构指一个人所拥有的知识中,各类知识之间的比例、联系和配置状况。在求职与就业中,仅有知识是不够的,若想选择到较为理想的职业,并被所选职业认可,起决定作用的是求职者自身的知识结构能够适应并满足所选择职业的要求。因此,建立合理的知识结构是知识准备必不可少的重要环节,一般来说,合理的知识结构主要体现为:知识整体性、知识协调性、知识层次性、知识动态性,即合理的知识结构应该是根据人类认识的不断深化和社会需要的不断变化而进行自我调节的动态结构。

(4)能力准备。能力水平是求职的关键。在当今不重学历重能力的理性用人的选才标准下,有着过硬能力的大学生,往往是各大单位青睐的对象。在就业前,做好充分的能力准备是十分必要的。除了专业技能,大学生要具备的能力还有:①表达能力,如口头和书面的表达能力。良好的书面表达能力能体现自己的专业素养,是就业成功的利器。表达能力也是用人单位看重的重要能力之一,是在笔试和面试中着重看的能力。②沟通能力,如为人处事、合作能力等。学会与人沟通,与人合作是提高工作效率、减少工作环节的重要方法。③环境适应能力,如独立生活、应付挫折等能力。一个能很快适应环境进入角色的大学生,总是能在工作中占据主动。④开拓创新能力,如提出新见解、走出新路子等。现代社会的成功者大多具备创新能力。⑤组织管理能力，即人的管理和技术的管理等。不论你是从事机关工作，还是到企、事业单位工作，都离不开一定的组织和管理。⑥动手能力，如具体的操作能力。在社会生活中，理论与实践经验如何相得益彰地结合起来，是大学生要思考的课题之一。⑦专业能力，专业能力因专业的不同，有不同的内容和要求。无论是什么专业的大学生，都要具有一定的专业能力。

第四节　设计你的大学生涯规划方案

大学期间的生涯规划与毕业后的生涯规划在内容上有着非常大的区别。设计你的大学生涯规划方案时要注意以下几点。

一、基于终生视野进行规划

大学期间的生涯规划期限只有四年的时间，但如果我们的视野仅局限于这四年时间，我们就不可能正确地认识这四年的真正任务是什么，最多只能当一个批量生产下的“好”学生，一个没有未来目标、没有个性特点、没有独特知识结构的“好”学生。大学生必须用终生视野来规划大学四年的生涯规划，把大学阶段作为终生生涯发展的一个阶段来看待，明确大学阶段在个性化发展中的地位与作用，然后再对大学四年进行规划。

二、认真进行生涯探索，充分利用生涯探索结果

了解自我和了解环境（机会）是生涯规划的两大基础，这如同孙子兵法中所说的“知己”和“知彼”，因此，包括大学期间的生涯规划制定都必须认真地进行生涯探索，在大一生涯探索的基础上，大学生可以初步选定职业方向，从第二年开始，个性化的大学生活就要围绕这个职业方向展开了。根据选定的职业确定辅修专业和选修课；根据选定的职业确定个性化的实践项目；根据选定的职业确定考取什么证书；根据选定的职业确定自学的知识内容；根据选定的职业确定参加什么样的商业培训；根据选定的职业去收集就业单位的信息；根据选定的职业进行求职。

三、分阶段进行规划

大学四年可以划分为四个阶段，每个阶段都有相对独特的任务，因此大学期间的生涯规划不能太笼统，而应该根据这四个阶段的不同任务，制定分阶段的生涯规划，从而增强规划的可操作性。

【心理测评】在线测评：霍兰德职业兴趣量表（本书田名）

【互动训练】我的大学生涯规划方案

1. 生涯规划——我的基本资料

姓名：________性别：________血型：________

出生地：____________出生年月：____________

专业：______________年龄：______________

死亡预测：________ 尚余年限：________

优势：________________

弱势：________________

2. 整体生涯规划

职业生涯总体目标——希望为________________

阶段(十年)目标：________________

能力(素质)目标：________________

成果(收入)目标：________________

家庭(生活)目标：________________

健康目标：________________

学习目标：________________

3. 现在——未来四年的生涯规划

一个成功人士，必须具备下列条件，而这就是我在这四年所必须养成的：

____

理念——人生不是每件事都安排好的，我必须信守下列理念：

____

行动目标——四年内应全力完成的目标如下：

____

4. 年度规划(今年的生涯规划)

行动目标——今年内应全力完成的目标如下：

____

【推荐阅读】

1. Stuart J. Russell, Peter Norvig. 人工智能：一种现代的方法[M]. 北京：清华大学出版社, 2006.
2. 戴维·D·洛克菲勒. 洛克菲勒留给儿子的38封信[M]. 北京：中国妇女出版社, 2004.
3. 王春永. 博弈论的诡计[M]. 北京：中国发展出版社, 2007.